Sigrid P. Körbes • Machtlos … oder doch nicht?

D1702657

Diese Welt ist in der Lage,
alle Bedürfnisse der Menschen zu befriedigen,
aber nicht ihre Gier.

– Mahatma Gandhi –

Sigrid P. Körbes

Machtlos ... oder doch nicht?

Anders als bisher (über-)leben

FRIELING

Wichtiger Hinweis

Sehr verehrte Damen und Herren,

das vorliegende Buch ist in der Hoffnung entstanden, dem Leser als Leitfaden bei der Erschließung neuer Erkenntnisse zu dienen.
Alle Hinweise und Empfehlungen in diesem Buch, die nach bestem Wissen und Gewissen erstellt wurden, können bei schweren Erkrankungen den Rat eines Arztes oder Heilpraktikers jedoch nicht ersetzen. Weder die Autorin noch der Verlag übernehmen Verantwortung oder gar Haftung für eventuelle Unklarheiten, Ratschläge oder Empfehlungen.

Bibliografische Information der Deutschen Nationalbibliothek
Die Deutsche Nationalbibliothek verzeichnet diese Publikation in der Deutschen Nationalbibliografie; detaillierte bibliografische Daten sind im Internet über http://dnb.d-nb.de abrufbar.
© Frieling-Verlag Berlin • Eine Marke der Frieling & Huffmann GmbH
Rheinstraße 46, 12161 Berlin
Telefon: 0 30 / 76 69 99-0
www.frieling.de

ISBN 978-3-8280-3008-4
1. Auflage 2012
Umschlaggestaltung: Klaus Tannhäuser (www.tanni.at) unter Verwendung des Bildes „Projeções II" der brasilianischen Malerin Dirce M. Körbes
Sämtliche Rechte vorbehalten
Printed in Germany

Inhalt

Widmung

Ich widme dieses Buch in Liebe meiner Tochter Teresa Margitta,
die ihren Lebensweg in Australien gefunden hat.

Ferner wünsche ich jedem Menschen, besonders denen, die ich mit meinem Buch erreiche, inneren und äußeren Lebensreichtum, Gesundheit,
Zufriedenheit und glückliche Tage auf diesem Planeten.

Sigrid P. Körbes

Einführung

Wir existieren in einer sehr bewegten Zeit mit ganz spezifischen Herausforderungen. Momentan erleben wir exzessive Veränderungen im Weltgeschehen. Das erfordert Wachsamkeit und unsere Bereitschaft zur Weiterentwicklung auf allen Ebenen des Seins. Mir fällt immer wieder auf, wie ungewöhnlich gering die Zahl derjenigen ist, die sich bemühen, einen umfassenden Überblick sowohl über generelle als auch energetische Veränderungen zu bekommen. Diese Tatsache war mit ein Grund für mich, dieses Buch zu schreiben! Mein Wunsch als Autorin ist außerdem, Sie in vielen Dingen und Bereichen des Lebens auf die Wirklichkeit *hinter dem äußeren Schein* aufmerksam zu machen. Ich tue dies in guter Absicht, mit gutem Gewissen und der Hoffnung, Sie und Ihre Seele liebevoll und *anregend* zu berühren.

Manchmal werden Sie zweifellos das Gefühl haben, dass meine Ausführungen ganz und gar nichts Neues für Sie sind. Sicherlich spreche ich auch von Dingen, die Sie schon längst selbst in Frage gestellt haben. Denn aller Wahrscheinlichkeit nach fällt auch Ihnen schon seit geraumer Zeit auf, wie sehr wir uns auf vielen weltlichen und sozialen Ebenen des heutigen Lebens in einer katastrophalen Schieflage befinden, die absolut veränderungsbedürftig ist.

Die Folgen dieser disharmonischen Entwicklungen um uns herum, die unser Innerstes keineswegs kalt lassen, sind manchmal einfach nur belastend. Hier und da nehmen die Geschehnisse allerdings eine bedrohliche, wenn nicht gar lebensbedrohliche Form an. Eine große Anzahl von Menschen – und vielleicht auch Sie – wird so manches von dem, was bis dato mehr oder weniger als unstimmig wahrgenommen wurde, unter Umständen verdrängt haben nach dem Motto: „Das kann doch alles einfach gar nicht wahr sein!" Eventuell gehören Sie ebenfalls zu den Menschen, die sich zur eigenen Beruhigung in der Vergangenheit immer wieder – mit scheinbarem Erfolg – eingeredet haben: „Besser nicht weiter darüber nachdenken, als den Tatsachen so deutlich ins Auge schauen, denn ich kann, besonders als Einzelner, ja sowieso nichts daran ändern!" Vordergründig betrachtet, mag diese passive Haltung in einigen Bereichen im ersten Moment hilfreich sein. Auf Dauer ist die Lebensart, den Kopf weiter in den Sand zu stecken, zu schweigen und im Nichtstun zu verharren, sicher weder förderlich noch von

Erfolg gekrönt. Denn schlussendlich verhindert diese *Fehl*-Haltung garantiert eine aktive Teilnahme an bedeutungsvollen Geschehnissen des Lebens und ist alles andere als lebensgerecht! Permanent gegen das eigene Empfinden zu leben und weiterhin zu tun, was *andere* Menschen in allen Bereichen des Seins quasi vorschreiben, ist letztendlich krankmachend, sowohl seelisch als auch körperlich.

Ich will Sie gewiss hier nicht dazu auffordern, alles, was Ihnen nicht gefällt, zukünftig anzufeinden. Auch will ich Sie nicht zum Demonstrieren anregen. Ich bin mir jedoch *sicher,* dass Sie in der Lage sind, für *Ihr eigenes Leben* effektivere und wertvollere Entscheidungen zu treffen, als das (möglicherweise) in der Vergangenheit der Fall war. Ganz egal ob das Ihre Gesundheit und das allgemeine Wohlbefinden, Ihre Arbeitswelt, Ihre Familie sowie letztendlich das bewusste Mitwirken an Veränderungen im Weltgeschehen betrifft.

Unsere Demokratien vermitteln uns leider recht wenig Sicherheit, denn sie bestehen aus einer unheilvollen Beziehung zwischen ein paar Mächtigen und dem manipulierten Rest – UNS – dem Volk. Viele von uns haben im Laufe der Zeit verlernt, ihre Angelegenheiten selbst in die Hand zu nehmen, und spüren inzwischen eine große Sehnsucht nach Befreiung. Die Zahl der Menschen, die sich auf diesem Planeten als Opfer einer ständig wachsenden Unterdrückung fühlen, vermehrt sich rasant. Recht viele haben diese allzu lange passiv erduldet und lechzen mittlerweile danach, endlich ihr Mitspracherecht wieder einsetzen zu dürfen und ihre Macht zurückzuerobern. Eine umfassendere Mobilität im Denken und der Entschluss, *selbst* weiterführende Entscheidungen zu treffen, könnten ein effizienter Weg sein, endlich wieder zum ersten Offizier des eigenen Lebensschiffes zu werden.

Jede erfolgreiche Veränderung beginnt *immer* in uns selbst. Falls Sie für einen Wandel offen und bereit sind, würde es Ihnen bestimmt gefallen, sich in Ihrem Leben und Ihrem Alltag endlich wieder machtvoller und stärker zu fühlen, davon bin ich überzeugt. Sehen Sie niemals Kapitulation als letzten Ausweg! Bestimmt möchten Sie Ihr Leben auch nicht in einem mehr oder weniger depressiven Gemütszustand verbringen?

Sie halten jetzt das Lebenshilfe-Buch „Machtlos ... oder doch nicht?" in Ihren Händen. Diese Tatsache ist ein Beweis für Ihre Suche nach besseren Möglichkeiten und Lösungen. Wahrscheinlich sind Sie mit etwas oder sogar Vielem in Ihrem Leben nicht mehr wirklich zufrieden. Ich deute Ihre

Aktivität in dieser Hinsicht als ein äußerst positives Zeichen. Fühlen Sie sich – auch wenn momentan alles nicht ganz so rund läuft in Ihrem Leben – auf keinen Fall minderwertig oder gar als Versager, sondern eher wie ein wissensdurstiger Entdecker, der, kein Wagnis scheuend, zu neuen Ufern aufbrechen will. Wie auf jeden von uns warten auch auf Sie interessante und bisher vielleicht unerkannte Wege darauf, endlich von Ihnen (wieder-) entdeckt und in Bälde erschlossen zu werden. Gelegenheiten zum Umbruch sind unsere Chancen und wollen in Angriff genommen werden. Ganz sicher ist auch die seelisch-geistige Entwicklung von uns allen immer noch zu toppen. Ist das nicht tröstlich?

Hermes Trismegistos hat vor mehr als 3000 Jahren auf seiner Smaragdtafel Corpus Hermeticum die Weisheit verkündet: „Wie oben – so unten.“
Diese Tafel gilt als eine der grundlegendsten Schriften, die den Schöpfergeist reflektieren. Sie wird unter anderem auch sehr gerne bezeichnet als *„Modell der kontinuierlichen Schöpfung“*. In der Toskana, im Dom von Siena, können Sie ein künstlerisch äußerst wertvolles Fußbodenmosaik besichtigen. Die dortige Darstellung zeigt den von Wahrheitssuchenden und Schülern belagerten Hermes Trismegistos als weisen Lehrer mit seiner Tabula Smaragdina.

Auf den Punkt gebracht:
Hermes nannte den Menschen *„die kleine Welt“*. Er war der Meinung, alles, was die *„große Welt“*, also das Universum ausmacht, ist auch in jedem einzelnen Menschen vorhanden. Von insgesamt 13 Versen der Smaragdtafel ist die bekannteste These: „Was unten ist, ist das Gleiche wie das, was oben ist.“ Diese Aussage wird auch oft einfacher interpretiert mit den Worten: *„Wie innen – so außen, wie im Kleinsten, so im Größten.“*
Wenn die einzelnen Menschen auf dieser Welt im Ungleichgewicht sind, dann ist es auch die Welt!

Ich schlage jetzt einen großen Bogen von der Weisheit des Hermes bis hin zu Ihnen und mir. Die Zahl der irritierten Menschen, die sich in dieser hektischen Zeit handlungsunfähig und machtlos fühlen, nimmt in erschreckendem Tempo zu.
Schließlich ist dieses neue Jahrtausend geprägt von undurchschaubaren, destruktiven und beängstigenden Geschehnissen und Wandlungen. Wir

scheinen uns auf dieser Erde in vielen Bereichen momentan in einem alarmierenden Abwärtstrend zu befinden! Ich denke, auch Sie kennen aus eigener Erfahrung die enorm bedrückenden und beunruhigenden Emotionen, die mit dieser sehr gefährlichen Entwicklung einhergehen und unser Sicherheitsgefühl in dieser Welt beeinträchtigen. Die „Mächtigen dieser Erde" stellen uns allzu oft vor vollendete Tatsachen, die unsere Lebensangst gewaltig schüren. Unser Selbstvertrauen und Selbstwertgefühl sind geschmälert, weil die Obrigkeit uns zu lange wie „Unfähige" behandelt hat und uns äußerst manipulativ die Dinge aus der Hand nahm und nimmt.

Sehen Sie offen hin! Bestimmt fühlen auch Sie sich ängstlich oder gar massiv bedroht, wenn regierende Fanatiker allen Ernstes proklamieren, sie seien in der Lage, durch rohen Gewalteinsatz und das Töten von (unschuldigen) Menschen Frieden zu schaffen und auf diese Weise das von uns allen begehrte harmonische Gleichgewicht wiederherzustellen? Vor uns türmen sich immer mehr Geschehnisse auf, zu denen wir nicht weiterhin kritiklos JA und AMEN sagen möchten. Wir beobachten die Erde, sehen, wie sie sich „schüttelt" und uns durch Naturkatastrophen zur baldigen Umkehr aufruft. Gierige Menschen sind zu den größten Feinden unseres Planeten und des so schönen Lebensraumes auf ihm geworden. Die Vorstellung, sich selbst aus diesem Dilemma zu befreien, löst in vielen Menschen ein beängstigendes Gefühl aus. Vor allem, weil ihnen nicht klar ist, wie und durch welche Maßnahmen eine positive Veränderung begonnen werden kann.

Um die unerträgliche Frustration im tiefsten Inneren loszuwerden, suchen viele in ihrer Verunsicherung gezielt nach Hilfe. Immer mehr Menschen lassen sich beraten oder engagieren einen Lebens-Coach. Sie erlernen Entspannungs- und Meditationstechniken, wie Yoga oder andere Methoden, singen bereitwillig „OM" und befassen sich mit dem Positiven Denken.

All das ist zweifellos hilfreich. Allerdings *nur* dann, wenn diese Bemühungen uns zu Erkenntnissen führen, die uns verdeutlichen, was *in uns, in unserem Leben und auch um uns herum* nicht mehr stimmig ist. Erst *nach* dieser (über-)lebensnotwendigen Einsicht und der Bereitschaft, die erforderlichen Schritte auch zu *gehen,* wächst in uns das Vermögen, uns fortan gezielt von bedrückenden Belastungen, Manipulationen sowie der fortschreitenden Instrumentalisierung zu befreien. Wir können lernen, unser Leben wieder voll und ganz in die Hand zu nehmen.

Bleiben wir allerdings auf der Erkenntnisebene stehen und wechseln nicht über in das alles entscheidende *Tun,* dann holt uns die Realität bald wieder mit Macht ein und zwingt uns letztendlich mit kontinuierlichem Druck zum Handeln. Das kann dann sehr unbequem für uns werden! Wir erfahren diesen *Aufruf des Lebens an uns* zu einer dringend *notwendig gewordenen Veränderung* meist sehr schmerzhaft in Form von unguten Lebensereignissen, Schicksalsschlägen oder Krankheit.

Daher ist es mein Wunsch, Ihnen mit diesem Buch den (Irr-)Glauben zu nehmen, dass Sie in vielen oder gewissen Bereichen Ihres Daseins völlig machtlos sind und sich demzufolge mehr oder weniger ratlos in Ihr Schicksal ergeben müssen. Ich bin mir sicher, Sie werden es schaffen, in den meisten Situationen Ihres Lebens wieder selbst die Zügel in der Hand zu halten. Dazu ist es allerdings erforderlich, *genau* hinzuschauen und mit einer gewissen „Aufräumungsarbeit" bei sich selbst zu beginnen sowie im Zuge dessen in einigen Bereichen des Lebens die Weichen anders zu stellen. Was sich daraufhin in Ihnen und Ihrem Leben zum Positiven verändert, wird sich schon bald in einer neuen, konstruktiveren Lebensstimmung bemerkbar machen. Dieses verbesserte Lebensgefühl werden Sie in Form von *heilsamen energetischen Schwingungen* freudig mit Ihren Mitmenschen teilen und erfolgreich als aufbauende Energie in die Welt hinaustragen.

Ein sehr leicht verständliches Beispiel dazu:
Wenn in Ihrer kleinen Familie Wutausbrüche und Aggressionen an der Tagesordnung sind, so wird diese Gruppeneinheit zur Aggressionsausbreitung auf dem ganzen Planeten ihren Beitrag leisten. Wenn Sie jedoch für Frieden innerhalb Ihrer eigenen vier Wände sorgen, so wird er sich, ebenso dem sogenannten Schneeballsystem folgend, kontinuierlich ausbreiten. Von Ihnen wird sich die Friedfertigkeit auf den Partner übertragen und von diesem auf die Kinder übergehen. Diese wiederum werden harmonischer und friedvoller mit anderen Kindern spielen.
Sie als Urheber dieser von Frieden und Harmonie getragenen Verhaltensweise nehmen selbstverständlich den Seelenfrieden auch mit zu Ihrer Arbeitsstelle, wo er, bildhaft gesprochen, ebenso als Samen dient und gute Früchte tragen kann. Das ist ein ganz simples Beispiel, stellvertretend für die vielen Bereiche, in denen SIE alles andere als machtlos sind. Sowohl die Entwicklung eines jeden Einzelnen von uns hat – wie auch die gesamte Struktur des kollektiven Daseins – beachtliche Auswirkungen auf die Entfaltung des ganzen Universums. Jeder von uns kann durch sein Sosein zerstörerisch im

Weltgeschehen mitwirken oder als verantwortungsvoller Gehilfe im Webmuster des göttlichen Plans seinen Platz finden. Wir alle sind untrennbar miteinander verbunden, alles *ist EINS!*

Mein Ziel in diesem Buch ist es ebenso, Ihnen Wege aufzuzeigen, die Ihnen helfen können, den fatalen und manipulierenden Machenschaften einiger Institutionen nicht weiter auf den Leim zu gehen. Kommen Sie jetzt bitte nicht auf die Idee, ich sei ein Mensch, der die Weisheit mit Löffeln gefressen hat. Auch glaube ich nicht, alles besser zu wissen als Sie und andere! Ich fühle vielmehr eine Art Verbundenheit mit Ihnen, nicht zuletzt, weil Sie und ich in der gleichen Zeit unsere Erfahrungen auf dieser Erde machen, weil Sie die Welt und das Leben mit mir teilen. Ich bin eine schon ältere Frau, die durch einschneidende Ereignisse und starke Anforderungen im Verlauf ihres Lebens eine gewisse Reife erlangt hat. Eine Therapeutin, die es sich in genau diesem Moment zur Aufgabe gemacht hat, in dieser problembeladenen Zeitepoche erneut mit einem Lebenshilfebuch an Sie heranzutreten und damit ein wenig zur „Aufklärung" beizutragen. Und was ich Ihnen ganz sicher bieten kann, ist die Quintessenz aus einer Menge an Erfahrungen. Immerhin bescherte mir das Leben im Verlauf meines bisherigen Daseins recht außergewöhnliche Lernaufgaben, um deren Meisterung ich mich beherzt bemühte. Somit gab es zahlreiche Chancen für mich, neue Erkenntnisse zu sammeln und folglich seelisch-geistig zu wachsen und zu reifen. Des Weiteren fühle ich mich durch meine umfangreiche Ausbildung befähigt, fachlich fundierte Aussagen zu tätigen.

Natürlich gibt es in dieser Welt und Zeit zu unserer Freude immer noch sehr viel Gutes und Schönes, wofür wir von Herzen dankbar sein sollten. Allerdings droht sich einiges davon in einem Riesentempo zu minimieren. Die Welt steht kurz vor dem Kollaps. Wollen Sie jetzt und in Zukunft mithelfen, all das *immer noch* sehr Lebenswerte auf dieser Erde weiterhin zu erhalten und zu fördern?

Möchten Sie sich darüber freuen, ab sofort zu den Menschen zu gehören, die sich als Einzelperson nicht länger als unwichtig und handlungsunfähig ansehen? Jeder von uns hat die Wahl, weiterhin für die Erfüllung seiner kleinen Bedürfnisse (Genussbefriedigung, niedere Triebe) zu leben, oder die Erde und ihre Bewohner bei ihrem Aufstieg zu höheren Ebenen zu begleiten.

Haben Sie den Wunsch, sich selbst, Ihren Kindern und uns allen zu helfen, zu retten, was zu retten ist?

Dann lesen Sie jetzt weiter, und mit ein wenig Mut und Entschlossenheit können Sie zunächst Ihre kleine Welt verändern, um danach – nicht zuletzt zusammen mit allen, die um Sie herum sind – dazu beizutragen, auch im Kollektiv erforderlich gewordene Veränderungen geschehen zu lassen.

Ich drücke Ihnen fest die Daumen und freue mich von Herzen, dass Sie dabei sind und jetzt möglicherweise Neugierde verspüren, meinen Ausführungen zu folgen!

Jean Paul hat einmal den schönen Spruch geprägt:

„Bücher sind nur dickere Briefe an Freunde."

Machtlosigkeit und Angst

Berühren auch Sie die Worte in der Überschrift dieses Kapitels, weil Sie die Gefühle aus eigener Erfahrung sehr gut kennen?

Wenn Sie unsere Gesellschaft genau beobachten, dann werden Sie zu der Erkenntnis gelangen, dass das meiste, was wir von Kindesbeinen an in und von den Medien sehen, hören und lesen können, darauf abgestimmt ist, uns zu manipulieren, uns abhängig und gefügig zu machen. Ich gehe sogar noch einen Schritt weiter und behaupte: Das Geschäft mit der Angst ist zu einem überaus gut florierenden Industriezweig geworden, mit dem man uns recht leicht und schnell in einen Zustand äußerster Anspannung versetzen kann. Wir Bürger – brave und gutgläubige Konsumenten – kommen oft gar nicht auf die glorreiche Idee, die Informationen, die täglich wie ein Dauerregen auf uns niederprasseln, überhaupt anzuzweifeln.

Die Drahtzieher, die hinter diesen Machenschaften stecken, möchten selbstverständlich um keinen Preis der Welt auf ihre gut dotierten Machtpositionen und Errungenschaften verzichten. Wichtige Informationen, die zu einer Lösung führen könnten, werden uns meist mit Bedacht vorenthalten. Stattdessen werden wir von den Medien geistig vollgestopft mit phrasenhaften, teils beängstigenden oder uns in die Irre führenden Mitteilungen. Ständige Reklame berieselt zusätzlich unser Hirn, damit wir ja nicht aufwachen! Unsere Regierungsmacht stampft formelhaft Gesetze aus dem Boden, die zur Schande des ganzen Systems die scheinbar wehrlosen Untergebenen noch ohnmächtiger machen und vor allem empfindlich schröpfen. Haben Sie mal erfahren, was passiert, wenn Sie als einfacher Mensch versuchen, sich gegen diese Ungerechtigkeiten zu wehren? Die maßgebliche Führungsriege aus Politik und Wirtschaft hat das Zepter fest und totalitär in der Hand!

Auf allen Gebieten des täglichen Lebens wird unsere Unsicherheit geschürt. Sogar in der Religion, in der wir doch eigentlich Halt finden sollten, erzählt man uns nur allzu gerne, wir seien arme, unfähige und hilfsbedürftige Sünder. Zurzeit wird das grenzenlose Vertrauen vieler in die Institution Kirche außerdem zerstört durch das verabscheuungswürdige Verhalten und die Doppelmoral so mancher Diener Gottes.

Wir haben – bis zu dem Zeitpunkt, an dem uns das ganze Dilemma in aller Deutlichkeit klar wird – gar keine andere Wahl, als uns schwach, ängstlich und machtlos zu fühlen! In diesen negativen Emotionen gefangen, werden wir zunehmend unsicherer und glauben, diese vermeintlich Mächtigen *unbedingt* zu brauchen, damit wir unser Leben und den Alltag überhaupt noch auf die Reihe bekommen. Derartig in die Enge getrieben, geben wir im Zweifel an unsere eigenen Fähigkeiten manchmal zu unterwürfig unsere Macht ab und verlagern sie generös zu Obskuranten in Spitzenpositionen des Landes und Lebens. Um hier nur einige Punkte aufzuführen: Wir kalkulieren damit, von den Politikern seriös und geschickt durch die Wirren des Alltags geführt zu werden. Wir vertrauen den modernen Ärzten und Gerätschaften, dass SIE, und nur *sie und nicht etwa wir selbst,* uns wieder gesund machen können. Wir lassen uns einreden, *unbedingt* die Absolution und Führung der Kirche zur Festigung unseres allzeit gefährdeten Seelenheils zu brauchen, und bekennen uns demütig schuldig. Wir werfen unser hart verdientes Geld obskuren Banken in den Rachen, die es (wie nicht gerade wenige von uns in der Vergangenheit schmerzlich erfahren durften) immer öfter, scheinbar alle Jahre wieder, durch unehrenhaftes Verhalten veruntreuen. Allem Anschein nach haben heutzutage von Gier getriebene Menschen eher einen gepanzerten „Geldschrank" in der Brust statt das Herz am rechten Fleck!

Da die Hoffnung ja bekanntlich zuletzt stirbt, erwarten wir trotz allem stets wieder einen guten Ausgang der Dramen und spüren vielfach reichlich spät, wie wir mit diesem Verhalten leider mehr und mehr unsere eigene Macht abgeben und uns den Vorgaben anpassen, die man uns als brauchbar und dienlich anpreist. Mehr oder weniger ahnungslos lassen wir uns überrollen. Viele von uns werden immer stiller, ängstlicher und entwickeln eine pessimistische Schüchternheit dem Leben gegenüber, ohne zu ahnen oder sich vor Augen zu halten, zu welch negativen Ergebnissen unsere Resignation im Endeffekt führen kann.

Der *eingeschüchterte* Mensch ist gefügig, und solche Menschen werden gebraucht! Gelingt es den Führern der Länder, die Menschen zu verwirren, ihnen Angst einzujagen und sie *unwissend* zu halten, dann sind die Abhängigen und Untergebenen geradezu erleichtert, wenn sie letztendlich jemanden oder eine Institution finden, dem oder der sie ohne große Diskussionen die Kontrolle über ihr Leben überlassen können. Hauptsache, sie haben das Gefühl, dass sie selbst sich nun um nichts mehr kümmern müssen und dass stattdessen alles von *irgendeiner* Obrigkeit – wie auch immer – geregelt wird. Am sichersten und einfachsten kann man die Menschen ihrer Macht berauben, indem man sie dauerhaft mit Problemen „füttert", von denen sie annehmen, sie alleine einfach nicht bewältigen zu können. Schon beginnen sie nach Hilfestellungen und Lösungen zu suchen, und die vermeintlichen „Helfer" können sich auf sie stürzen wie Habichte auf ihre Opfer. Dummerweise schenken wir diesen „Rettern" dann meist äußerst bereitwillig sowohl Gehör als auch unser Geld. Und eines Tages stellen wir bekümmert fest: Genau die Dinge, die wir eigentlich doch selbst unter Kontrolle behalten wollten, haben wir ohne großes Murren – wahrscheinlich noch mit blindem Vertrauen – in die Hände anderer gegeben.

So in die Enge getrieben, strengen wir uns an, uns mit den üblichen Maßnahmen wie Streik, Demonstrationen oder Boykott in Szene zu setzen und zu retten, was noch zu retten ist. Wir *versuchen* mit diesen Aktionen zumindest, uns gegen eine zum Himmel schreiende Ungerechtigkeit und Überrumpelung zu wehren. Der Erfolg ist allerdings meist sehr bescheiden.

Was bleibt uns dann noch? Resignation, Depression und Selbstaufgabe? So weit sollte es auf gar keinen Fall kommen! Auf die oben stehenden Aussagen werde ich im Verlauf des Buches natürlich näher eingehen, um Ihnen die Angst vor einem Wandel zu nehmen.

Es gibt die innere und die äußere Macht. Die äußere Macht, egal ob sie vom Einzelnen angestrebt wird, um elitär zu scheinen, oder von Menschen, die die Welt beherrschen wollen; sie entspringt im Wesentlichen dem Ego. Sie ist kontrollierend und äußert sich auch in dem Wunsch, gezielt Einfluss auf die Welt (Politik, Wirtschaft) nehmen zu können und Menschen zu beherrschen. Für unser Ego ist es erstrebenswert, sich über andere zu erheben, nicht zuletzt, damit es sich in Sicherheit wiegen, seine Vergänglichkeit verdrängen und sich großartig und im schlimmsten Fall gottähnlich fühlen und auf andere herabsehen kann. Sobald es Macht besitzt und ausüben darf, lebt es in der Illusion, erhaben zu sein und sowohl sein eigenes Schicksal als auch die ständigen Bedrohungen, die auf es einstürmen, besser im Griff zu haben.

Die innere Macht jedoch, die jede äußere bei *weitem* übertrifft, ist die wirkliche Macht im Leben. Sie äußert sich über eine friedvolle, starke und in sich ruhende Persönlichkeit, die voller Mut und mit Charakterstärke eine spirituelle Weiterentwicklung einer unseriösen Machtposition im Leben vorzieht. In dem Maße, in dem Sie eine *innere* Macht gewinnen, verliert das Leben in vielen schwierigen und von Ihnen bisher vielleicht gefürchteten Bereichen seinen Schrecken. Eine Veränderung und vor allem Erweiterung unseres Bewusstseins führt zu einer neuen, völlig anderen Betrachtungsweise und beschert uns in dieser Welt Stabilität sowie ein wieder zufriedenstellendes Maß an Sicherheit. Wenn wir es nur ernsthaft wollen, gelingt es uns auch, aus der kollektiven Neurose auszusteigen und das eigenständige Denken und Sein wieder voll zu entwickeln. Im Laufe der menschlichen Entwicklung hat man dem sogenannten Durchschnittsbürger durch gezielte Manipulation uraltes Wissen entzogen und später vorenthalten, um auf diesem Wege das Gros der Bevölkerung abhängig und gefügig zu halten. Die Zeit für uns alle, diese Wahrheiten zurückzuerobern, ist im Wassermann-Zeitalter mehr als reif! Beleuchten wir nun gemeinsam die Dinge des Lebens, um eine andere und bessere Gangart zu finden, mit der wir uns Schritt für Schritt und letztendlich ganz aus der schwächenden Stagnation befreien.

Man kann den Menschen nichts lehren,
man kann ihm nur helfen,
es in sich selbst zu finden.

– Galileo Galilei –

Mein Weg ist nicht dein Weg …

… und meine Wahrheit nicht unbedingt die Ihre. Alles, was ich Ihnen mit Hilfe dieses Buches näherbringen möchte, ist selbstverständlich *meine* individuelle und spezielle Sicht der Dinge. Sie basiert auf den von mir gemachten Lebenserfahrungen und ist ebenso geprägt von den Lehren sämtlicher Lehrmeister und Menschen, die für mich vorbildlich und stimmig waren.

Zunächst faszinierten diese Vorbilder mich durch ihr nachahmungswürdiges Verhalten, durch ihre überaus beachtenswerten Thesen und Lebensweisheiten sowie ihr – im Vergleich zu anderen Menschen – verändertes Denken über diese Welt und unsere Bestimmung darin. Sie zeigten mir Möglichkeiten, in dieser Zeit bewusst und wachsam zu leben. Schlussendlich führte das bei mir zu einem Umbruch sowie einer anderen Haltung dem Leben, der Welt und auch meinen Mitmenschen gegenüber. Somit geht es also in erster Linie um eine Wahrheit, die zunächst für *mich* gültig ist. Das ist nun einmal so, und deshalb ist nichts, was ich oder andere Menschen in ihrem Leben als *wahr* ansehen, stets für alle absolut *wahrhaftig.* Jede sogenannte Wahrheit ist letztendlich immer subjektiv geprägt und entwickelt sich im Großen und Ganzen aus dem Standpunkt ihres Betrachters.

Dazu eine These aus der Quantenphysik:
„Alles Beobachtete wird von seinem Beobachter beeinflusst!"

Wenn es also nicht die allumfassende und letztendlich stimmige Wahrheit gibt, dann können wir sie auch nicht für uns „entdecken". Folglich wird die Wahrheit erschaffen. Sie können und werden für sich ein anderes Wahrheitsbild erarbeiten, als ich es für mich tue. Jeder Mensch ist Schöpfer und kreiert sich selbst also genau das, was für ihn gültig und wahr ist.

Das kann sich allerdings täglich ändern, und so sind vielleicht Dinge, die vor Jahren noch absolut richtig und auch wahr für Sie waren, mittlerweile vollständig überholt. Freuen Sie sich über diesen Fortschritt, denn andernfalls wären Sie in Ihrer Entwicklung in den Kinderschuhen stecken geblieben oder liefen – bildhaft gesprochen – noch im Konfirmationsanzug respektive Kommunionkleidchen herum.

Schon Tucholsky sagte: *„Jeder hat ja so recht!"*

Möglicherweise denken Sie jetzt: „Letzte Woche habe ich meine Kündigung bekommen, und mein Sohn ist alkoholsüchtig. Das ist doch wahr!" Wenn ich hier von *Wahrheit* spreche, dann von einer sehr, sehr viel höher liegenden Ebene der seelisch-geistigen Wahrheit. In den nächsten Kapiteln schreibe ich auch von den vielen inneren Aktionen und Abläufen, die jeden von uns, bedingt durch Erziehung und Beobachtungslernen, zu dem gemacht haben, was er heute ist. Das ganze Leben ist ein Prozess aus Erkenntnis und Wachstum.

Durch die gewissen Umstände, in denen wir uns in unserer weltlichen Existenz befinden, werden wir unaufhörlich animiert, sowohl nach Antworten als auch nach anderen Verhaltensweisen zu suchen, die unser Leben besser funktionieren lassen und die in letzter Konsequenz auch sinnvoller sind. Nach Erlebnissen und Dingen, die es bereichern, mit Freude erfüllen und unser Dasein damit insgesamt lohnenswerter machen. Diese jedem Individuum von Natur aus mitgegebene „Sucht", die idealerweise in der Suche nach Lösungen gipfelt, dient sowohl der eigenen als auch der kollektiven evolutionären Entwicklung.

Bei genauerer, mit Wachsamkeit erfüllter Betrachtung Ihrer momentanen Lebensumstände und Ihres Seins werden Sie höchstwahrscheinlich manchen Umstand, gewisse Haltungen oder Bewertungen finden, die Sie inzwischen ganz und gar nicht mehr angemessen für Ihren zukünftigen Lebensweg halten. Alles, was Ihnen bei aufmerksamem und offenem Hinsehen nicht mehr als wirklich dienlich erscheint, ist überreif, ad acta gelegt zu werden. Letztendlich rede ich hier von nichts anderem als von einer Chance. Von der Möglichkeit, sich aus den gezielt getätigten Informationen dieses Lesestoffes das momentan Passende herauszufiltern, um gegebenenfalls davon zu profitieren.

Vorausgesetzt, Sie wollen das überhaupt! Schließlich betrifft es Ihre Lebensmeisterschaft, die einzigartig und individuell ist. Sie – *und nur Sie* – können letztendlich die Entscheidung treffen, was und wer Sie sein wollen und ob Sie eine Neujustierung auf dem Gebiet Ihres bisher gewohnten Denkens und Handelns überhaupt in Betracht ziehen möchten.

Alles, was Sie brauchen, um Ihr Leben zu meistern, besitzen und wissen Sie bereits. Sie müssen nur all das *Störende* loslassen, was Sie immer wieder von der eigenen Weisheit und Ihrem geistigen Erbe trennt. Hüten Sie sich zu jeder Zeit davor, irgendeinem Guru zu folgen, der von sich behauptet, erleuchtet zu sein, den Weg für Sie zu kennen und zu wissen, was genau zu tun ist! Es gibt keinen Weg, den wir alle gehen können. Jeder Einzelne von uns muss seinen ganz speziellen Weg für sich finden. Denn jeder von uns ist mit *seiner* ganz individuellen Aufgabe in dieses Leben hineingeboren worden, und er wird mit Sicherheit dieser Herausforderung nicht umfassend gerecht, wenn er sich immer wieder von anderen sagen lässt, was er zu tun und zu lassen hat.

Nicht in der Hektik des Alltags, sondern nur in einer heilsamen Ruhe und Stille finden Sie Antworten auf Ihre Fragen und Ansprüche dem Leben gegenüber. Auch die innere Gelassenheit, die so wichtig ist und uns immerwährend daran erinnert loszulassen, wird das Wahrnehmen der zurückhaltenden Stimme unseres Herzens fördern. Erst wenn Sie *ihr* folgen, beginnen Sie, in *Ihrem Leben Ihre* ureigensten Entscheidungen zu treffen, und können genau das, was Sie wollen und brauchen, in die Tat umsetzen.

Hierzu wieder ein kurzes Beispiel:

Falls Sie abermals einen Versuch unternehmen, mit dem Rauchen aufzuhören, das aber im tiefsten Inneren gar nicht ernsthaft wollen, dann wird es nicht gelingen! Vielleicht sind Sie ja von anderen zur Aufgabe dieser ungesunden Angewohnheit überredet worden, oder Ihr Arzt hat Ihnen nahegelegt, fortan besser auf Ihre Gesundheit zu achten?

Sie werden – wie die Erfahrung zeigt – nach halbherzig getroffenen Entscheidungen immer und immer wieder erneut rückfällig werden.

Einzig und allein die von *Ihnen selbst als richtig erkannte und getroffene Entscheidung,* zukünftig keine Zigarette mehr anzupacken, wird Sie derart stärken, es endgültig zu schaffen.

Da Sie dieses Buch immer noch in Ihren Händen halten, schenken Sie mir wohl auch weiterhin Ihre Aufmerksamkeit. Möglicherweise betrachten Sie diese Ausführungen als eine „andere Art der Unterhaltung"? Sollte Ihnen das Buch und was ich darin schreibe jedoch nicht zusagen, dann verschenken Sie es einfach. Es wäre schade, wenn diese Zeilen nicht *irgendwo* auf fruchtbaren Boden fallen würden. Fahren wir also fort!

Ein neues – anderes Selbstbild

Die Beziehung recht vieler Menschen zu sich selbst ist unverhältnismäßig häufig geprägt von einer starken Unbewusstheit. Durch die unkontrollierte Nachahmung dessen, was uns vorgelebt, eingeredet und von unseren Erziehern als lebenswert sowie „richtig" demonstriert wird, rutschen wir, wenn es ungünstig läuft, im Laufe der Zeit in gewisser Selbstvergessenheit immer tiefer in ungeeignete Verhaltensmuster. Oft hinterfragen wir diese ein ganzes Leben lang nicht und kümmern uns auch nicht darum, ob sie unserer eigenen Entwicklung entsprechen und gerecht werden. Wird ein Individuum von Kindheit an zu stark dominiert und damit an seiner freien Entfaltung gehindert, kommt es vielfach zu einer Blockierung seiner naturgemäßen Entfaltung, was in einer Abspaltung vom höheren Energiekörper und einer Trennung von dessen Zielen, Wünschen und Ursprünglichkeit gipfeln kann. Ein „Gefangensein" dieser Art belastet die menschliche Natur über Gebühr und stellt die Weichen für eine seelisch-geistige Fehlentwicklung und diverse psychische Störungen. Zu den fatalen Folgen gehören weiterhin permanenter Lebens- sowie Gefühlsstress, dessen Ursachen oft gar nicht oder erst recht spät im Leben, eventuell im Verlauf einer Psychotherapie erkannt werden. Im Laufe der Zeit können diese *unpassenden* Prägungen unter anderem zu einer krankmachenden Destruktivität sich selbst gegenüber (Neurosen und Zwänge) führen.

Menschen, die in ihrem Wachstumsprozess übertrieben beeinflusst und somit an der freien Entfaltung ihrer (natürlichen) Wesensentwicklung gehindert werden, müssen zwangsläufig ständig ihre echten, ureigensten Empfindungen unterdrücken. Sich dessen überhaupt nicht bewusst, ergehen sie sich häufig und auffällig in übersteigerter Selbstkritik. Ein destruktives Verhalten, das letzten Endes zu einer gewissen Selbstverleugnung führen kann. Das meist schwache Persönlichkeitsbild dieser Menschen ist vielfach geprägt von zyklischen Stimmungstiefs, großer (Lebens-)Unsicherheit sowie einem gravierenden Mangel an Selbstbewusstsein und Entscheidungsvermögen. Der naturgemäße Fluss des Seins ist erheblich behindert. Selbst ganz normale Herausforderungen des Alltags werden meist als Last empfunden.

Diese Personen leiden häufig unter einer sogenannten spirituellen Depression, die sich nach den Lehren des britischen Philosophen Tom Johanson (1919–2002) allerdings auffallend schnell verflüchtigt, wenn der ureigenste

Lebensweg endlich beschritten wird und sie sich rigoros von Fremdbestimmung befreien.

Für sehr viele von uns ist es bedauerlicherweise ganz und gar nicht selbstverständlich, sich selbst zu achten und zu lieben.

In der Annahme, dass Sie, lieber Leser, auf jeden Fall zu den Menschen gehören möchten, die glücklich, gesund und zufrieden sind, möchte ich nun zunächst das sehr bedeutsame Thema Eigenliebe beleuchten. Denn eine selbstwertschätzende Eigenliebe mit all ihren Facetten ist *eine* Voraussetzung für die positiven Entwicklungen auf allen Lebensebenen.

Schauen Sie nicht länger voller Neid auf andere, die scheinbar all das in ihrem Leben erreicht haben, was Sie sich schon lange vergebens wünschen. Sie selbst sollten im Mittelpunkt *Ihres* Lebens stehen, in einer glücklichen und erfüllten Partnerschaft leben, Ihren Wunschberuf ausführen und im Wohlstand weilen. Das Dasein auf dieser Erde in seiner ganzen Fülle zu erfahren, ist das universelle Grundrecht eines jeden Erdenbürgers. Sie glauben, ich mache Witze, und Sie zweifeln daran, dieses Ziel jemals zu erreichen?

Falls Ihnen einiges davon oder im schlimmsten Fall sogar alles bis jetzt versagt geblieben ist, so stellen Sie sich ganz ernsthaft die Fragen: „Liebe ich mich selbst mit Haut und Haaren? Bin ich der wichtigste Mensch in meinem Leben?" Überlesen Sie diese Hinweise bitte nicht einfach wie etwas eher Uninteressantes, testen Sie sich selbst! Nehmen Sie sich ausreichend Zeit und geben Sie sich damit die Chance, ganz in Ruhe darüber nachzudenken und so zu einem ersten Ergebnis zu kommen.

Zunächst:

Eine gesunde Selbstliebe ist nicht zu verwechseln mit einer krankhaften, zum Beispiel narzisstischen Störung der Persönlichkeit, Egozentrik oder gar Egomanie. Eine übersteigerte, unechte Form von Selbstliebe (Selbstverherrlichung) kann schlimmstenfalls sogar im Größenwahn enden.

Wir werden ausnahmslos alle mit einem ausgeprägten (Überlebens-)Egoismus in diese Welt hineingeboren. Er sollte nicht nur erhalten, sondern noch gefördert und natürlich in rechte Bahnen gelenkt werden. Allerdings sind wir durch das überaus dominante Machtsystem unserer heutigen Gesellschaft und Welt einer nicht zu unterschätzenden Gefahr ausgesetzt. Im Banne dieser Beeinflussung entwickeln allzu viele von uns einen übersteigerten

Egoismus, der sich in Bezug auf den Umgang mit Mitmenschen nicht selten in Form von Respektlosigkeit äußert.

Seit Jahren beobachte ich eine ernstzunehmende Form von Rücksichtslosigkeit im allgemeinen Umgang der Menschen miteinander. Feindselige Verhaltensweisen, die von einem übersteigerten Egoismus geprägt sind, gehören mittlerweile scheinbar zum guten Ton der heutigen „Ellbogengesellschaft". Diese wachsende Ich-Sucht demonstriert alles andere als eine gesunde Eigenliebe und deren Eigenschaften.

Im Kontrast zur übersteigerten Eigenliebe halten leider immer noch viele Menschen die *gesunde* Selbstliebe und die Art, wie sie sich im Umgang mit sich selbst und auch anderen äußern sollte, für verachtenswerten Egoismus. Dieses totale Missverständnis kann leider schwerwiegende Folgen nach sich ziehen, denn nur wer die Selbstliebe und eigene Wertschätzung kennt und praktiziert, ist in der Lage, diese Liebe auch anderen zuteilwerden zu lassen. Bei nicht wenigen von uns wurde in der Kindheit der natürliche Ansatz zur Eigenliebe, der uns ganz selbstverständlich von unserer Geburt an als Erbe innewohnt, erfolgreich ausgemerzt. Eltern, die von ihren Eltern dazu erzogen wurden, sich eher unterwürfig, anspruchslos und zurückhaltend zu benehmen, gaben und geben diese erlernte Fehlhaltung, unbewusst und nichts Böses ahnend, an die eigenen Kinder weiter. Außerdem galt die lebenswichtige Selbstliebe lange Zeit als immens unchristlich. Des Weiteren lernten sehr viele von uns, dass Eigenlob stinkt und sie sich selbst nicht so wichtig zu nehmen hatten. Erinnern Sie sich vielleicht? Ging es Ihnen etwa auch so oder so ähnlich? Wurden auch Sie ermahnt, doch bitte nicht so maßlos angeberisch und unbescheiden aufzutreten, wenn Sie aufgrund einer gelungenen Leistung Freude und Stolz entwickelten? Erwarteten Sie verständlicherweise Lob und wurden stattdessen für Ihr Verhalten gerügt? Wurde Ihnen vorgehalten, Ihr Benehmen, das ja im Grunde nichts anderes als Selbstliebe reflektierte, sei eine überaus schlechte Tugend und zudem recht abstoßend?

Demonstrierten Ihre Erzieher Ihnen diesbezüglich eine deutliche Abneigung und erfuhren Sie aufgrund dieses Soseins alles andere als Verständnis und Liebe? Mit Tadel, Ablehnung oder dem Entzug von Liebe und Bewunderung zwang man Sie unterschwellig, sich zu verändern und „kleiner" zu machen. Sie ergaben sich als Kind in Ihr Schicksal und ertrugen die lähmenden Demütigungen schweigend, denn Sie wollten nicht auf die Liebe der

Eltern verzichten. Während Sie sich beugten und immer weiter in das Muster *„Ich bin nicht liebenswert, so wie ich bin"* hineinrutschten, zogen Sie sich mehr und mehr in sich selbst zurück, bis Sie letztendlich davon überzeugt waren, eigentlich ja gar kein liebenswerter, sympathischer Mensch zu sein.

Aus der stetigen Aufforderung zur Unterdrückung der Selbstliebe entwickelte sich aller Wahrscheinlichkeit nach eine grobe Fehleinschätzung des eigenen Wertes. Vielleicht erzog man Sie außerdem dazu, sich zu Gunsten der anderen immer wieder zu übergehen? Erzwungenes Fehlverhalten veränderte und schwächte Ihre Persönlichkeit und Ihr ganzes Wesen. Um der unangenehmen Kritik und den ständigen Konflikten zu entgehen, blieb Ihnen als „unwissendes" Kind nichts anderes übrig, als sich unterzuordnen. Falls es Ihnen tatsächlich so oder so ähnlich erging, dürfen Sie sich als Erwachsener nicht wundern, wenn dieser unselige Weg am Ende in Enttäuschung, Unglück, Depression oder gar Krankheit gipfelt. Allerdings wäre es noch mehr als sinnlos, wenn Sie Ihre Befreiung von dieser „Ungerechtigkeit" damit einleiteten, Ihren Eltern für all das, was in Ihrem Leben bisher nicht so erfreulich lief, die Schuld zu geben. Vorwürfe können Sie weder befreien noch weiterbringen! Wir alle tragen Teile unserer Familiengeschichte mit uns herum, die uns auf diese Weise mit anderen Personen verbinden. Und oft sind es recht schwerwiegende und große Brocken, die wir mit uns herumschleppen.

Hierzu ein Satz von Friedrich Nietzsche: *„Welches Kind hätte nicht Grund, über seine Eltern zu weinen."*

Agieren Sie trotzdem verständnisvoll, denn auch Ihre Eltern oder Erzieher waren wohl einmal „verletzte Kinder", die im Laufe ihres Lebens aufgrund von Beeinflussung und bestimmten Geschehnissen ihren wahren Ursprung vergaßen oder verdrängten. Folglich konnten sie sich ab einem gewissen Zeitpunkt selbst nicht mehr als wunderbare und liebenswerte Wesen erkennen. Und so wurde und wird bis zum heutigen Tag dieses zweifellos folgenschwere Verhalten durch Nichtwissen sowie eine deftige Portion unbewusster Unachtsamkeit immer weiter praktiziert. Dieses meist kritiklos angenommene Erziehungskonzept wird von Generation zu Generation „weitervererbt" und damit die Entwicklung eines natürlichen und gesunden Selbstwertgefühls oft schon beim Kleinkind im Keim erstickt.

Vielleicht denken Sie ja jetzt als Leser: *„ICH* wurde geliebt, gefördert und in der Entwicklung einer mir dienenden Selbstliebe sowohl von meinen Eltern als auch von Erziehern unterstützt!" Gratulation! Wenn es so ist, kam und kommt Ihnen das in Ihrem Leben mit Sicherheit zugute. Ich freue mich mit Ihnen darüber. Wenn nicht, dann sollten wir zusammen noch auf einige wichtige Dinge schauen.

Bei Ihren Bemühungen herauszufinden, ob Sie sich selbst lieben, sollten Sie Ihr Verhalten im Alltag genau beobachten und wirklich einmal gezielt innere Einkehr halten. Stellen Sie sich auffällig oft Fragen wie: „Was sollte ich tun, um bei (allen) anderen gut dazustehen? Was erwarten die Menschen in meiner Umgebung von mir? Wird der oder die andere mich auch noch lieben, wenn ich dieses oder jenes jetzt nicht für ihn oder sie tue, weil ich es ganz einfach nicht für richtig halte?" Kümmern Sie sich außergewöhnlich häufig eher um alle anderen als um sich selbst? Haben Sie erst Zeit für sich, wenn Sie alle in Ihrem Umfeld zufrieden gestellt haben? Haben Sie Ihre natürliche Fähigkeit, Freude schenken zu können, durch übertriebenen Eifer in Form von Aufopferung und Selbstaufgabe ersetzt? Wäre es Ihnen peinlich, wenn sich jemand über Sie ärgert oder gar schlecht über Sie redet? Sind Sie betrübt, wenn der Nachbar Sie einmal nicht so freundlich grüßt? Nehmen Sie sich aus dieser Angst heraus ständig zurück und strengen Sie sich maßlos an, um all das zu vermeiden? Könnte – wie nicht gerade selten zu lesen – in *Ihrer* Todesanzeige auch einmal stehen: „Ihr (oder sein) Leben war stets Aufopferung für andere?"

Darf ich Sie hier darauf aufmerksam machen, dass Sie dann höchstwahrscheinlich um jeden Preis, koste es, was es wolle, geliebt werden wollen oder an einem Helfersyndrom leiden? Aus einem übertriebenen Eifer, *für andere zu leben*, entsteht im Laufe der Zeit das Suchtverhalten, stets folgsam die Erwartungshaltungen „fordernder" Mitmenschen zu erfüllen. Mit diesem Verhalten geraten Sie zuverlässig in eine anhaltende Überforderung und dürfen sich nicht darüber wundern, wenn aufgrund dieser übertriebenen Anpassung und Aufopferung ungute Emotionen und echte Sorgen in Ihrem Leben die Oberhand gewinnen!

Wenn die eigenen Bedürfnisse ständig so gravierend zurückgestellt werden, kann es nach den herrschenden Lebensgesetzen gar nicht anders sein! Denn wer sich selbst dauerhaft vernachlässigt, darf sich am Ende dieses Prozesses nicht über das Chaos wundern, in dem er lebt. Würde hingegen jeder Mensch auf der Welt in Eigenverantwortung für sich selbst sorgen, so wäre für alle gesorgt.

Nicht wenige, unbewusst nach Selbstliebe hungernde, Menschen versuchen im Erwachsenenalter das Fehlen der (Eigen-)Liebe zu kompensieren, indem Sie sich auffallend gerne mit ausgesuchten und von ihren Artgenossen begehrten Statussymbolen umgeben. So strahlen sie nach außen Erfolg aus, erscheinen wichtig und glauben, deshalb endlich anerkannt zu werden. Im Gegensatz zu wirklich erfolgreichen Größen im Leben fallen diese Menschen auf durch ein zerstörerisches und rücksichtsloses Verhalten sich selbst gegenüber. Recht selten merken sie, wie die Falle immer weiter zuschnappt und sie sehr oft nur ausgenutzt werden. Selten ist die Zuneigung, die diese Menschen in ihrer Verzweiflung durch jene tägliche „Show" *erbetteln* und oft nur von Schmarotzern erhalten, von Herzen kommend und echt, somit also zwangsläufig enttäuschend. Diese unglücklichen Menschen arbeiten in der Regel nicht, um davon zu leben, sondern leben, um zu arbeiten, und rackern sich im Beruf bis zur totalen Erschöpfung (Modewort Burnout) ab, um den sie fortwährend blockierenden Zustand der fehlenden Selbstliebe nicht weiterhin spüren zu müssen. Die steigenden Zahlen der Herz-Kreislauf-Erkrankungen sind stumme Zeugen von einem chronischen Mangel an Selbstliebe und praktizierter Selbstabwertung.

Vorrangig das männliche Geschlecht grenzt sich gerne von seinen Gefühlen ab und bleibt stattdessen in Kopf und Verstand gefangen. Gerade Männer versuchen mit Akribie, sich über Erfolg im Beruf und Statussymbole aufzuwerten, um damit den eventuell vorhandenen Mangel an Eigenliebe zu übertünchen. Viele sogenannte emanzipierte Frauen tun es ihnen gleich. Die Folge: Auch sie leiden zunehmend an den typischen „Männer-Krankheits-Symptomen". Keine Seltenheit ist dann der *scheinbar* doch so aus heiterem Himmel kommende, urplötzlich auftretende Herzinfarkt, Schlaganfall oder Totalzusammenbruch, besonders in der Lebensmitte. Diese Warnzeichen sind ein Schrei der Seele! Nichts anderes als der *letzte Aufruf* zur *lebensnotwendigen* Umkehr. Bevor das Leben nach dem geistigen Gesetz der Resonanz sowie nach dem Gesetz von Ursache und Wirkung so gravierend zuschlägt, sind ganz sicher bedeutende Warnsignale im Vorfeld übersehen und einfach beiseitegedrängt worden. Erfreulicherweise werden diese selbstkreierten Schicksalsschläge von vielen Betroffenen jedoch verstanden und, falls noch möglich, als Aufruf oder letzte Chance in Bezug auf eine unumgängliche Veränderung des Lebens erkannt. Wenn diese Ausführungen auch auf Sie zutreffen, sollten Sie in Bälde etwas verändern, am besten noch heute! Verlassen Sie diesen leidvollen Weg! Wie wäre es, wenn Sie stattdessen beschließen, zukünftig einen „königlicheren Weg" einzuschlagen? Das wird Ihnen gelingen, wenn Sie dazu bereit sind, die Wirklichkeit hinter dem äußeren Schein anzuschauen. Gestehen Sie sich – notfalls – selbst ein, dass Sie zu den Menschen gehören, die wie ein Hamster im Rädchen herumlaufen. Erkennen Sie *endlich* die gnadenlose Selbstzerstörung in Ihrem bisherigen Verhalten und leiten Sie ohne Aufschub eine drastische Veränderung ein! Beachten Sie bei Ihren Überlegungen des Weiteren: Sie haben mit Ihrem unachtsamen Tun nicht nur für sich selbst ein heftiges Problem geschaffen, sondern auch für Ihre Umwelt, für Menschen, die mit Ihnen Ihr Leben teilen! Das Praktizieren einer ausgewogenen Selbstachtung und Selbstliebe ist ungemein dienlich, auf jeder Ebene des Seins. Es fördert – last, but not least – auch in der Partnerschaft ein friedvolles, harmonisches Empfinden und Zusammenleben. Denn wer sich selbst wertschätzt und liebt, wird allen anderen mit dem gleichen Respekt begegnen. Wie können wir *das Größere (Gott)* lieben, wenn wir es nicht draufhaben, uns selbst und unseren Nächsten zu lieben?

Menschen, die sich selbst nicht lieben und nicht weiter wichtig nehmen, neigen außerdem dazu, für ihr eigenes Unglück stets die anderen verantwortlich zu machen. Sie versäumen im Zuge ihres „entarteten" Denkens und Handelns, die volle Verantwortung für ihr eigenes Leben, ihr Lebensglück sowie für etwaige Misserfolge zu übernehmen.

Wenn Sie das alles aufmerksam lesen, fühlen Sie möglicherweise den heilsamen Impuls, genau jetzt auch störende und herabsetzende Gedanken über sich selbst als entwicklungshemmend, unproduktiv und vor allem unwahr zu erkennen. Entscheiden Sie sich doch einfach JETZT, genau heute und in diesem Moment für ein *positives* Selbstbild, für ein neues Denken über sich selbst und ein ganz neues Verhalten in Bezug auf sich selbst und andere.

Ich will das Ganze nun zusammenfassen:
   In der Kindheit waren Sie leider noch sehr ohnmächtig, wenn es darum ging, sich erfolgreich gegen schieflaufende Erziehungsmaßnahmen und Beeinflussungen zu wehren. Sie fügten sich, weil Sie keine Wahl hatten. So konnten die Wurzeln der Verhaltensvorschriften im ungünstigsten Fall zu mächtigen „Schlingpflanzen" heranwachsen, die Sie im Verlauf Ihrer Entwicklung immer stärker einengten. Es konnten sich unpassende Verhaltensgewohnheiten entfalten, die *Sie* fatalerweise als *völlig normal* empfunden

haben. Damals wurden Sie wahrscheinlich – falls Sie überhaupt versuchten, sich dagegen aufzulehnen – von Ihren Eltern und Erziehern getadelt und in die Schranken verwiesen. Doch als mittlerweile erwachsene Menschen sind wir *alle* durchaus in der glücklichen Lage, uns gezielt von unproduktiven und störenden Mustern zu befreien. Denken Sie ab heute *nie* mehr, Sie hätten Liebe und Wertschätzung nicht wirklich verdient und müssten sich Zuneigung erst durch entsprechende Leistungen erarbeiten oder gar erkaufen. Mit einem derartig kontraproduktiven Denken ziehen Sie permanent Menschen in Ihr Leben hinein, die Sie benutzen und ausnutzen. Brechen Sie aus dem verhängnisvollen Teufelskreis aus. Betrachten Sie es als selbstverständlich, sich selbst zu lieben und der Nächste zu sein! Fragen Sie sich ab heute täglich oder stündlich, was SIE wollen und als richtig ansehen. Nehmen Sie sich zunächst jedoch voll und ganz so an, wie Sie momentan (noch) sind. Das ist die absolute Voraussetzung dafür, so zu werden, wie Sie es sich wünschen.

Weiterhin bedeutet es, antiquierten sowie unwahren Glaubenssätzen der Kindheit, die bis heute relevant waren, zukünftig die Macht zu entziehen. Das könnten Sätze gewesen sein wie etwa „Das schaffst du nie!", „Aus dir wird nie etwas!", „Du hast nichts Liebenswertes an dir!", „Du kommst nie auf einen grünen Zweig!", „Du bist nichts wert!" oder andere Aussprüche ähnlich negativer Qualität. Sie haben diese Behauptungen irgendwann im Verlaufe Ihres Lebens gehört, für sich als wahr angenommen und waren dummerweise später selbst von ihrer Richtigkeit überzeugt. Taucht so ein Glaubenssatz wieder einmal in Ihrem Geist auf, dann ersetzen Sie ihn aus vollem Herzen und entschlossen mit dem positiven Gegenteil und sagen Sie sich: „Ich schaffe es!"; „Ich habe Erfolg!"; „Ich bin liebenswert und meistere mein Leben!" Wenn Sie diese konstruktiven Gedanken von nun ab täglich pflegen und darüber hinaus noch mit einer bildhaften Vorstellung und dem unerschütterlichen Glauben (*„Genau so und nicht anders ist es!"*) sowie dem Gefühl freudiger Dankbarkeit begleiten, wird Ihr Unterbewusstsein Ihnen bereitwillig dienen. Die überholten und veralteten, zerstörerischen Überzeugungen werden „übermalt" und durch neue, positivere Glaubenssätze geheilt. Wenn ich in diesem Zusammenhang von Gefühlen spreche, so meine ich damit nicht (nur) allgemeine Körperempfindungen. Achten Sie in dem Moment, wo Sie andere Gedanken und Glaubenssätze entwickeln, vielmehr auf alle Sie motivierenden, inneren und spirituellen Impulse Ihres höheren

Selbst. Sie sind von großer Bedeutung, weil diese Schwingungen immer Ihren späteren Handlungen vorausgehen, sie also bestimmen!

Bekämpfen Sie die veralteten Gedanken über sich und die Welt zukünftig keinesfalls wie einen Feind. Diese Gedanken sind nicht Ihre Gegner, viel eher Altlasten, die ab jetzt nicht mehr stimmig sind. Sie haben die wunderbare Möglichkeit, Ihr Gedankengut ein für alle Mal grundlegend zu verändern. Nutzen Sie die Chance, Ihre überholten und negativen Gedanken bewusst mit neuen, sehr konstruktiven Gedanken und Vorstellungen über sich selbst und die Welt zu ersetzen.

(Lesen Sie darüber auch in meinen früheren Büchern „Ist Krankheit Zufall?" oder „Ich schaffe es".)

Ich bin davon überzeugt:

Sie werden Freude und eine nicht zu unterschätzende Portion qualitativ höheren Lebensfriedens sowie Glück in sich spüren, wenn Sie neu gewonnene Erkenntnisse ganz gezielt in Ihrem Leben in die Tat umsetzen und das überholte, unsichere und manchmal sogar devote Verhalten gegenüber Ihren Mitmenschen verändern. Stempeln Sie auch alles Negative, was Sie selbst bisher über sich dachten, als *unwahr* ab. Schließen Sie mit dem Verhalten ab, sich weiterhin selbst in destruktiver Form zu kritisieren, und lernen Sie, Komplimente zukünftig als Geschenk anzunehmen und nicht in falscher Bescheidenheit abzuwehren. All das sollte jedoch keineswegs in eine überhebliche Art wechseln oder in dem Glauben gipfeln, nun „unfehlbar" zu sein. Die konstruktive Kritik anderer Menschen kann *jedem von uns zu jeder Zeit* absolut dienlich sein, und wir können unter Umständen (sehr viel) daraus lernen. Bekanntlich gibt es Individuen, die sich für unfehlbar halten, die aber letztendlich doch noch Menschen sind. Sie werden durch Umstände und Wahlen zu „Heiligen" erkoren, sitzen auf ihrem Thron, demonstrieren sich dem Rest der Welt im Stande der Unfehlbarkeit und lassen sich verherrlichen. Leider sind solche, als elitär geltende Supermenschen nicht zwangsläufig nur zu edlen und der Welt dienenden Handlungen in der Lage. Vielmehr können sie durch ihre (Vor-)Urteile, durch Engstirnigkeit, Dogmatismus und zweifelhafte (Fehl-)Entscheidungen weltweit verdammt großen Schaden anrichten!

Verurteilen Sie sich nicht mehr länger für sogenannte Fehler, die Sie bewusst oder unbewusst in früheren Jahren produziert haben. Hat es Ihnen jemals etwas gebracht, wenn Sie sich aufgrund in der Vergangenheit gemachter „Fehler" kasteiten oder züchtigten? Sicher nur Leid! Alles in Ihrem Leben hat und hatte seinen Stellenwert und seine Berechtigung. Und Sie konnten aus all diesen Geschehnissen etwas – oder in günstigen Fällen recht viel – lernen. Sie hatten die Möglichkeit, zahlreiche gute, aber im Gegenzug auch bedrückende Erfahrungen zu machen. Die führten zu Erkenntnissen, durch die Sie als Wesen wachsen und reifen durften. Ich denke, die Zeit ist gekommen, noch heute damit aufzuhören, sich immer wieder Vorwürfe zu machen oder sich selbst mit Vehemenz ins Unrecht zu setzen. Was Sie brauchen, ist vielmehr Ihr eigenes Mitgefühl. Versuchen Sie ebenso nicht, vergangene Erlebnisse unbedingt verstehen zu wollen. Loben und freuen Sie sich, dass Sie – trotz aller Hürden, die Sie im Laufe Ihres bisherigen Lebens zu nehmen hatten – immer wieder von Neuem einen guten Weg gefunden haben, durch Talsohlen und schwierige Lebensabschnitte, meist sogar unbeschadet, hindurchzugehen.

In den von Ihrem Geist und Verstand gespeicherten Daten der Vergangenheit finden Sie wohl kaum das, was Sie *wirklich* suchen. Das finden Sie nur in Ihrer Seele, in Ihrem weiseren und ewig existierenden Wesen. Für den *bewertenden* Geist mag nicht immer alles okay sein. Doch für Ihre überdauernde Seele ist jedes Lebensereignis in Ordnung, denn sie weiß, es geschieht nichts, was IHR, also Ihnen, *irreparablen* Schaden zufügen kann. Mit ihrer Hilfe erkennen Sie den Lernprozess in allen Geschehnissen Ihres Lebens. So wie es ist, so ist es gut, auch wenn wir den Sinn darin noch nicht oder erst viel später sehen können! Natürlich bevorzugen wir alle in unserem Leben lieber angenehme Dinge und Begebenheiten. Doch unser ständiges Begehren, alles sollte und könnte immer und für alle Zeiten angenehm sein, entspringt einer Illusion. Wie wir alle bereits wissen und erfahren durften, haben diese Wünsche mit der Wirklichkeit nicht viel gemein. Der Volksmund bringt es auf den Punkt:

„Selbst den Geschehnissen, die scheinbar und oberflächlich betrachtet nur negativ sind, kann man Gutes abgewinnen und oft viel später auch einen Sinn darin erkennen."

Leben Sie ebenso nicht weiter in der Opferrolle, weil Ihnen so viel Elend und „Schlimmes" in Ihrer Kindheit und eventuell auch noch später widerfuhr! Bis dato fühlten Sie sich vielleicht oft grundlos herabgewürdigt, beleidigt, von Ihren Mitmenschen be- und ausgenutzt oder alleingelassen. Glauben Sie mir, ab dem Moment, von dem an *Sie sich selbst anders sehen und auch verhalten*, werden auch Ihre Mitmenschen Ihnen völlig anders entgegentreten.

Wenn Sie endlich aufgehört haben, sich selbst immer wieder zu erniedrigen, zu verurteilen und zu verletzen, werden das auch die Menschen in Ihrem Umfeld nicht mehr in der gleichen Form wie in der Vergangenheit tun. Darauf können Sie sich verlassen, denn das ist nichts anderes als die absolut *natürliche* Folge auf *Ihr* verändertes, neues, selbstwertschätzendes Verhalten. Das Schicksal wird Sie auch in Zukunft wahrscheinlich nicht auf Dauer verschonen und Sie von Zeit zu Zeit mit mehr oder weniger anspruchsvollen Lernaufgaben konfrontieren. Sie werden jedoch, davon bin ich fest überzeugt, in Zukunft offener und anders auf diese Anforderungen reagieren können und sich nie wieder ohnmächtig oder handlungsunfähig fühlen, zumindest nicht in gleichem Maße wie bisher.

Falls Sie sich ernsthaft entschließen, in Ihrem Dasein nie mehr den alten, ausgedienten Verhaltensmustern zu folgen und sich viel Eigenliebe und Aufmerksamkeit zu gönnen, werden Sie schon in kürzester Zeit merken, dass Sie sich in einem deutlich veränderten, viel vorteilhafteren Lebensgefühl befinden. Diese Wandlung und die Resonanz bauen Sie auf und geben Ihnen die Kraft, neue und weitere Schritte zu tun.

Wer sich selbst liebt, wird sich von allem befreien, was nicht dienlich für ihn ist. Das können ebenso falsche Freunde wie Speisen, ungute Situationen oder auch Suchtpotential sein. Letzteres ist nichts anderes als ein Ausdruck der Seele, die Suche nach sich selbst endlich zu vollziehen.

Ein Mensch, der in seinem Suchtverhalten gefangen ist, egal ob es sich um Ess-*Sucht*, Mitteilungs-*Sucht*, Nikotin- und Alkohol-*Sucht*, Spiel-*Sucht*, Kauf-*Sucht*, Profilierungs-*Sucht* oder die *Sucht* nach Sex handelt, *sucht* im Wesentlichen nichts anderes als eine Verbindung zu seinem wahren Ursprung und zu seinem höheren Selbst. Er sucht *sich!*

Ab dem Moment, in dem er sich und seine Selbstliebe wiederentdeckt, wird er sich vor Negativität hüten und nichts mehr tolerieren, was ihn hinunterzieht und ihn seiner guten Energie beraubt. Sein Benehmen sich selbst und der Welt gegenüber ist verantwortungsvoll.

Von der unerschöpflichen Kraft des Universums haben Sie alles Lebensnotwendige erhalten, um hier auf dieser Erde Ihr Glück zu machen und in Ihrem Leben erfolgreich zu sein. Sie bekommen täglich aufs Neue Unterstützung! Die Liebe dieser Ursprungskraft ist eine umfassende Liebe, die aus der Tatsache erwächst, dass diese Urkraft sich selbst liebt. Und weil sie in Ihnen ist, sozusagen Ihr wahres Selbst, liebt diese Kraft Sie. Ein idealer Weg zum Ursprung ist also, sich selbst von Herzen zu lieben. Noch einmal, es handelt sich bei dieser Form der Selbstliebe nicht um eine egozentrische Liebe. Sie ergibt sich vielmehr aus der Anerkennung aller lebenden Wesen und Dinge, von denen Sie sich selbst am nächsten sind. Die Entscheidung, sich selbst achtsam wertzuschätzen und zu fördern, wird meines Erachtens eine der wichtigsten in Ihrem Leben überhaupt sein. Viel Erfolg dabei!

Hilfestellungen auf diesem Weg können Ihnen, falls überhaupt nötig, ganzheitlich denkende und arbeitende Therapeuten und Persönlichkeits-Coachs geben.

Zum Abschluss dieses Kapitels noch ein sehr wichtiger Hinweis: Naheliegend ist, dass Menschen aus Ihrem Umfeld Ihren neuen Lebensstil und Ihr wachsendes Selbstvertrauen mit Äußerungen wie *„Du bist nicht mehr die (oder der) Alte"* kritisieren werden. Passiert das, dann sollten Sie innerlich jubeln, denn Sie haben den unverkennbaren Beweis dafür, dass sich etwas ganz Entscheidendes getan hat. Nur Mut, und weiter so!

> *Der, der ich bin,*
> *grüßt wehmütig den,*
> *der ich sein möchte.*

– Kierkegaard, dänischer Philosoph –

Anmerkung

Selbstverständlich gibt es in dieser Welt Menschen, die es als ihre *Lebensaufgabe* sehen, anderen Menschen *selbstlos* zu dienen, in Selbstaufgabe für andere zu leben und sich selbst nicht sehr wichtig zu nehmen. Diese ganz besonders gearteten und von Natur aus bescheidenen Menschen fühlen sich meist recht wohl auf *ihrem speziellen Weg*, den sie sich aufgrund ihrer Seelenimpulse ausgesucht haben. Sie leiden, auch durch große Entbehrungen, nicht vor sich hin und gehen mit bewundernswerter Würde durch ihr Leben. Sie folgen, wie beispielsweise Mutter Teresa, einer Berufung und übernehmen freudig und friedvoll im Dienste der Menschheit ganz bestimmte Aufgaben. Diese Menschen unterscheiden sich im Allgemeinen krass von ihren Artgenossen. Sie sind bekanntlich mit viel Weisheit und der Fähigkeit zum Einsatz großer Liebe gesegnet und nicht scharenweise anzutreffen.

Veränderungsbedürftige Schräglagen

Falls meine Ansichten in den folgenden Kapiteln mit Ihren Lebensvorstellungen konform gehen, entwickeln Sie sicherlich Mut und auch Lust, einiges in Ihrem Leben aus einer neuen Perspektive zu betrachten und zu verändern, möglicherweise sogar grundlegend.

Geben Sie sich im Verlauf Ihres Daseins immer wieder selbst die Chance, Ihre Lebensqualität zu verbessern, indem Sie entschlossen loslassen, was nicht mehr zu Ihnen gehört, indem Sie anderen Ideen folgen und neue Ziele in Angriff nehmen. Brechen Sie das Alte auf und gestalten Sie Neues.

Ich bin mir sehr sicher, auch Ihnen ist die destruktive Veränderung des Weltgeschehens nicht entgangen. Sie entwickelt sich in teilweise beängstigendem Tempo. Wir können auf der ganzen Erde sehr exzentrische Machtspiele beobachten, die sich von Jahr zu Jahr in ihrer Intensität verstärken. Sowohl in der Politik als auch im Wirtschaftsleben, in der Finanzwelt und im Gesundheitswesen scheinen Menschen am Werk zu sein, die ihre Macht in den entsprechenden Positionen rücksichtslos ausleben. Das netzwerkartig aufgebaute Blendwerk dieser Machthungrigen ist ausgereift und allumfassend. Zu viele Zeitgenossen sind auf einfache Weise zu beeinflussen und haben Angst davor, sich gebührend zur Wehr zu setzen. Gewisse Taktiken sind allerdings auch dermaßen gut getarnt, dass wir ohnehin eine gewisse Zeit brauchen, um diese Machenschaften in ihrem Ausmaß überhaupt zu durchschauen. Falls wir als Betroffene und Verbraucher in unserem Alltag nicht äußerst wachsam sowie widerstandsfähig sind, besteht für uns die Gefahr, Sklaven eines Systems zu werden, das alles Erdenkliche ausreizt, um uns zu beherrschen. Der Mensch in der heutigen Gesellschaft wird oft grob, hier und da aber auch sehr subtil manipuliert. Wenn kein „inneres Alarmsystem" uns höchste Gefahr meldet, schnappt die Falle zu und wir mutieren zu brauchbaren Marionetten im Rahmen dieser Machtstrukturen. Die Normen und Vorgaben, denen wir möglichst widerstandslos wie brave Lämmer folgen sollen, werden uns tagtäglich von den Medien, meist durch ständige Wiederholung, mit Nachdruck in unser Hirn gebrannt.

Benutzen wir da als eher harmloses und dennoch sehr anschauliches Beispiel einfach den völlig überzogenen Schönheitswahn. Für mich kaum zu glauben, wie sich die wahnwitzige Idee, sich als Mensch ummodellieren zu lassen, in allen Bevölkerungsschichten durchsetzt. Natürlich können leichtgläubige und labile Menschen ganz besonders schnell davon überzeugt werden, auch rein äußerlich nicht ansehnlich und perfekt zu sein. Bereitwillig werden all jene, die ihren Körper nicht wirklich mögen, dann Wege suchen und Hilfe in Anspruch nehmen, um ein vermeintliches Manko zu verbessern. Schließlich möchten sie den vorgegebenen Idealbildern unserer Epoche so gut wie eben möglich entsprechen. Hiervon profitieren viele Anbieter und Unternehmer, nicht zuletzt die Schönheitschirurgie. Dieser sehr dominanten Sparte unserer Gesellschaft dienen zum Teil äußerst gefährliche Werbeattacken als Zubringer. Während ein Individuum sich die nicht so perfekte Nase korrigieren lässt, um endlich auszusehen wie bestimmte Star-Vorbilder, lässt ein anderes sich Busen und/oder Po auffüllen, um durch diese nicht ungefährlichen operativen Eingriffe begehrenswerter zu erscheinen und damit auch bei der Partnersuche größeren Erfolg zu haben.

Die Kampagnen all derer, die durch ihre penetrante Aufdringlichkeit nur an unser Geld wollen, lassen uns einfach nicht zur Ruhe kommen. So erscheint es uns verlockender, Körperfett absaugen zu lassen, statt auf eine gesunde Ernährung zu achten und eine geeignete Sportart auszuüben. Und der Rubel in den Kassen der Schönheitschirurgen rollt und rollt. Sie reisen neben ihrer Praxistätigkeit zusätzlich von Ort zu Ort, Land zu Land oder fliegen gar zu den Inseln der Schönen und Reichen, um der wachsenden Flut der scheinbar so Bedürftigen gerecht zu werden. Nebenher werden noch Botox-Partys auf angeheuerten oder eigenen Schiffen gefeiert. In diesen „Grauzonen" ist ein Arzt im Falle eines Kunstfehlers – wie ich hörte – weniger haftbar. Selbst Todesfälle, bedingt durch immer ausgedehntere Brustvergrößerungen, scheinen weder die Chirurgen noch die nach „vollkommener" Schönheit Süchtigen abzuschrecken! Sind wir nicht körperlich makellos, sind wir einfach nicht in Ordnung und schon gar nicht liebenswert! Das wird uns in Form von ausgeklügelten Methoden und regelrechter Gehirnwäsche stets von Neuem vorgegaukelt. So lange, bis wir den Sand nicht mehr spüren, der uns da permanent in die Augen gestreut wird, und schlussendlich wie paralysiert dem Dauerdruck „erliegen"!

(Davon ausnehmen möchte ich hier selbstverständlich alle Menschen, die aufgrund eines sie selbst sehr störenden Aussehens – eventuell nach einem Unfall – unter einer starken emotionalen Belastung leiden und deshalb einen plastischen Chirurgen aufsuchen. Da kann die Kunst dieser Chirurgen ein Segen sein, und genau darauf sollte sie auch beschränkt werden!)

Um in dieser Sache zum Ende zu kommen: Ich finde fast alles, was uns in Bezug auf diesen Schönheitswahn Tag für Tag untergejubelt wird, ganz einfach perfide. Auf diesen ganzen Nonsens fallen bedauerlicherweise jedoch erstaunlich viele Menschen auf der ganzen Welt herein. Sie erkennen ihren Körper nicht als Tempel der Seele, finden ihn nicht liebenswert, sondern sehen im Spiegel leider nur eine veränderungsbedürftige Hülle.

In vielen anderen Bereichen werden wir ähnlich schräg beeinflusst. Zweifelhafte Gestalten, die nicht selten vor Dummheit und Einfältigkeit strotzen, versuchen uns, vor allem aber unsere Jugend, zu beeinflussen. Durch seltsame Praktiken und lächerliche Auswahlverfahren werden äußerst fragwürdige „Vorbilder" auserkoren, zu Unrecht verherrlicht und auf einen Sockel gehoben, wo sie keineswegs hingehören.

Wie tief sind wir gesunken, wenn riesige Silikonbusen, vereint mit wasserstoffblonden Langhaarmähnen, bei weiblichen Wesen (Ich möchte sie ganz bewusst nicht *Frauen* nennen!) schon ausreichen, um zu Ruhm und Reichtum zu gelangen? Einfältigkeit und ein pralles Dekolleté sind inzwischen ein Garant dafür, die besten Werbeaufträge zu bekommen und durch die Hilfe eines Ghostwriters auch noch im Literaturbereich Karriere zu machen. Die Pseudostars und -sternchen sind so schlau und stellen sich schrecklich dumm, das kommt an! Auch das Wort „Busenfreunde" scheint in dieser verrückten Zeit eine völlig andere Bedeutung zu erlangen!

Männer mit gestählten Muskeln und deutlich reduzierter Intelligenz (Ausnahmen bestätigen auch in diesem Fall die Regel!) scheinen heutzutage ähnlich attraktiv und begehrenswert zu sein. Die männlichen Wesen werden außerdem vom weiblichen Geschlecht oft nur noch auf ihre körperlichen Attribute und/oder einen möglichst prall gefüllten Geldbeutel reduziert. Im Gegenzug werden Frauen im Verlauf der stetig zunehmenden Sexualisierung von vielen Männern nur noch nach dem Grad ihres Sex-Appeals begutachtet. Finden Sie, es ist unangebracht, wenn warmherzige, charakterstarke Frauen und Männer sich zunehmend genervt über diese hirnlose Entwicklung echauffieren?

Nun könnte der Eindruck entstehen, dass ich aufgrund dieser Ausführungen etwas gegen gewisse Individuen und ihre anmaßende, sonderbare Art habe und mir Humor sowie Toleranz fehlen. Meine Absicht ist nicht, diese gewöhnungsbedürftigen Menschen und ihre skurrilen Aktivitäten grundsätzlich zu verurteilen, ich stelle vieles, was sie tun, allerdings sehr in Frage. Sind Sie, lieber Leser, anderer Meinung und glauben Sie, die allgemeinen Botschaften, die von diesen Menschen und ihrem Gehabe ausgehen, seien eine Bereicherung des Lebens und einer wünschenswerten Entwicklung der Jugend sowie dem Wohle der Allgemeinheit dienlich? Mich persönlich und auch mein Dasein tangiert dieser ganze Irrwitz nicht im Geringsten. Dennoch möchte ich an dieser Stelle sagen dürfen, wie jammerschade, unverantwortlich, unentschuldbar und skandalös ich es finde, wenn unseren Nachkommen so zahlreiche untaugliche menschliche Musterbeispiele präsentiert werden! Die heutigen Jugendlichen bilden in zehn oder zwanzig Jahren den Kopf unserer Gesellschaft. Sie sollen und wollen wohl auch später einmal diese Welt führen. Wohin?

Heranwachsende benötigen viele Erfahrungen, um ihre Persönlichkeit zu entwickeln und herauszufinden, wer sie wirklich sind. Genau aus diesem Grunde ist es wichtig, ihnen auf ihrer Suche wirklich Lebenswertes anzubieten und sie beim Selektieren zu unterstützen. Wie es scheint, werden wir gerade Opfer eines krass zunehmenden Werteverlustes! Der eigentliche Sinn des Lebens wird immer mehr in den Hintergrund gedrängt, die ursprünglichen und wahren Lebenswerte werden durch ungute Machenschaften in unakzeptabler Form verschleiert und verdrängt. Ist es nicht in höchstem Maße wahnwitzig und wahrlich unbegreiflich, wenn wir als „Erwachsene" entrüstet behaupten, uns nicht erklären zu können, warum die Zahl der Jugendlichen, die Komasaufen praktizieren, Drogenkonsum zu ihrem Lebensinhalt machen und in ihrer Verwirrung Autos anzünden, dramatisch anwächst?

Wundern wir uns allen Ernstes über die zunehmenden Gewalttaten, über steigenden Kindesmissbrauch und Sex-Skandale? Sex – und scheinbar alles, was damit zusammenhängt – scheint für viele der letzte Halt im Leben geworden zu sein. Guter Sex gehört zu den freudvollen Dingen im Leben, ist etwas sehr Schönes und sichert (noch) unseren Fortbestand. Doch der wachsende Verfall, auch in diesem Bereich, der stark an die biblische Legende von Sodom und Gomorrha erinnert, ist kaum noch zu tolerieren. Der Reichtum des Geistes und wahre Werte bleiben leider immer öfter auf der Strecke.

Das beweisen etliche einschlägige Fernsehsendungen und Werbeclips sowie die Fotos und Berichte gewisser Illustrierten und Zeitungen. Die menschliche Würde, besonders die der Frauen, wird im Eiltempo reduziert. Seichter, fragwürdiger, niveauloser Unterhaltungsmüll, der uns von so manchem

Fernsehsender zu den besten Sendezeiten aufs Auge gedrückt wird, ist IN und wird schlussendlich noch preisgekrönt. Gott sei Dank hat der Fernsehapparat einen Um- und Ausschaltknopf und enttäuschte oder davon genervte Verbraucher müssen nicht weiterhin fassungslos in die Kiste hineinstarren, wenn ihnen solch ein Schwachsinn für ihr Geld angeboten wird! Im Moment denke ich gerade an die Äußerungen von Literaturkritiker Reich-Ranicki, der aus Entrüstung über diese für ihn unzumutbaren Zustände sogar einen Fernsehpreis ablehnte.

Insgesamt gesehen scheint eine Welt des „geistigen Hohlraums" Hochkonjunktur zu haben. Wie in Trance zappeln die Massen an der „Schnur", ohne überhaupt zu merken, in welche – von korrupten Drahtziehern bewusst gestellte – Falle sie da hineintappen.

Kannte man Deutschland nicht einmal als das Land der Dichter und Denker? Nun gut, wer sucht, der findet sie wohl immer noch.

Für mich ist es absolut verständlich, wenn zunehmend Eltern ihren Kindern verbieten, unkontrolliert oder gar überhaupt diese Zumutungen einiger Programme im Fernseher noch anzuschauen. Meines Erachtens müsste dieses Problem von einer übergeordneten Stelle, die Verbraucher- sowie Familienschutz garantiert, aus der Welt geräumt werden. Die Menschen, die sich für eine überfällige und rigorose Veränderung dieser Zustände starkmachen, sind allerdings nicht gerne gesehen. Daher werden Sie mit Macht von denen, die für diese Entgleisungen verantwortlich sind, einfach in die Enge getrieben und mundtot gemacht. Die Einschaltquoten beweisen ja schließlich: Es gelingt den Medien immer wieder von Neuem, die breite Masse für ihre Zwecke zu gewinnen, zu manipulieren und in gewisser Weise zu lähmen. Auch Probleme sind IN – dem, der sie hat, ob Land oder Mensch, wird gerne Beachtung geschenkt. Das Gros der Menschen hat wohl nicht eigene Sorgen genug und ist deshalb fast süchtig nach Information über die diversen Probleme auf dem ganzen Globus. Zigmal an jedem Tag des Jahres wird uns, von seriös wirkenden Nachrichtensprechern verbal äußerst ansprechend und interessant verpackt, so mancher Unsinn dargeboten. Natürlich gehen wir zunächst davon aus: Alles, was uns auf diese Weise serviert wird, ist wahrheitsgetreu und authentisch. Vorsicht ist hier geboten!

Wenn wir weiterhin ständig anderen gestatten, auf die Tasten unseres „Klaviers" einzuhämmern, dürfen wir uns nicht wundern, wenn das Lied unseres

Lebens eines Tages nicht mehr stimmig klingt. Alle scheinen besser als wir selbst zu wissen, welche „Musik" uns gefällt, und mischen sich rücksichtslos in unser Dasein ein. Sicher macht es auch Sie traurig, wenn Sie einmal ernsthaft darüber nachdenken, wie sehr die Freude und das Lachen der Menschen tagtäglich durch die Macht diverser, unseriöser „Autoritäten" unterdrückt werden?

Auf ihrem Egotrip schrecken sie keineswegs davor zurück, ganze Gruppen von Menschen in Form von „Massenhypnose" für ihre Ziele und Zwecke zu missbrauchen und damit sogar Länder oder die ganze Welt in Gefahr zu bringen.

Selbst entlarvte Verbrecher und Betrüger gelangen in unserer Zeit trotz ihres offensichtlichen Fehlverhaltens zu Ruhm und Ehre und werden oft sogar zu Helden unserer Gesellschaft! Je dreister sie sind, je mehr sie unterschlagen und rechtschaffenen Bürgern aus der Tasche gezogen haben, desto mehr Aufmerksamkeit, Anerkennung und nicht zuletzt Abfindung scheinen sie als „Belohnung" zu bekommen.

Ehemals glänzend dastehende Banken wurden durch korrupte Manager nahe an oder in die Pleite geführt. Gnadenlos zogen und ziehen sie weiterhin den Kunden das meist hart verdiente Geld aus der Tasche, um damit aus reiner Profitgier riskante Geschäfte zu tätigen. Jetzt werden diese Geldinstitute bekanntlich mit den Geldern gestützt, die den darüber zutiefst entrüsteten Steuerzahlern vom Fiskus aus der Tasche gezogen werden, damit mehr oder weniger unfähige Politiker mit diesen Summen operieren können.

Landwirte dürfen, mit Zuschüssen aus der EU und relativ unkontrolliert, durch den Einsatz von Chemikalien das Viehfutter, die Felder und damit unsere Nahrung vergiften. Wir als Endverbraucher werden übergangen, in voller Absicht getäuscht und zunehmend in die Irre geführt. Basta! Die Nahrungsmittelindustrie kocht ihre „Giftsüppchen", und wir wundern uns tatsächlich dann noch, wenn wir krank davon werden. Gammelfleisch, BSE und Dioxinbelastung (um nur einiges zu nennen!) werden durch die Profitgier von sehr fragwürdigen und leichtsinnigen Charakteren zur Bedrohung von Leib und Leben. Dabei sollten und könnten unbelastete Lebensmittel doch eigentlich unsere Medizin sein.

Die meisten Informationen der Medien sind gefiltert, damit das Beabsichtigte erreicht wird, wir also darauf anspringen. Der Journalismus ist zu kritisieren, weil er stetig undurchschaubarer wird und den Manipulationen gewisser Strukturen erliegt. Einer der Gründe, warum ich Berichte und Informationen immer weniger ernst nehme und die Aussagen darin argwöhnisch in Frage stelle. Auch Sie sollten sehr darauf achten, nicht mehr weiter auf all den Mist hereinzufallen, der uns täglich wie ein nasser Lappen um die Ohren gehauen wird.

Unsere Weltmeere und viele Geschöpfe, die auf dieser Erde existieren, werden aus Gier und Desinteresse im Eiltempo, ohne Rücksicht auf Verluste, verseucht und ausgerottet. Elektrosmog prasselt aus allen Ecken und von riesigen Handymasten auf uns nieder. Solange wir als Bürger jedoch nicht ohne Handy existieren wollen, dürfen wir uns darüber nicht wirklich beschweren! Sogar aus dem All „bestrahlt" und überwacht man uns. Atomversuche und kleinere atomare Unfälle werden tunlichst geheim gehalten oder verschleiert. Um unsere Lebensqualität noch irgendwie aufrechtzuerhalten, können wir den Stress, den diese ganzen Bedrohungen täglich in uns auslösen, nur noch tapfer verdrängen. Leider gelingt vielen von uns das immer weniger, und wir werden geplagt von Depressionen, Angststörungen und Erschöpfungszuständen.

Ärzte werden von der Pharmaindustrie benutzt und angestiftet sowie geschult, mit Produkten voller Gifte und Nebenwirkungen zu agieren, oft mit dramatischem Ausgang. Kranke Menschen sind nun einmal aus ihrer Angst heraus dankbare und in der Regel gutgläubige und widerstandslose Versuchskaninchen. In der Tat ahnungslose Opfer, wenn es um die Behandlungen mit Medizinprodukten geht, die eigentlich heilen und nicht schleichend töten sollen.

Falsche Propheten (Gurus) treiben ihr böses Spiel mit Bedürftigen und Ängstlichen. Die Profitsucht ist zum goldenen Kalb geworden, um das die ganze Welt wie besessen tanzt. „War das nicht schon immer so?", werden Sie jetzt womöglich denken. Ich gebe Ihnen recht! Zu allen Zeiten der Geschichte gab es schon Individuen, die in allem nur den eigenen Vorteil suchten. Das Schlimme ist nur, dass sie jetzt gewaltig in der Überzahl sind und versuchen, die Welt zu regieren!

Das Ausmaß dieser ganzen Machenschaften dürfen wir wohl mit Berechtigung als allumfassende Schieflage bezeichnen! Nehmen Sie es mir nicht übel, wenn ich Ihnen viele der gravierenden Missstände, die Ihnen weiß Gott nicht gänzlich unbekannt sind, in diesem Buch mit Absicht deutlich vor Augen führe. Würden Sie andernfalls erkennen können, dass SIE die Chance haben, all diesen Geschehnissen in veränderter Form zu begegnen? Verzeihen Sie mir deshalb bitte meine oft sehr harten und deutlichen Worte. Wenn ich darauf verzichten würde, hier und da den Finger in die offene Wunde zu legen, würde ich mich gleichsetzen mit all den Schriftstellern und Heilsverkündern, die in ihren Lebenshilfebüchern negativ anmutende Aussagen wie die Pest meiden, und das tue ich ganz bewusst nicht. Auch wenn wir alle letztendlich *sicherlich* auf das Gute in der Welt schauen sollten, so dürfen wir das weniger Erfreuliche und auch Schlechte trotzdem nicht dauerhaft negieren. Natürlich weiß auch ich um die Angst, die allenthalben in zu großem Maße ständig geschürt und verbreitet wird. Ich weiß aber auch: Ein Mensch, der seine Angst und seinen Unmut verlieren will, muss bereit sein, mit wachem Geist und offenem Herzen der Ursache auf den Grund zu gehen. Genau wie bei einer körperlichen Krankheit sollte zunächst die Realität in ihrem ganzen Umfang akzeptiert werden, ehe wir dazu übergehen, Veränderungen ins Auge zu fassen. Ich werde *sehr* bewusst darauf achten, die *hilfreichen* Hinweise auf keinen Fall zu kurz kommen zu lassen. Versprochen!

Um Sie jetzt in diesem Moment – wo vieles, von dem oben Erwähnten mit Sicherheit in Ihnen hochkocht – zu trösten, möchte ich Ihnen versichern, noch ist sicher nicht alles verloren! Glauben Sie es mir! Und mit diesem Wissen und einer guten Portion Hoffnung suchen wir, die eine bessere und andere Welt wollen, *gemeinsam* nach Wegen. Befreien wir uns auf jeden Fall dort, wo es möglich ist! Sie werden mit Freude feststellen, dass wir alle nicht grundsätzlich machtlos sind. Im Gegenteil, wir haben unzählige Möglichkeiten und Gelegenheiten, umzudenken, anders zu sein und anders zu handeln. Auf der Ebene eines umfassenderen Bewusstseins, C. G. Jung nannte es das *kollektive Unbewusste,* sind wir allesamt miteinander verbunden. Viele Menschen können oder wollen das nicht verstehen. Doch ich bin mir sicher, meine Leser tun es! Und indem Sie die Ihrem Verstand oft unzugänglichen, sogenannten übersinnlichen Dinge im Leben nicht weiterhin außer Acht lassen, werden Sie im Laufe der Zeit immer begeisterter registrieren, wie viel innere und äußere Freiheit (gesunde Macht) Sie dadurch erlangen. Wenn

Sie in Ihrem Dasein einzig und allein Verstand und Vernunft zum Einsatz bringen, werden Sie leider die Großartigkeiten des Seins nicht wirklich entdecken und nutzen können!

Wenn nicht du damit beginnst – wer dann?
Wenn nicht heute und jetzt – wann dann?
Wenn nicht sofort hier – wo dann?

Harmlos – und doch Manipulation

Befassen wir uns vorab mit einem eher ganz banalen Manipulationsthema. Falls Sie sich bisher immer dem letzten Modeschrei unterwarfen und sich auch auf diesem Weg stets vorschreiben ließen, wie Sie sich *unbedingt* zu kleiden hätten, um hypermodern zu wirken und damit up to date zu sein, steht dieses Abhängigkeitsthema sicher auch zur Befreiung an. Das könnte unter anderem bedeuten: In Zukunft muss der Hosenboden Ihrer Hose nicht mehr in den Kniekehlen hängen (Tiefhängerhose), damit Sie durch diesen Modegag Bewunderung erhaschen. Ihre zerrissenen, sprich „modischen" Jeans dürfen ab sofort wieder makellos und ohne Luftlöcher sein. Grundsätzlich ist Mode etwas sehr Gutes und Schönes. Kleider und Farben, die zu uns passen, können unser Wohlgefühl enorm stärken. Wenn wir uns allerdings im Bereich Mode den Vorgaben der (Mode-)Macher komplett unterordnen und uns beherrschen lassen, kann sehr schnell das Gegenteil der Fall sein. Die normale Kauflust wird in Stress ausarten, wenn wir glauben, es *müssten* unbedingt stets die neuesten Mode-Highlights in unserem Kleiderschrank hängen. Möglicherweise ist die Zeit reif für eine ganz bewusste Veränderung. Die könnte in diesem Fall mit der Entscheidung beginnen, den hoffnungslos übertriebenen Hokuspokus in dieser Tragweite nicht länger zu akzeptieren und dadurch viel Geld anderweitig vielleicht besser einsetzen zu können. Überlegen Sie! Wollen Sie wirklich weiterhin als lebende Litfaßsäule umherlaufen und für die Modemacher Reklame machen?

Vielleicht fühlen Sie sich ja begehrenswerter und stärker, wenn Sie immer „en vogue" sind und die Schildchen und Markennamen auffällig nach außen tragen? Jeder kann dann natürlich gleich erkennen: Sie können sich diese Designerkleidung leisten und haben den finanziellen Background, nicht von der Stange kaufen zu müssen. Man wird Ihnen sozusagen Ihren Erfolg ansehen. Falls Sie das möchten, dann ist das völlig in Ordnung und sollte respektiert werden! Ich möchte Ihnen mit *meiner* Meinung gewiss nichts ausreden, was Ihnen (noch) sehr viel bedeutet, sondern nur spielerisch mit Ihnen zusammen hier so einiges beleuchten und unter die Lupe nehmen. Immerhin kann es ja sein, dass Sie diese ganzen Themen noch nie aus den hier aufgeführten Gesichtspunkten heraus betrachtet haben und sogar jetzt Freude und Bestätigung beim Lesen dieser Betrachtungsweisen empfinden.

Sollte Ihr Selbstbewusstsein nicht gerade stark sein, werden Sie zwangsläufig dem Konsumterror erliegen und das Gefühl haben, sich mit teuren Klamotten und den dazu passenden Accessoires, wie zum Beispiel wertvollem Schmuck, Handtaschen und Schuhen, nicht unerheblich aufwerten zu können. Sagt man bekanntlich nicht auch: „Kleider machen Leute!"?

Können Sie sich vorstellen, wie viel einfacher es für Sie wäre, wenn Sie *wüssten:* Auch ohne diese Kleider und Anhängsel bin ich ein perfekter und vor allem liebenswerter Mensch? Dann haben Sie die Chance, um Ihrer selbst willen bewundert zu werden, und nicht, weil Sie „reich" oder wichtig erscheinen oder es sind. Haben Sie sich eine solch ehrliche Zuneigung nicht schon immer gewünscht?

Um Missverständnissen vorzubeugen:

Genießen Sie mit Freude und aus vollem Herzen Ihren Erfolg und den daraus erwachsenden Reichtum und Besitz! Denn er ist nicht umsonst in Ihrem Leben und wahrscheinlich haben Sie sich sehr dafür abgemüht. Das Einzige, was Sie tunlichst vermeiden sollten, ist, davon abhängig zu werden, denn dann sind Sie nicht mehr frei, werden stattdessen ständig von einer Angst gejagt, weil Sie nichts von all dem, was Sie mühsam und vielleicht sogar im Schweiße Ihres Angesichts erworben haben, wieder verlieren möchten.

Sie sollten sich ohnehin darüber klar werden, dass nichts von Ihrer ganzen Habe und einem noch so großen Besitz Ihnen wirklich und dauerhaft gehört! Alles, was wir uns an irdischen Gütern erwerben, sind Leihgaben des Lebens, auch wenn wir diese selbst mit unserer Hände Arbeit und/oder der Kraft unseres Geistes in unserem Leben etabliert haben. Spätestens am Ende unserer Tage müssen wir all das wieder loslassen. Sie erinnern sich: Wir sind nackt gekommen und werden diese Erde auch wieder nackt und mit leeren Taschen verlassen. Sie meinen, dass Ihr Erbe ja schließlich an Ihre Kinder geht? Dann wünsche ich Ihnen von ganzem Herzen, dass diese nicht in Windeseile Hab und Gut verplempern, wofür Sie sich womöglich ein Leben lang krummgelegt und aufgeopfert haben.

Vergessen Sie bei Ihren tagtäglichen Bemühungen, Vermögen und Luxus anzuhäufen, nicht, *wirklich* zu leben und im Zuge dessen auch ausreichend Zeit für sich und Ihre Lieben zu finden. Andernfalls könnte der Preis, den sie für all den Prunk und seine Auswüchse zahlen, empfindlich hoch sein und dieses Verhalten im Endeffekt zu massiven gesundheitlichen Problemen, schlimmstenfalls sogar zu einem frühen Tod führen. Wenn Sie glauben, dass ein Umdenken erforderlich ist, dann können Sie genau in dem Tempo, das Sie für richtig und angebracht halten, Bereiche Ihres Lebens (neu) ordnen und Veränderungen ins Auge fassen, die Ihnen das Leben erleichtern. Es gibt viele Gründe, einer Vorgabe von außen zu folgen, aber auch genauso viele, sich davon zu befreien.

Notgedrungen sind wir in gewissen Bereichen des Lebens den Verhaltensweisen und Bewertungsmustern unserer Mitmenschen hier und da ausgeliefert. Nehmen wir beispielsweise einmal an, Sie gehen zur Bank, um einen Kredit zu beantragen. Der dafür zuständige Manager wird Ihr Äußeres, Ihr ganzes Auftreten sehr wahrscheinlich genau in Augenschein nehmen. Das heißt, mal etwas *übertrieben* ausgedrückt:

Wenn er Ihre Fahrradklammern an der Hose entdeckt, haben Sie wahrscheinlich ganz schlechte Karten. Dabei kann es doch durchaus sein, dass ein Fahrradfahrer absolut solvent beziehungsweise kreditwürdig ist und ganz einfach den Weg zur Bank mit Sport verbinden wollte. Steigen Sie jedoch sichtbar, am besten vor dem Fenster des Managers, aus einem Jaguar und/oder kommen im Designeranzug beziehungsweise -kleidchen mit einer Rolex-Uhr am Handgelenk und legen gekonnt lässig den Nobelauto-Schlüssel auf den Tisch, dann gehen die Türen schneller auf. Ich gehe sogar so weit zu behaupten: So manche Banker werden Ihnen dann respektvoller und freundlicher Ihre Wünsche erfüllen. Viele Menschen lassen sich leider durch Glamour recht schnell beeindrucken. Theoretisch können Sie sich den Jaguar eigens zu diesem Zweck angemietet haben, den Anzug und die Rolex ebenso.

Ich selbst hatte eine Begebenheit, die beweist, wie kleinkariert Menschen oft denken und handeln. Mit einem außergewöhnlich reichen Mann betrat ich vor vielen Jahren eine Edelboutique in einer großen Stadt. Dieser Mann gehört für mich zu den sympathischen Menschen, die ihren Reichtum nicht ständig nach außen demonstrieren müssen, um dadurch aufgewertet zu werden.

Ich erinnere mich noch gut an diese Situation, in der jedoch diese liebenswerte Bescheidenheit eher als drohende Zahlungsunfähigkeit ausgelegt wurde. Mein durchschnittlich gekleideter Begleiter kaufte an jenem Tag viele hochwertige und sehr teure Sachen in diesem exklusiven Geschäft. Irgendwann wurde der Verkäufer sichtlich unruhig und sagte: „Sind Sie überhaupt in der Lage, diese hohe Rechnung auch zu begleichen?" Sie sehen, wie schief man liegen kann, wenn man sich auf Äußerlichkeiten verlässt. Wir sollten Menschen sicher nicht (nur) nach ihrem Äußeren beurteilen, doch (fast) jeder tut es, und viele lassen sich bereitwillig täuschen.

Kehren wir noch einmal zurück zum Thema Mode, das hier *stellvertretend* für viele andere Bereiche stehen soll. Wenn Sie kein Sklave der Modewelt und deren Vorschriften bleiben wollen, dann tragen Sie doch zukünftig beispielsweise nur noch Farben und Schnitte, die auch wirklich zu Ihnen passen und Sie harmonisch kleiden. Wenn Sie jetzt fragen möchten „Wie finde ich das denn heraus?", dann zeigt das, wie sehr Sie bis jetzt von Modediktaten beeinflusst waren. Stellen Sie sich ganz einfach vor einen großen Spiegel und probieren Sie die Wirkung der Farben aus. Wenn Sie das in aller Ruhe und mit Freude tun, dann werden Sie sehr schnell herausfinden, mit welcher Farbe Sie sich wirklich gut fühlen können und wie blass Sie möglicherweise Lila oder ein helles Schilfgrün macht. Und sicherlich merken Sie dann auch, dass Ihnen bei der etwas fülligen Figur weite Röcke besser stehen als Leggins oder Röhrenhosen. Sicherlich wirken Sie mit Kleidungsstücken, die zu Ihrem Typ passen, weitaus besser angezogen und damit gleichzeitig *anziehender*. Die gute Nachricht ist: Sie finden dann auch in diesem Bereich zu sich selbst und unterscheiden sich vor allem von unkritischen Konsumlämmern.

Wenn Sie schlussendlich selbst herausgefunden haben, was Sie gut kleidet – und ich spreche da besonders meine weiblichen Leser an –, dann stehen Sie (Ich weiß es!) begeistert und überaus zufrieden vor Ihrem neuen Spiegelbild. Möglicherweise haben Sie sich auch im Bereich Kleidung bis jetzt und damit viel zu lange allem unterworfen, was andere für gut und richtig für Sie befanden. Bestimmt haben Sie auch schon erlebt, wie Sie in einem Modegeschäft Ihrer Wahl unglücklich in einem sogenannten modernen Outfit sehr irritiert vor übergroßen Spiegeln standen und Verkäufer zu Ihnen sagten: „Das trägt man heute nun mal so!" Sie ließen sich beeinflussen, obwohl Sie selbst alles andere als wirklich überzeugt von dem waren, was Sie sahen und hörten. Und dennoch fügten Sie sich und kauften bereitwillig Bekleidung, die Sie gar nicht wollten und wohl niemals trugen. Sie ließen sich überreden und – bildhaft gesprochen – in „Maßanzüge" zwängen, die andere für gut befanden. Ein Weg, immer mehr seine Individualität zu verlieren.

Und so ähnlich verhalten Sie sich vielleicht auch in anderen Bereichen Ihres Lebens und lassen zu, dass andere über Sie bestimmen.

Sicherlich haben Sie schon Menschen kennen gelernt, die völlig „abnorm" gekleidet durch die Gegend laufen. Oft finden wir das bei Künstlern. Sie haben meist ein ausgeprägtes Selbstbewusstsein und kleiden sich so, wie es ihnen beliebt. Sie fühlen sich wohl, wenn sie sich von der Masse abgrenzen, und lieben es aufzufallen. Wir können beobachten, dass immer dann, wenn diese Künstler oder Schauspieler berühmt geworden sind, ganze Heerscharen damit beginnen, genau diesen Stil zu kopieren. Und glauben Sie mir: Wenn ein solches „Vorbild" plötzlich zwei linke Schuhe tragen würde, dann gäbe es in Bälde Millionen von Nachahmern. Ich denke, Sie haben nun klar verstanden, worauf ich hier eigentlich hinauswill. Die Menschen, die Frisur und Kleidung eines anderen nachahmen, sind nichts anderes als eine mehr oder weniger schlechte Kopie. Stil zu haben bedeutet, sich nicht gleich blind jedem x-beliebigen (Mode-)Diktat zu unterwerfen. Vielleicht wollen Sie ja ab heute ein Original und keine Kopie mehr sein? Personen, die im öffentlichen Leben stehen und durch ihren Beruf einer vorgeschriebenen Kleiderordnung unterworfen sind, können selbstverständlich nur in ihrem Privatleben diese „Fesseln" abstreifen.

Ich denke, Ihnen kommen jetzt einige Bereiche in den Sinn, in denen Sie Vorgaben von außen nacheifern, die Ihnen nicht entsprechen. Nehmen Sie sich zukünftig selbst etwas ernster!
Nicht ohne Grund wähle ich diese ganz banalen, alltäglichen Begebenheiten zur Veranschaulichung und als Anreiz zum Nachdenken aus, denn sie sind sehr leicht nachvollziehbar und verdeutlichen mehr, als man zunächst denkt. Mit diesen Darlegungen will ich Ihnen selbstverständlich nicht zu nahe treten und hoffe, Sie besitzen einen gesunden Humor und können lächeln, selbst dann, wenn Sie sich ein wenig in diesen Schilderungen wiedererkannt haben.
Und wenn Sie jetzt den Eindruck gewinnen, mit diesen Zeilen ja auch manipuliert zu werden, dann ist das nicht ganz von der Hand zu weisen. Sie werden beim Weiterlesen jedoch entdecken, wie sehr ich mich hüte, das zu tun. Ich lege viel eher gesteigerten Wert darauf, Ihnen mit meinen Ausführungen einen großen Teil Unsicherheit und Lebensangst zu nehmen.
Zudem würde es mich ungemein freuen, wenn es mir gelänge, Sie weg-

zuführen von der Fehleinschätzung und Überzeugung, in dieser Welt eher machtlos zu sein. Ich fordere Sie an dieser Stelle trotzdem auf, meinen Hinweisen in diesem Buch nicht einfach blind zu folgen, sondern alles sehr gut zu überdenken! Mich geht das, was Sie tun und lassen, in der Tat rein gar nichts an. Dennoch wäre es für mich schön zu wissen: All das, was Sie tun, tun Sie aus eigener Überzeugung und nicht, weil jemand Ihnen das als richtig „verkauft" hat!

Benutzen Sie meine Vorschläge bitte nur als Ideen. Sie haben immerhin die Chance, etwas Sinnvolles für sich darin zu entdecken. Glauben Sie mir: Nichts liegt mir ferner, als Sie erneut in eine mehr oder weniger bequeme Abhängigkeit zu stürzen. Es wäre mir eine Freude, wenn Sie sich in Ihrem Leben von Herzen rundherum wohlfühlen, und zwar bei allem, was Sie tun oder künftig sein lassen.

Viel zu viel Wert auf die
Meinung anderer zu legen,
ist ein allgemein herrschender
Irrwahn.

– Arthur Schopenhauer –

Entscheidungen, Veränderungen und Lebensgesetze

Könnte es so sein, dass Sie ganz allgemein vor Entscheidungen oder Veränderungen zurückschrecken, weil sie Ihnen Angst machen oder allein die Gedanken daran Sie schon aufwühlen? Bekannte Wege zu verlassen und gelebte Gewohnheiten zu verändern, erfordert Mut. Aber glauben Sie mir: Sie können ihn aktivieren und wenn Sie erst einmal entschieden JA zu einer Veränderung gesagt haben, dann ist der Weg zum gewünschten Erfolg einfacher, als Sie denken!

Fassen Sie einen beherzten Entschluss, wenn etwas in Ihrem Leben in der bestehenden Form nicht länger tragbar ist. Wenn Sie es schaffen, Ihre Ängstlichkeit vor einem Wandel zu überwinden, und stattdessen mit einer gesunden Neugier Ihren Ideen folgen, erleben Sie ein befreiendes Gefühl und spüren fast gleichzeitig die gewünschte Antriebskraft. Nicht grundsätzlich immer sind im Vorfeld die Chancen und der Gewinn, die mit einer Entscheidungssituation verknüpft sind, in aller Deutlichkeit zu erkennen, und deshalb ist ein Zögern oft nur allzu verständlich. Vielleicht quälen Sie arge Zweifel, oder die Furcht vor einer Veränderung und allem, was damit zusammenhängt, blockiert Sie. Ab dem Moment jedoch, ab dem ein Entschluss endlich in die Tat umgesetzt wird, werden Sie sich nur noch wundern können über die vielen Türen, die sich Ihnen öffnen.

Keine Entscheidung zu treffen und weiterhin einfach nur abzuwarten, was die Zukunft bringt, ist natürlich auch eine Entscheidung. Es könnte möglicherweise jedoch die schlechteste sein, die Sie jemals getroffen haben.

Veränderungen im Leben sind wunderbare Geschenke, leider empfinden wir sie gewöhnlich als lästig. Was in Ihnen bei Veränderungen recht ängstlich reagieren kann, ist Ihre Egopersönlichkeit. Unser grenzenloses Selbst hingegen begrüßt freudig Wandlungsprozesse und erkennt darin die Optionen zur Weiterentwicklung für sich und auch für die jeweilige Persönlichkeit.

Ich empfehle Ihnen, ab sofort in Ihrem Leben für alles, was Ihnen widerfährt, selbst die volle Verantwortung zu übernehmen. Es gibt vor allem keine „Person Gott", die „dort oben sitzt" und alles regelt oder an den Strippen zieht, das tun *Sie* Tag für Tag selbst. Die Energie, die wir auch *Gott* oder *unendliche Kraft des Universums* nennen, ist ganz sicher nicht schuld an Ihrem gebrochenen Bein oder Ihrem Unfall, und sie „verschickt" weder die tollsten Superpartner noch böse Schwiegermütter. Des Weiteren stürzt diese Energie Sie nicht aus Zorn über Ihr Verhalten in Krankheit, Arbeitslosigkeit und Armut. Wenn Sie jeden Tag Fastfood essen und sich und Ihren Körper missachten, vielleicht noch freudlos und griesgrämig durch Ihr Leben gehen, dann werden Sie mit an Sicherheit grenzender Wahrscheinlichkeit eines Tages krank. Hier haben wir es mit *Ursache* und *Wirkung* zu tun, und nicht mit der Strafe Gottes. Diese grenzenlose Energie ist zwar allem übergeordnet und in allem, was existiert, ganz sicher enthalten, aber sie ist nun mal nicht zu vergleichen mit einem denkenden Gemüt. Diese wundersame Kraft ist allumfassende Liebe. **Gott** (die Liebe) ist die Kraft, die uns in schwierigen Zeiten *trägt*, uns Halt gibt. Wir können uns als Menschen jederzeit auf diese Energie verlassen und sie, indem wir uns ihr öffnen, ganz bewusst in unser Leben integrieren. Die göttliche Liebe ist die Essenz allen Seins, auch die unseres Wesens. Sie drückt sich durch jeden Einzelnen von uns tagtäglich aus, denn wir alle sind ein Teil von ihr. Und doch mischt sie sich nicht in einer uns Menschen ähnlichen und belehrenden Form ein, wenn wir in unserem Leben dabei sind, wichtige Erfahrungen zu machen. Vielmehr lässt sie uns gewähren und gibt uns in weiser Absicht die Chance, in unserem Leben Erkenntnisse zu sammeln und unsere Wirklichkeit selbst zu kreieren. So erschaffen wir als Einzelner, aber auch im Kollektiv nach dem Resonanzprinzip unsere (Lebens-)Realität.

Dazu ein Beispiel:

Wenn unachtsame und profitbesessene Menschen in ihren Bemühungen bei der Beschaffung von Erdöl Fehler machen, dann tragen *diese Menschen* die alleinige Verantwortung. Wir haben so etwas in einer beängstigenden Form im Golf von Mexiko im Jahre 2010 erlebt (Deepwater Horizon). Das gewaltige, allzu lange sprudelnde Ölloch auf dem Meeresgrund verseuchte in dramatischer Form das Meer und die darin lebenden Geschöpfe. Damit wurde auch die Lebensgrundlage der Fischer vernichtet, die in dieser Region ansässig sind. Wie ich kürzlich im Internet lesen konnte, belasten – neueren Messungen zufolge – die chemischen Stoffe, mit der das unkontrollierte Ausströmen von Erdöl schlussendlich unterbunden wurde, inzwischen auch die Luft.

Das göttliche Prinzip wird seine Macht in einem solchen Fall nicht für uns demonstrieren, weil diese Geschehnisse doch schließlich ungut für unsere Erde, die Menschen und die Tiere sind. Sie wird auch in Kriegszeiten trotz gesegneter Panzer und Waffen den Tod und das Leid vieler Menschen nicht verhindern. Die höchste Energie hält sich weise zurück, bleibt im Verborgenen und lässt den Einzelnen und die gesamte Menschheit ihre (notwendigen) Erfahrungen machen, ganz besonders dann, wenn wir selbst verantwortlich sind für die Probleme, unter denen wir dann später leiden und über die wir gerne unaufhörlich jammern. Und wir dürfen – Gott sei Dank – eine Menge lernen, und wenn wir lernfähig sind, dann machen wir den gleichen Fehler – Gott sei Dank – nicht noch einmal.

Auf der menschlichen Ebene gibt es sehr viele Geschehnisse, die für uns unverständlich sind und immer wieder unsere Gemüter erhitzen. Wir wehren uns meist sehr emotionsgeladen dagegen und fragen uns und andere: „Warum lässt ein liebender Gott dies alles einfach geschehen? Warum lässt er gewisse Menschen so leiden?"

Darauf eine Antwort zu geben, haben schon viele versucht, und wer kennt schon die Wirklichkeit, die sich unseren Sinnen weitestgehend verbirgt? Auch ich will jetzt etwas zu diesem Thema schreiben und kann nur wiedergeben, was ich durch meine Lehrer und in mir selbst erfahren durfte.

Unser wahres, überdauerndes Selbst leidet nicht, es macht seine *Erfahrungen*. Als Menschen mit Ego und Verstand sehen wir das primär natürlich anders und fühlen in gewissen Situationen Leid und Schmerz ungeheuer stark und heftig. Wir sprechen dann von *seelischem Leid*. Ob wir mit innerem Schmerz auf die Ereignisse in unserem Leben reagieren oder ob wir glauben, andere Menschen sind schuld und fügen uns durch ihr Verhalten großes Leid zu, ist zunächst gleichgültig.

Ich schließe mich der Meinung vieler Weiser und spiritueller Lehrer an, wenn ich hier die Äußerung treffe: All die (Leid-)Situationen, die uns in diesem Leben widerfahren, benötigen wir als Reifeprozesse für unseren evolutionären Fortschritt. Ich denke sogar, dass wir uns vor dem Eintritt in dieses Leben und in unseren Körper im Schutz der göttlichen Weisheit dazu entschieden haben, genau diesen Weg zu beschreiten und *zunächst* als geeignet anzunehmen. Was keineswegs bedeutet, ihn nicht verändern zu können.

Ebenso ziehen wir in diesem Leben durch unser Sosein (Verhalten) ganz bestimmte Lernaufgaben an. Und das sowohl in unserem kleinen Universum, in dem sich Fehlhaltungen beispielsweise als Krankheitsprozesse manifestieren können, als auch global gesehen, wo dann eine Katastrophe uns aufrüttelt, weil wir gegen das Leben und seine Prinzipien gehandelt haben. Alles, was wir als Menschen jemals gedacht oder getan haben, ist im Weltbewusstsein aufbewahrt. Auch mit unserem Dahinscheiden ist nicht alles gelöscht. Sehen wir den Tod als eine vorläufige Verabschiedung von der zeitlich begrenzten Ebene unseres Menschseins. Das menschliche Verhalten wird nicht spurlos bleiben, weder im Guten noch im Schlechten.

Ich erinnere an dieser Stelle nur ungern an die ständig wachsenden Probleme, die wir aufgrund unseres Fehlverhaltens verursachen. Wenn wir als Wesen auf dieser Erde solche Nestbeschmutzer, Ignoranten und Dummköpfe sind und diese schöne Welt und unseren Lebensraum entsprechend negativ verändern oder gar vergiften, dann dürfen wir uns nicht wundern, wenn die Erde reagiert und uns entsprechende Lektionen erteilt. In solchen Momenten, in denen die Reaktionen auf unser Verhalten unübersehbar sind, wird deutlich, wie wir alle gemeinsam, im Kollektiv, unser Schicksal verursachen. Wir sollten uns hüten, die Folgen auf Aktionen von uns dem lieben Gott in die Schuhe zu schieben! Auch dürfen wir nicht erwarten, trotz all dieser (Lebens-)Fehlhaltungen vor den unangenehmen Resultaten bewahrt zu bleiben. Das Lebensgesetz von Ursache und Wirkung kann nicht einfach von uns umgangen werden. Auch Einstein war schon dieser Meinung und nannte es „Aktion und Reaktion".

Schauen Sie also genau hin, welche *Aktionen* Sie tagtäglich in Ihrem Leben vornehmen, und sehen Sie die *Reaktionen* nicht weiter als Zufall an, sondern als natürliche Folge.

Die Zukunft können Sie ganz gezielt und bewusst verändern. Die ganzen Situationen der Vergangenheit sehen Sie jedoch besser nur noch als die Geschichte, die Sie mit all ihren Ereignissen und Begebenheiten genau dorthin brachte, wo Sie jetzt gerade sind. Setzen Sie zukünftig durch eine erhöhte Aufmerksamkeit im Denken und Handeln nur noch Prozesse in Gang, die Sie auch wirklich erleben möchten.

Alles Wissen dieser Welt
liegt in uns verborgen
und wartet darauf,
von uns genutzt zu werden.

– Prof. Kurt Tepperwein –

Verstand, Ego und höheres Selbst

Höchstwahrscheinlich kommen Ihnen Begriffe wie „unbegrenztes oder höheres Selbst", „wahres Wesen", „weiseres Ich", „alles überdauerndes Sein", „wahres Ich", „Gotteskraft", „Geist des Lebens" oder „innerer Arzt" fremd vor. Diese vielfältigen Bezeichnungen stehen alle für das immer konstante *Göttliche Prinzip,* das alles durchströmt und sich in allem befindet, was im Universum existiert.

Geistige Wissenschaftler gehen von der Erkenntnis aus, dass es eine Urkraft im Menschen gibt, die uns unaufhörlich Lebensenergie vermittelt und uns in einer sogenannten kosmischen Balance hält. Es sei denn, gravierende Belastungen und Störungen von außen bedrohen dieses Gleichgewicht!

Wie schon im vorherigen Kapitel erwähnt, geschieht vieles genau so und nicht anders, weil es in exakt dieser Form dem jeweiligen Menschen auf dem Weg seiner ureigensten Höherentwicklung dienlich ist. Wir setzen als Menschen durch unsere Gedanken und Handlungen in jedem Moment unseres Seins immer wieder neue und *lebensnotwendige* Prozesse in Gang. Bestimmte Ereignisse, die als Folge unseres Denkens, unserer vielen Bewertungen, unserer Einstellungen und unserer jeweiligen Haltung dem Leben gegenüber auftreten, dienen uns und führen letztendlich zu dem von unserer Seele gewollten Reifeprozess. Die Urkraft (Gott) ist immer für uns da, auch wenn sie nicht unserer selbstsüchtigen Erwartungshaltung entspricht und unser Leben möglichst angenehm für uns regelt. Wenn wir uns auf eine Ebene begeben, auf der wir mit dieser Energie in Kontakt treten können, dann werden wir ziemlich erstaunt sein, denn wir dürfen die Erfahrung machen, dass das Leben viel einfacher und durchschaubarer für uns wird. Nicht selten verflüchtigen sich diverse Krankheiten ohne irgendeine medizinische Behandlung. Probleme lösen sich wie von selbst, neue Möglichkeiten erschließen sich und Türen gehen auf. Wenn wir unsere Seele und unser grenzenloses Selbst und seinen Ursprung nicht weiter ignorieren, dann spüren wir, wir sind nicht alleine und schon gar nicht verloren.

Unser Verstand und unser Ego können und wollen das natürlich nicht begreifen. Diese beiden Teile unserer Persönlichkeit wehren sich mit Vehemenz gegen diese ungewöhnlichen Denkprozesse und Vorstellungen, die das allgemein Fassbare überschreiten. Das liegt meines Erachtens größtenteils an der Abwehrhaltung unserer selbstsüchtigen Persönlichkeitsstruktur, die aus Angst vor Machtverlust ständig um ihre Position besorgt ist. Alleine die Vorstellung, etwas Höherem und Größerem unterlegen zu sein, wird weder gerne akzeptiert noch heroisch ertragen. Sofort, wenn nur Gedanken dieser Art in uns wach werden, signalisieren uns diese Persönlichkeitsanteile, dass alles, was außerhalb ihrer Grenzen liegt, schlicht Humbug ist. Verstand und Ego sind ganz einfach nicht dazu in der Lage zu *begreifen,* wie viele Dinge es zwischen Himmel und Erde gibt, die sie nicht kennen. Ego und Verstand möchten auf gar keinen Fall ihre gewohnte Kontrolle aufgeben, denn das würde ihre gewünschte *Allein*herrschaft enorm bedrohen. Die Erfahrungen und Erkenntnisse von Ego und Verstand bewegen sich *logischerweise* stets nur im irdischen Bereich. Alles kann oder muss erklärt werden! Sollte überschaubar sein! „Übersinnliche" Dinge können nicht verstanden und auch nicht entsprechend logisch eingeordnet werden. Denn der Verstand ist nun einmal *endlich* und kann somit das *Unendliche* weder erkennen noch begreifen. Außer einer gewissen Bereitwilligkeit zur Akzeptanz von unerklärlichen und nicht greifbaren Dingen ist keine Übereinstimmung möglich, und alle noch so intensiven Bemühungen sind zum Scheitern verurteilt. Genau das ist der Grund, warum wir an allem zweifeln, was wir nicht mit dem Verstand und unseren Sinnen wahrnehmen können. Trotzdem ist es existent!

Auch unser Ego wird sofort abwehrend und mit einer arrogant anmutenden Überheblichkeit reagieren, wenn wir uns mit übersinnlichen Dingen befassen, die es nicht für existent halten *kann und will*. Besonders das Ego fürchtet sich vor nichts mehr auf der Welt als vor einer Schmälerung seiner Machtposition.

Begründet in diesen Verlustängsten, werden wir in unserem irdischen Dasein von Ego und Verstand sehr massiv und geschickt manipuliert. Auch das ist etwas, was wir, bedingt durch diese Erkenntnis, verändern und umwandeln können. Als dominante Bestandteile unserer Gesamtpersönlichkeit signalisieren uns Ego und Verstand nur dann die von uns allzeit so begehrten Glücksgefühle, wenn wir ein recht unkompliziertes und angenehmes Leben führen, möglichst ohne Leid, Krankheit und den von uns als negativ eingestuften Erfahrungen. Begeisterung empfinden wir nur in den Momenten, in denen Gefühl und Verstand sich einig sind.

Unser Ego liebt sowohl Sicherheit als auch sture Regelmäßigkeiten im Lebensalltag. Generell möchte es ein geregeltes Leben und fühlt sich rundherum wohl in akribisch geordneten Strukturen wie beispielsweise: „putzen am Freitag", „sonntags Sex" oder „mittwochs Kegelabend".

Im Vergleich dazu trachtet ein Teil unserer Seele unaufhörlich danach, möglichst seiner Bestimmung folgen zu können. Dieser das menschliche Leben überdauernde energetische Anteil möchte zusammen mit dem Menschen, den er belebt, genau die Wege beschreiten, die ideal und einer Höherentwicklung des jeweiligen Wesens dienlich sind. Gelingt das, fühlen sich der Mensch und seine Seele wohl. Die Wünsche und Absichten dieses unvergänglichen Anteils von uns kollidieren nicht gerade selten mit denen von Ego und Verstand. Folglich stehen sich diese Wesensanteile in wichtigen Bereichen des Seins und besonders in Entscheidungsphasen oft feindlich gegenüber. Jeder von uns ist mit seiner ganz *individuellen Idee* in dieses Leben hineingeboren worden, und sein weises Selbst will diese wichtige Aufgabe partout nicht aus den Augen verlieren.

All das, was dazu notwendig ist und einer Höher- und Weiterentwicklung eines Individuums dienlich sein kann, umfasst sowohl das sogenannte Schlechte als auch das Angenehme und Schöne, was wir durch unser Sosein, durch unsere Gedanken, Handlungen sowie Entscheidungen in unser Leben ziehen.

Alles jedoch, was eine Evolution in höherem Sinne behindern würde, wäre uns nicht nützlich. Die Begriffe „gut" und „schlecht" sind ohnehin nur Bewertungen unseres menschlichen Geistes und Verstandes. Alles in diesem Leben hat sein polares Gegenteil, und wo Licht ist, ist immer auch Schatten. Das Böse wird erst sichtbar gemacht durch das Gute, und die Dunkelheit weicht verlässlich wieder dem Sonnenlicht. Wenn Sie in Zukunft, bedingt durch bestimmte Situationen und Ereignisse, wieder vor einer Entscheidung stehen und vom Leben mit Nachdruck zum Handeln gezwungen werden, beurteilen Sie die Gesamtlage nie mehr nach veralteten Gesichtspunkten! Denken Sie vielmehr stets an die alte und vielzitierte Lebensweisheit:

„Nicht das Ereignis ist es, was uns Sorgen macht, sondern unsere Bewertung des Ereignisses."

Möglicherweise haben Sie sich vor einer dringend anstehenden Entscheidung bisher nie die Frage gestellt, *wer* jetzt eigentlich entscheiden soll? Ihr Ego, Ihr Verstand oder Ihr alles überdauernder Geist? Sie könnten sich beispielsweise ab heute vor einer sehr bedeutungsvollen Entscheidung still zurückziehen und den Kontakt mit dem Teil in Ihnen aufnehmen, der die irdische Zeit weit überdauert, der weiser ist als das, was allgemein Ihr (kleines) ICH genannt wird. Denn, wie schon mehrfach betont, kann Ihr Verstand immer nur analysieren und das zu einer Entscheidungsfindung hernehmen, was er in der Vergangenheit erfahren und durchlebt hat. Im Rahmen seiner Beeinflussung treffen wir Menschen eine rein verstandesmäßig gesteuerte Entscheidung. Diese muss durchaus nicht immer schlecht sein, ist aber in den seltensten Fällen so optimal, wie wir es gerne hätten. Spirituelle Lehrer betonen nicht umsonst immer wieder: „Um gute Entscheidungen zu treffen, sollte man den ‚Verstand verlieren‘." Das bedeutet nichts anderes, als ruhig zu werden und in dieser Ruhe und Gelassenheit zu einer *höheren Ebene des Seins* vorzudringen. Jede Form der Meditation ist dabei eine gute Hilfe, weil sie den Fragenden und nach Lösungen Suchenden aus seinem Alltagsdenken hinausführt. Um vom Intellekt eine Brücke zum *Unbegrenzten Selbst* zu schlagen, muss der Verstand zur Ruhe gebracht werden. Wer das in aller Ernsthaftigkeit erreichen will, hat eine große Auswahl an Möglichkeiten. Dienlich können sowohl Meditation, ein Spaziergang in der Natur, Yoga, Tai-Chi, Qigong als auch jede andere Form von Übungen sein, die zuverlässig den lärmenden Geist besänftigen. Ohne diese Momente der Achtsamkeit und Innenschau ist es sehr schwer, sich wirklich von seinem Ego und auch von seinem Verstand zu befreien und eine *ausgereifte* und seelenfreundliche Entscheidung zu treffen. (Siehe auch Kapitel „Heilsame Übungen".)

Allerdings bekomme ich, wenn ich als Therapeutin diese Anregungen weitergebe, von Patienten gerne zu hören: „Für all das, was Sie mir da empfehlen, brauche ich Zeit, und die habe ich einfach nicht!" „Gut", antworte ich, „Sie wollen so weiterleben wie bisher, da spricht grundsätzlich nichts dagegen. Nur wird dann aller Wahrscheinlichkeit nach alles auch so bleiben, wie es jetzt ist. Völlig in Ordnung, nur signalisierten Sie mir deutlich, Sie seien nicht mehr zufrieden. Wollen Sie wirklich weiterhin im Kreis laufen, die gleichen Fehler wieder machen und abermals dort landen, wo Sie sich ja nach Ihren Aussagen schon viel zu lange befinden? Oder wollen Sie jetzt die Weichen Ihres Verhaltens mit Bedacht anders stellen, damit Sie aus dem belastenden Teufelskreis ausbrechen und neue Wegstrecken für sich und Ihr Leben entdecken und kennen lernen können?"

Ich weiß aus persönlicher Erfahrung, wie sehr es sich lohnt, zu selektieren und Prioritäten zu setzen, wenn es um die tägliche Zeiteinteilung geht. Als (ganzheitlich arbeitende) Therapeutin werde und kann ich sowieso immer nur *Anleitungen* geben. Meine Aufgabe sehe ich darin, Menschen eine gewisse Zeit, manchmal nur eine sehr kurze Zeitspanne oder gar einen Augenblick in ihrem Leben zu begleiten. Meine Bemühungen liegen darin, sie in schwierigen Situationen zu stützen und aufzufangen, ihnen dabei zu helfen, wieder „klarer zu sehen", ohne sie jedoch in ihrer Entscheidungsfindung zu beeinflussen. Kurz, ich kann für Menschen da sein, wenn sie mich brauchen, etwa wie eine Gehhilfe bei einem gebrochenen Bein. Den Rest müssen alle ganz alleine vollbringen.

Anmerkung

Wer sein Leben nach mess-und zählbaren und damit mathematisch erfassbaren Zusammenhängen aufgebaut hat, wird sich von meinen Ausführungen in diesem Buch nicht beeindrucken lassen, läuft also nicht Gefahr, „seinen Verstand zu verlieren!"

Wachsamkeit, Informationsflut und Lebensenergie

Als aufgeweckte, wachsame Menschen, die bewusst selbst ihr Leben führen wollen, sollten wir lernen, Folgendes zu unterscheiden. Der *menschliche* Geist (Verstand) kann alle Dinge für uns tun, für die er geschaffen wurde, und die Seele will erfahren und tun, wozu sie geschaffen wurde. Unser Körper ist ein Werkzeug und dient in seiner irdischen Form sowohl der Seele als auch dem Geist als Wohnung. Deshalb sollten wir ihn auch als Projektionsfläche erkennen, die uns im Krankheitsfall widerspiegelt, wo wir aus der Ordnung gefallen sind. Der Körper spricht allgemein eine sehr deutliche Sprache, die wir als Symptome erkennen und dementsprechend auch deuten dürfen. Unser Körper ist ein wertvolles Gut. Wie fühlt es sich für Sie an, wenn Sie sich dazu entscheiden, alles zu tun, damit er gesund bleibt? Hören Sie auf ihn, nehmen Sie ihn wahr und pflegen Sie ihn! Das tun Sie ganz selbstverständlich tagtäglich sowohl mit Ihrem Auto oder Haus als auch mit jedem anderen wertvollen Besitz in Ihrem Leben.

Dennoch ist Ihr Körper – wie ich bereits schrieb – längst nicht alles, was Sie als Mensch ausmacht. Ihr Wesen ist eine Essenz, die in dieser Welt aus *Körper, Geist und Seele* besteht und die von einer größeren und ungleich weiseren Energie gespeist wird. Weil viele Menschen diese Tatsache ablehnen und nicht bereit sind, sich ernsthaft damit auseinanderzusetzen, werden und bleiben sie anfällig für Manipulationen. Schauen Sie sich um in der Welt, dann erkennen Sie das selbst.

Sieben Milliarden Menschen, die diesen Erdball bevölkern, wünschen sich alle nichts sehnlicher, als ihr Leben in Frieden und Glück auf dieser Erde zu verbringen. Da das bisher keineswegs realisiert wurde, müssen wir uns doch ernsthaft die Fragen stellen „Warum nicht?" und „Was ist zu tun?". Doch darüber scheinen sich nicht sehr viele Menschen den Kopf zu zerbrechen. Die meisten von uns warten lieber passiv ab und beklagen tagtäglich genervt all das, was ihnen nicht passt und was sie gerne anders hätten. Sie stören konstruktiv denkende Menschen mit ihrer ständigen Nörgelei und verschwenden, indem sie sich bis zur Erschöpfung über ungute Dinge ereifern, einen *beträchtlichen* Teil ihrer Lebensenergie, lassen diese freiwillig schlecht genutzt verpuffen.

Zum Beispiel sind die täglichen News ein „geeigneter" Störenfried, uns des Friedens zu berauben und unsere Aggressionen zu schüren. Durch Schwarzmalerei und als Fakten deklarierte Spekulationen, sprich belastende (Horror-)Meldungen, bringen sie uns aus unserer Ruhe und eliminieren das so wertvolle innere Gleichgewicht. Wir merken scheinbar nicht deutlich genug, wie sehr die allgegenwärtige, täglich von Neuem und aus allen Ecken auf uns einstürmende Informationsflut uns manipuliert, stark verängstigt und entkräftet. Erinnern Sie sich an dieser Stelle nur an die Massenpanik, die aufgrund der abartigen Horrormeldungen bezüglich der angeblich so (lebens-)gefährlichen Schweinegrippe im Jahre 2009 ausbrach.

Ganze Heerscharen von Leichtgläubigen verfielen dem Impfzwang und warteten in panischer Angst auf die Pandemie, die nie in der angekündigten Form auf uns zukam! Jedes Jahr sterben Menschen mit und ohne Impfung an Grippe, egal wie sie heißt und welcher Virus im Spiel ist. Und das ist meines Erachtens nicht (immer) zu verhindern. Sogar bei der Verrichtung unserer Notdurft, beispielsweise auf den Toiletten der Autobahnraststätten, verfolgte man uns und ließ uns selbst dort nicht zur Ruhe kommen. Durch Infos auf riesigen Plakaten an der Innentür, die wir einfach nicht übersehen konnten, wurden wir in Angst versetzt und mit gespielter Besorgnis und ziemlich penetranter Aufdringlichkeit zur Grippeimpfung aufgerufen. Wer verdiente damals an dieser Aktion? Sie wissen es!

Warum glauben wir, uns täglich das Elend und die Not der ganzen Welt anschauen zu müssen? Wird dadurch, dass wir stolz behaupten können, bis ins kleinste Detail (fehl-)informiert zu sein, auch nur im Geringsten etwas verbessert?

Nein, wir werden durch die geistige Konsumintensität der umfangreichen, in ihrem Kern negativen Berichte nur noch frustrierter. Im schlimmsten Fall sogar krank und letztendlich des ganzen Lebens müde. Wenn wir energetisch so weit unten sind, schwinden sowohl unser Durchsetzungsvermögen als auch unsere Macht. Die (Un-)Verantwortlichen, die uns solche Strapazen zumuten, wissen ganz genau, dass ein emotional überlasteter Mensch nicht mehr die Kraft hat, sich gegen die vielen Ungerechtigkeiten und Beeinflussungen aufzulehnen. Und so stopft man unser Gehirn voll mit Meldungen, die unsere ganze Aufmerksamkeit und obendrein eine Menge unserer Kraft kosten. Man fesselt uns mit Informationen, die uns kaum noch durchatmen lassen. Mal abgesehen von ein paar guten oder beruhigenden Meldungen, die uns ab und zu auch mal ein Lächeln entlocken!

Überall auf der Welt töten und quälen Menschen andere Menschen. Selbst die Krimis auf allen Fernsehprogrammen demonstrieren uns und jedem, der Betrug und Mord noch lernen will, wie Menschen bestohlen, gedemütigt und auf bestialische Art und Weise getötet werden. Diese Zumutung bezeichnet man dann perfiderweise noch als *„Unterhaltung"*! Beängstigende und zunehmende Katastrophen wie zum Beispiel Erdbeben, gewaltige Tsunamis, Sturmfluten mit schlimmsten Überschwemmungen, Störanfälle von Atomkraftwerken, die mit einer Kernschmelze enden, Feuersbrünste, Massenunfälle und/oder (drohende) Terroranschläge lähmen uns und schüren unsere Angst. Wir spüren deutlich, wie erbarmungslos und lebensgefährlich das Leben doch ist. Hier droht Krieg, dort die Inflation oder die Krankheit. Diese äußerst grausame Flut der negativen Informationen treibt immer mehr Menschen in psychische und körperliche Krankheitszustände sowie Lebensunlust.

Als total verängstigte Wesen suchen wir verzweifelt nach Möglichkeiten, uns so gut wie eben möglich zu schützen und abzusichern. In dieser Ohnmacht sind wir nicht gerade extrem wählerisch und reagieren, bedingt durch unser inneres Durcheinander, in sehr vielen Lebenssituationen kopflos. Weil wir uns desorientiert fühlen, tun wir dann brav all das, was uns über die Medien vorgeschlagen wird. Das bedeutet den Sieg für all jene, die uns im Griff haben möchten.

Und so stolpern wir manchmal, eigentlich viel zu oft, in etwas hinein, was uns nach längeren Prüfphasen und näherem Hinsehen niemals behagen würde. Und das fatalerweise auch noch in der Annahme, alles richtig zu machen, wenn wir nur folgsam sind und auf das hören, was die vermeintlich Mächtigen uns soufflieren.

Darüber hinaus werden wir tagtäglich mit geschickt verpackten und gestreuten Hinweisen überladen und aufgerufen, stets in allen Bereichen unseres täglichen Lebens nach beruhigender Sicherheit zu streben, die es in Wirklichkeit gar nicht gibt. Und weil wir auf jeden Fall auf Nummer sicher gehen wollen, glauben wir, alles Mögliche dringend zu benötigen, was uns im Kleinsten wie auch im Größten in irgendeiner Form schützen kann. Versicherungsunternehmen profitieren ebenso von unserer Angst wie Banken oder der medizinische Bereich! Wir reagieren wie hypnotisiert und machen die Reichen noch reicher und die „Mächtigen" immer mächtiger.

Das meiste, was Sie täglich in den Nachrichten aus aller Welt verfolgen können, mag vielleicht annähernd der Wahrheit entsprechen. Das schließt allerdings nicht aus, dass diese permanenten, grausamen Berieselungen sich sehr schädigend auf unser Allgemeinbefinden auswirken. Schauen Sie sich die Infos bitte nicht auch noch mehrmals am Tag an! Auf keinen Fall abends vor dem Zubettgehen, denn solche negativen Informationen verändern unser Bewusstsein, haften sich wie Kletten in unserem Unterbewusstsein fest, rauben uns den Schlaf oder sorgen für schlechte Träume.

Auch hier können Sie wieder eine von Ihrem Verstand getroffene Entscheidung treffen und sich rechtfertigen mit den Worten: „Ich muss doch schließlich informiert sein!" Wenn Sie meinen! Lebten die Menschen früher nicht ruhiger? Heutzutage sind wir mit den Problemen der ganzen Erdbevölkerung belastet, stehen mit dem ganzen Leid und Elend in direktem, sichtbarem Kontakt und sind damit hoffnungslos überfordert. Warum, glauben Sie, fühlen sich so viele Menschen „ausgebrannt"? Sie ertragen die ganze Reizüberflutung nicht mehr!

Was auch immer Sie wollen und wie auch immer Sie entscheiden, es ist ganz alleine Ihre Sache. Doch eines ist sicher: Jeder von uns muss für das, was er tut oder lässt, die Konsequenzen tragen.

Nicht die Umstände
bestimmen uns,
sondern wir
bestimmen unsere Umstände.

– Johann Wolfgang von Goethe –

Akzeptanz und wahre Lebenskraft

Wenn Sie die göttliche Kraft in sich anerkennen und aus ihr leben möchten, dann wäre es empfehlenswert, wenn Sie jetzt und fortan Ihre Lebensumstände sowie Ihren Ist-Zustand akzeptieren und das Klagen darüber so gut wie eben möglich einstellen, denn es hält Sie von einer ganzheitlichen Heilung und umfassenden Lebensverbesserung fern. Auch Verbitterung wird Ihr Leiden aufrechterhalten.

All das, was Ihnen widerfährt, gehört – dessen können Sie sich sicher sein – zu Ihrem ganz ureigensten und speziellen Entwicklungsprozess. Ihre Lebensumstände, (die aller anderen Menschen ebenso) sind nun einmal derart, wie Sie das momentan erleben. Vielleicht empfinden Sie Ihren jetzigen Lebenszustand nicht unbedingt als perfekt oder ideal. Bevor jedoch eine Veränderung ins Auge gefasst werden kann, sollte die augenblickliche Situation voll akzeptiert werden.

Lassen Sie mich das mit einem Beispiel aus dem Bereich der Gesundheit erklären. Gehen wir einmal davon aus, ein vorab „ahnungsloser" Mensch bekommt nach einer ärztlichen Untersuchung die Nachricht, an einer schwerwiegenden, vielleicht sogar als unheilbar deklarierten Erkrankung zu leiden. Im ersten Moment steht ein solcher Mensch aller Wahrscheinlichkeit nach unter Schock. Widerstand kommt auf! Der Betroffene stellt sich die Frage: „Warum gerade ich?" Er oder sie äußert sich womöglich fassungslos mit den Worten: „Das darf doch nicht wahr sein, ich will das nicht!"

Die Worte des Arztes lauten möglicherweise: „Sie müssen jetzt *kämpfen*, damit Sie Ihre Erkrankung *besiegen*." Obwohl die Wortwahl anders oder besser sein könnte, meint er sicherlich das Richtige, denn er will damit dem erkrankten Patienten nur signalisieren, sich auf keinen Fall aufzugeben.

Falls Sie in eine ähnliche Situation kommen sollten, dann rate ich Ihnen als erste Maßnahme jedoch, diesen Zustand, so schlimm er Ihnen auch erscheinen mag, *zunächst einmal zu akzeptieren und nicht an Kampf zu denken!* (Wer aufhört zu kämpfen, kann nicht mehr besiegt werden!)

Ihr Körper versucht Ihnen mitzuteilen, dass Sie aus der heilbringenden Ordnung gefallen sind und wo etwas in Ihnen und Ihrem Sein nicht mehr stimmig ist. Er „spricht" Sie hilfesuchend in aller Deutlichkeit mit meist klaren Symptomen an. Schauen Sie bewusst hin, und wenn Sie das tun, werden Sie feststellen, dass es Ihnen gleich erheblich besser geht, und Sie trennen sich recht schnell von Ihrer anfänglichen Verzweiflung. Dieser Schrei Ihrer Seele will – unter Zuhilfenahme der Projektionsfläche Körper – von Ihnen gehört und keineswegs bekämpft werden, *bevor er verstanden wurde!* Schenken Sie sich stets die erforderliche Zeit und üben Sie sich in Geduld, während Sie die aussagekräftigen Krankheitssymptome anschauen, um deren Botschaft zu verstehen. Warten Sie grundsätzlich, bis sich das anfängliche Chaos und Ihre Kopflosigkeit gelegt haben und Sie mit größerer Effizienz agieren können! Beschreiten Sie erst dann, wenn Sie sich seelisch und geistig gestärkt haben, mit Bedacht den *notwendigen* Weg (auch in Bezug auf professionelle Hilfe für Körper und Seele), um diesen Zustand wieder zu heilen.

Die schwierige Situation, die *Sie* zu meistern haben, will zunächst angenommen werden – nach dem Motto: *„Also gut, mich hat es nun erwischt, so und nicht anders ist es, und nun werde ich mich bewusst und selbstverantwortlich auf einen Weg begeben, der mich aus dieser Misere hinaus in den Zustand des Heilseins führt."* Näheres zu diesem Thema finden Sie in dem Kapitel „Medizin und Eigenverantwortung". Schon der Volksmund gibt uns recht dienliche Hinweise darauf, wo und wie wir aus der Harmonie gefallen sein könnten. Oft sprechen wir, ohne es selbst bewusst wahrzunehmen, genau das, was uns bedrückt, mit Worten aus, wie etwa „Das geht mir an die Nieren", „Der Druck ist mir zu groß geworden", „Ich fühle mich in meiner Weiblichkeit verletzt" oder „Diese Sache bricht mir das Herz".

Sie können eine Menge tun, um nicht zu erkranken und sich auch das Herz nicht brechen zu lassen. Sie haben jederzeit die Chance, sich rechtzeitig von all dem zu verabschieden, was Ihnen permanent an die Nieren geht. Oder Sie können, wenn das nicht geht, auch Ihre Einstellung zu den Geschehnissen ändern. Haben Sie allerdings lange genug alle Warnzeichen ignoriert, dann kann sich unter Umständen eine Krankheit entwickeln, die Ihnen nicht gefällt. In dem Moment, wo sich etwas manifestiert hat, ist die Zeit nicht mehr zurückzudrehen, und nichts kann mit „blinder Wut" bekämpft werden. Wenn ich zur Erstakzeptanz rate, dann ist damit natürlich keineswegs gemeint, lethargisch weiterhin in diesem unguten Zustand zu verharren. Nein, die Empfehlung ist, *zunächst* einfach „Ja" zu sagen, um danach *gezielt* überzugehen zu einem akzeptablen, vor allem *dienlichen Lösungsweg.* Durch Akzeptanz kann ein sofortiger, allumfassender Heilungsprozess in Ihnen beginnen. Ist ein Betroffener bereit, das seelisch-geistige Hintergrundthema seiner Erkrankung oder einer veränderungsbedürftigen Lage zu erfassen und danach durch Bearbeitung und Veränderung zu erlösen, können sich sowohl Zellen regenerieren als auch ungute Lebenssituationen in Luft auflösen.

Das Annehmen eines Sie belastenden Themas gelingt Ihnen allemal besser, wenn Sie die Dinge nicht weiter aus der Sicht Ihres Egos betrachten, sondern von einer höheren Warte aus. Ihr Ego flüstert Ihnen zu: „So ein Pech"; aber Ihr höheres Selbst weiß genau: *Jetzt gibt es eine Chance.* Wenn Sie sich das verinnerlichen, hören Sie von alleine damit auf, unangenehme und in der Tat manchmal außergewöhnlich schwierige Begebenheiten Ihres Lebens mit all Ihrer Kraft und mit Vehemenz zu bekämpfen. Sparen Sie sich Ihre Energie lieber für den Lösungsweg und Veränderungen auf, verschleudern Sie Ihre Kraft auch nicht mit den Gefühlen heftigen Widerstandes oder innerer Aufruhr, denn Sie werden sie noch brauchen! Destruktive Gemüts-zustände und Energien sind absolut nicht hilfreich, besonders, wenn die Dinge nun einmal nicht *sofort* zu ändern sind. Mit der weisen Entscheidung, *vorläufig* erst einmal alles zu akzeptieren, wie es nun einmal ist, entfernen sich aus Ihrem Geist wahrscheinlich sehr schnell alle negativen und zer-störerischen Gedanken über den „unguten" und eventuell lebensbedroh-lichen Zustand. Panikgefühle können sich verflüchtigen, und stattdessen wird sich ein recht beachtliches Potential in Bezug auf weitere Optionen herauskristallisieren.

Wenden Sie sich bewusst von der problematischen Situation ab und damit gezielt dem Leben und auch Ihren Aufgaben wieder zu. Erfahrungsgemäß wird Ihre Egopersönlichkeit einer solchen Entscheidung nicht erfreut zustim-men. Sie wird aller Wahrscheinlichkeit nach protestieren und nicht kampflos aufgeben wollen, sondern sich mit eher negativen und eigennützigen Einge-bungen zur Wehr setzen.

Schließlich sieht Ihr Ego solche Schicksalsschläge als absolut dramatisch an. Seiner Natur nach ist es erst in Aufruhr und Aktion in seinem Element. Wenn Sie es übergehen, fühlt es sich ungeliebt und findet Möglichkeiten, sich auf kurioseste Weise in Szene zu setzen, damit es seine Vorherrschaft um keinen Preis verliert.

In der ersten Zeit einer solchen Veränderung werden Sie sicherlich hier und da noch auf die altbekannten „Egoblähungen" hereinfallen. Da die alten Muster und üblichen Denkprozesse zu einer vertrauten Gewohnheit ge-worden sind, verstricken Sie sich noch sehr schnell in den üblichen Fallen und Belästigungen, die Ihr Ego Ihnen Tag für Tag situationsabhängig beschert.

Ein einfaches Beispiel:

Ein Mitmensch macht Sie in einer unschönen Art und Weise nieder, versucht Sie zu beleidigen, indem er Ihnen mit den übelsten Worten und Vorwürfen verdeutlicht, was er von Ihnen hält, nämlich rein gar nichts. Jetzt quietscht Ihr Ego vor Vergnügen und souffliert Ihnen: „Den machen wir alle, was fällt dem ein, der kann was erleben!" Und es stachelt Sie auf bis zum Gehtnichtmehr und führt Sie hinein in eine sinnlose Aggression bis hin zu einem hochroten Kopf und Blutdruckwerten über 200 mm Hg. Ihr unbegrenztes Selbst dagegen bleibt ganz ruhig und signalisiert Ihnen Ähnliches, wie etwa: „Der hat einen schlechten Tag, will jetzt ein Machtspielchen. Fahr nicht auf sein Egogeplänkel ab, du weißt doch, alles, was der jetzt von sich gibt, ist an den Haaren herbeigezogen und stimmt in Wirklichkeit gar nicht." Die Weisheit Ihres wahren Wesens rät Ihnen, sich einfach umzudrehen und zu gehen und eventuell auf einen besseren Zeitpunkt zu warten. Damit haben Sie sich viel *sinnvoller gewehrt* und sind in jedem Fall der „Stärkere" oder Klügere. Doch ich kann Ihnen sagen, Ihr Ego wird Sie zunächst ungebremst als Schwächling bezeichnen und Ihnen ein schlechtes Gefühl bereiten. Ihm fehlt seine gewohnte Aktion, und es fühlt sich einfach grottenschlecht. Es wird Ihnen zuflüstern: „Du hast dich nicht gebührend gewehrt, dem anderen nicht gezeigt, ‚wer du bist' und dass er das mit dir nicht machen kann! Du hättest diesem Blödmann mit deutlichen Worten mal richtig die Meinung sagen sollen, genauso wie dein Gegenüber es mit dir getan hat. Damit hättest du diesem Banausen in aller Deutlichkeit gezeigt, wie gut du das kannst, und auch, dass du schließlich kein Hampelmann bist!"

Irgendwann, oder auch jetzt in diesem Moment, können Sie sich ernsthaft fragen, ob Sie weiterhin in Ihrem Leben immer wieder den selbstsüchtigen Bewertungen und Anstachelungen Ihres Egos Folge leisten oder ob Sie die unendliche Kraft in Ihnen zum Zuge und Ausdruck kommen lassen wollen. Versäumen Sie es jedoch, sich von der Macht des Egos zu entfernen, dann liegen Sie höchstwahrscheinlich eines Tages auf dem Totenbett und stellen sich die Fragen: „Warum und für was habe ich eigentlich immer so gekämpft? Wie kam es dazu, dass ich dadurch vergaß, wirklich in Zufriedenheit zu leben?" Menschen, die ihr Leben lang nur auf ihr Ego hören und aus ihm heraus agieren, „ersticken" eines Tages förmlich daran.

Die *unendliche Kraft* Ihres Seins bleibt leider, solange Sie sich vorwiegend mit den gekonnten Spielchen Ihres herrschsüchtigen und stets rechthaberischen Egos beschäftigen, sozusagen außen vor. Allerdings ist diese höhere Energie überaus geduldig und hat keinerlei Eile. Sie weiß genau, eines Tages, vielleicht noch in diesem Leben, wird sie von Ihnen ohne großes Zögern (an)erkannt und dazu auserkoren, in Ihrem Dasein die Oberhand zu gewinnen.

Ich wiederhole mich absichtlich:

Die Momente in Ihrem Leben, in denen das Ego Ihnen mit Fleiß die *Untragbarkeit einer Situation* vorgaukelt, sind in Wirklichkeit aus der Sicht Ihrer ewigen und unzerstörbaren Seele betrachtet „nur" Erfahrungen und Lernaufgaben. Sie sind *not*wendige Bestandteile Ihres momentanen Entwicklungsprozesses und damit nicht einfach nur als gut oder schlecht zu bewerten.

Denken Sie immer daran, mit welch unterschiedlichen Auffassungen Ihr überdauerndes Selbst Ihrem Ego gegenübersteht, denn zweifellos überblickt es in seiner umfassenden Weisheit größere Bereiche Ihres Seins, als diese momentane Lebensphase. Ihr wahres Selbst ist allumfassende Liebe, und damit können Sie alle Dinge neutralisieren.

Falls Sie jetzt nachdenken und der Meinung sind, diese Kraft, von der ich dauernd spreche, (noch) nicht in sich zu spüren, dann irren Sie sich meiner Meinung nach. Sie haben sie schon sehr oft im Leben erfahren und sich gewundert, warum Sie dieses oder jenes so gut bewältigen konnten. Vielleicht haben Sie die Kraft und ihre Hilfe (noch) nicht erkannt, weil Sie einfach nichts davon wussten, sozusagen nicht mit ihr rechneten? Sie ist allgegenwärtig, auch wenn sie weder greifbar noch beweisbar ist. Fühlen Sie sich in diesem Wissen geborgen! Sie haben größere Chancen, Positives in Ihrem Leben zu realisieren, wenn Sie fortan das göttliche Prinzip nicht mehr außerhalb von sich sehen. Nehmen Sie diese Kraft *bewusst in Ihr Herz hinein*. Denn eine intellektuelle Vorstellung von einem Gott, der „über" Ihnen thront und den Sie anflehen müssen, um seine Gnade zu finden, schwächt Sie gewaltig. Ich weiß, man lehrte und lehrt uns immer noch, eine *„mächtige Person"* außerhalb von uns – irgendwo im All – anzubeten und uns ihr gegenüber klein und machtlos zu fühlen. Vor allem sollen wir uns getrennt von dieser Energie wahrnehmen und uns am besten nur über *vermittelnde Institutionen* mit ihr verbinden. Vielleicht ist es für Sie jetzt an der Zeit, auch damit aufzuhören? Weiten Sie Ihr Herz und fühlen Sie, wie diese Kraft Sie liebt. Sie sind ein Teil von ihr. Falls Sie das spüren können, wird gleichzeitig auch eine große Dankbarkeit in Ihnen aufkeimen. Dieses Empfinden und diese Gewissheit werden Sie und Ihre Handlungen menschlicher – oder passender ausgedrückt: göttlicher – werden lassen. Ihre Toleranz dem Leben, sich selbst und den Mitmenschen gegenüber wird enorm wachsen. Negative Gefühle und Denkweisen verflüchtigen sich!

Sie werden in sich spüren, wie viel in Ihrem Leben Sie mit Leichtigkeit ändern können, wenn Sie es nur wollen. Und damit verändern Sie letztendlich auch Ihr Schicksal, denn Sie sind seinen Windungen und Anforderungen nicht mehr hilflos ausgeliefert, sondern können es ganz bewusst mitgestalten.

Lassen Sie Ihr Ego zukünftig einfach mal wild vor sich hin strampeln. Ignorieren Sie sein Gehabe, wenn es um Anerkennung buhlt, alles besser wissen will oder aufgrund einer Ungerechtigkeit, die Ihnen widerfährt, vor Ärger darüber zu zerplatzen droht. Falls Sie es nicht schon längst tun oder getan haben, denken Sie in stillen Momenten ausführlicher darüber nach! Und vielleicht kommen Sie dann wie viele „aufgewachte" Menschen zu der Erkenntnis, dass die Natur unseres Egos allzu dogmatisch ist. In seiner Sucht, alles in unserem Leben kontrollieren und bestimmen zu wollen, hindert es uns nämlich permanent daran, das Leben, unsere Krankheiten und letztendlich auch den Tod und das Sterben aus der Sicht unseres wirklichen Selbst zu begreifen.

Ich verspreche Ihnen aus eigener Erfahrung, mit der Zeit wird Ihr Ego ruhiger und lernt, sich mehr und mehr unterzuordnen. Sie werden viel ausgeglichener und besonnener durch Ihre Tage gehen, wenn Sie sich aus der Position „Marionette des Egos" befreien und geführt durch eine höhere Kraft Ihrem ursprünglichen Wesen stetig näherkommen.

Schattenprojektion oder Klarheit

Ein Mensch, der die zu starke Dominanz seines Egos gezügelt und diesen Persönlichkeitsanteil im Griff hat, sieht die Welt und seine Mitmenschen fortan mit ganz anderen Augen. Ein solcher mit Gelassenheit und Loslassen vertrauter und in sich ruhender Zeitgenosse braucht natürlich auch keine „Blitzableiter" mehr, an denen er seine Unzufriedenheit selbstgerecht in Form von Besserwisserei, Nörgelei oder Aggression austoben kann. Ein gereifter Mensch, der (selbst-)bewusst und nicht mehr fremdgesteuert seine Lebenszeit verbringt, durchschaut die Launen und Spielchen seines Egos und erkennt außerdem, dass ihm nichts *zufällig* widerfährt. Die *vermeintlich Schuldigen* und Verursacher von Ärger, Streit und seelischen Qualen, die bisher so gerne und allzu schnell verdammt und an den Pranger gestellt wurden, verlieren ihren bisher eingenommenen Part. Ein zu seiner wahren Natur erwachter Mensch übt sich darin, nicht weiter seine eigenen Unzulänglichkeiten und Schwächen, *seine Schattenanteile,* auf andere zu projizieren, um sich mit dieser unguten Art von seinen Fesseln zu befreien.

Unter Schattenprojektion (ein geistiges Erbe von C. G. Jung) versteht man in der Psychologie die Neigung, die eigene Persönlichkeit stets perfekt darzustellen und ungeliebte Schattenanteile auf andere zu verlagern. Der sogenannte Schatten lebt vergleichsweise wie ein unbekannter Geist in unserem Unterbewusstsein. Dorthin wurde er unbewusst von uns verdrängt, um letztendlich den quälenden, unangenehmen Gefühlen nicht weiterhin ausgesetzt zu sein. Er verkörpert sämtliche Seiten an und in uns, mit denen wir in Konflikt geraten sind, weil sie unserer Idealvorstellung von uns selbst nicht entsprechen. *Schattenprojektion* bedeutet, die von unserem eigenen *kleinen ICH* äußerst erfolgreich verdrängten Schattenanteile in Form von Mangel, Schuld, Fehlern und Versagen auf andere zu projizieren und sie bei ihnen und in ihrem Verhalten wie in einem Spiegel wiederzuerkennen. Bei den meisten Menschen laufen diese Prozesse unwillkürlich ab, und sie sind sich der Bedeutung und Tragweite dieser psychischen Vorgänge überhaupt nicht bewusst. Sowohl unsere Mitmenschen als auch Situationen spiegeln uns jedoch quasi unsere perfekt verdrängten Wesenszüge und Fehler wider. Weil uns das nicht klar ist, wir es partout nicht wahrhaben wollen und uns scheuen, dieser Tatsache ins Auge zu schauen, projizieren wir all das, was wir so vehement in uns abgekapselt haben, auf andere, um dann dort alles, was im Grunde ja uns selbst betrifft, sehr *selbstgerecht* zu verurteilen. So zum Beispiel hasst jeder Verfolger die Verfolgten genau wegen der Eigenschaften, die er selbst an den Tag legt. Sie sind für ihn das Mittel zum Zweck, den eigenen Schatten zu bekämpfen.

Schattenprojektionen, die wohl jeder von uns kennt, waren und sind beispielsweise: Hexenverbrennungen im Mittelalter sowie die zu allen Zeiten existierende, nicht enden wollende Verfolgung von Minderheiten und Andersgläubigen, die oft mit unglaublichem Hass ausgetragen wird. Diese Ablehnung und Verurteilung des Verhaltens unserer Mitbewohner auf diesem Planeten sind somit in der Regel ein äußerst tragischer Versuch, uns unbewusst durch diese *Übertragung* vom ständig stärker werdenden Druck der eigenen Schattenanteile zu befreien. Eine Maßnahme, jene auf diese Weise endlich in uns zu erlösen! Wer also ständig andere an den Pranger stellt und allzu gerne mit dem Finger auf sie zeigt, hat selbst „viele Leichen im Keller", die er verbergen will. Doch wie es nicht gelingen kann, das von einem Diaprojektor auf eine Leinwand projizierte Bild auf der Leinwand zu drehen oder in seinen Qualitäten zu verbessern, müssen wir auch in Bezug auf die Schattenprojektion an der Projektionsursache, also an uns selbst, Entscheidendes verändern. Die Integration des Schattens wird nie völlig abgeschlossen sein! Wichtig für das Individuum ist allerdings zu erkennen, wann und wo überhaupt projiziert wird. Wut auf alle anderen und das Leben zu entwickeln, bringt rein gar nichts. Vielmehr sollte uns bewusst werden, dass die vermeintlich „Bösen" meist „nur" den eigenen Schatten im Unterbewusstsein berühren.

Ein Mensch, der in dieser Hinsicht aufgeklärt wird und diese Zusammenhänge durchschaut, wird das begreifen und kehrt zukünftig vor seiner eigenen Türe, *„springt über seinen Schatten"*. Da dieser abgedrängte Schatten ein bedeutsamer Teil von uns ist, sollten wir auch ihm auf jeden Fall mit gebührendem Respekt und Verständnis begegnen und darüber hinaus gewillt sein, ihn anzuerkennen. Damit stellen wir gleichzeitig die Weichen, als Menschen in unserem Leben erwachsen und heil zu werden. Nicht nur groß, stark und mächtig! Das beinhaltet auch, kritikfähiger zu werden. Ab dem Moment, wo wir ernsthaft dazu bereit sind, uns mit unseren Schattenseiten auseinanderzusetzen, werden wir uns konstruktiver und dem eigentlichen Sinn des Lebens zugewandter entfalten.

Mit Bedacht nur unsere „Schokoladenseite" zur Schau zu stellen, ist antrainiert. Da dieses Verhalten mit der Wirklichkeit unseres Seins nicht viel gemein hat, kann es auch wieder abtrainiert werden. Ein Mensch, der sich darum bemüht, wird authentischer.

Ich möchte im Verlauf meiner Ausführungen hier nicht falsch verstanden werden. Natürlich haben auch unser Ego und vor allem unser Verstand in unserem Leben ihre absolute Berechtigung. Letzterer sollte allerdings zukünftig nur dort eingesetzt werden, wo er sinnvoll und dienlich ist. Beispielsweise bei der (Büro-)Arbeit mit Zahlen, bei Tätigkeiten wie zum Beispiel dem Auswendiglernen (Pauken unseres Studienmaterials) oder beim Abschluss eines Bankgeschäftes. Achten Sie jedoch auch bei diesen Tätigkeiten immer darauf, was Ihr *weiseres Ich* dazu beisteuern will. Hören Sie in jeder Situation stets auf Ihr *immer vorhandenes* tiefes Gefühl. Sie sollten diese leise Stimme in Ihrem Inneren keinesfalls ignorieren, wenn sie Ihnen zum Beispiel warnend signalisiert: Der ausgewählte Anlageberater der Bank, seine Bedingungen und seine Vorschläge sind alles andere als sympathisch. Wenn Sie sich darin üben, Ihr Herz- und Bauchgefühl immer rascher und deutlicher wahrzunehmen, werden diese Bemühungen von Erfolg gekrönt sein. Sie reduzieren damit drastisch die Bereiche, in denen bisher Ihr Ego und Ihr Verstand alleine dominierten. Eines Tages – ich denke, sehr bald – werden Sie wissen, wann und wo Sie diesen Teilen Ihrer Persönlichkeit noch Folge leisten müssen und wann Sie sich vorzugsweise besser von Ihrem *höheren Selbst* leiten lassen.

Auf dem Weg zur Förderung Ihrer Spiritualität werden Sie höchstwahrscheinlich kleinere und eventuell auch große Wunder erleben. Sie entdecken das Reservoir enormer Energien in sich, spüren immer öfter diese gewaltige Kraft und haben einen leichteren Zugang zu hilfreichen Informationen und zu Ihrer ursprünglichen Intuition.

Psychotherapie, Ego und Selbstbewusstsein

Therapieformen, die das ganze Sein eines Menschen berücksichtigen und erfassen, sind erfreulicherweise auf dem Vormarsch. Vergleichen wir jetzt doch einfach einmal die *ganzheitlichen* Psychotherapieverfahren mit der Ganzheitsmedizin.

Ganzheitlich arbeitende Mediziner behandeln *nicht nur die Symptome,* die ein Erkrankter aufweist, sondern bemühen sich, der eigentlichen Ursache der Krankheit näherzukommen, indem sie das soziale Umfeld, die Ernährung, die Umwelt und nicht zuletzt die Psyche in ihr Betrachtungssystem und in ihre Auswertungen miteinbeziehen. Die ganzheitliche Psychotherapie hat ähnliche Ansätze. Sie sieht den Menschen nicht nur als (gestörte) Persönlichkeit, sondern zieht in Betracht, dass die jeweilige Seelenstruktur eine Energieform besitzt, die sowohl die Grenzen des Verstandes als auch die Grenzen des irdischen Seins überschreitet. Spaßig ausgedrückt bedeutet das: Sie werden von Ihrem Therapeuten nicht gleich in eine geschlossene Anstalt eingewiesen, falls Sie – im Vertrauen auf sein Verständnis – von Ihrer inneren Stimme oder einer für den Verstand unerklärbaren *Eingebung* sprechen. Sie werden ebenso nicht auf Ihre Persönlichkeitsanteile reduziert, die in den meisten Formen der klassischen Psychotherapie eine Hauptrolle spielen. Falls Sie sich zufällig in einer Therapie befinden oder sich in Kürze einer psychotherapeutischen oder psychosomatischen Behandlung unterziehen wollen, seien Sie hellwach und achten Sie auf die Arbeitsweise Ihres Therapeuten.

Geben Sie sich nicht „aus der Hand", denn auch hier sollte nur das geschehen, was *Sie* ernsthaft wollen, und nicht das, was Ihr Therapeut für richtig hält. Er sollte Sie behutsam auffangen und führen, aber auf keinen Fall zu irgendetwas drängen.

Was haben Sie zum Beispiel davon, wenn *nur* Wert darauf gelegt wird, Ihr Ego aufzupolieren, und auf diesem Weg letztendlich dem sogenannten Egoaffen noch eine Menge zusätzlicher „Bananen" verabreicht werden? Das könnte passieren, wenn Sie als Patient permanent dazu angeleitet würden, zum Beispiel vor allem Ihr Durchsetzungsvermögen zu schulen, mit dem Endziel „Kämpfernatur". Für einige Hilfesuchende ist das allerdings im ersten Moment eine große Hilfe, denn so mancher wird sich anfänglich in dieser Rolle recht gut und auch stärker fühlen. Therapeutisch gelenkt, lernt ein solcher Mensch, seine Persönlichkeit zu stärken, und entwickelt ein dieser Veränderung angemessenes und gebührendes Auftreten. Sein kleines Ich (Ego) wächst ab dem Moment, wo er endlich in der Lage ist, anderen die Stirn zu bieten. Dieser Mensch fühlt sich stark, wenn er all jenen nun alles heimzahlen kann, die ihm (angeblich) das Leben schwer machten und täglich noch machen. Ein solcher Mensch bleibt in seiner Opferrolle und allem, was damit zusammenhängt, gefangen und wird oftmals therapeutisch nicht genügend darin unterstützt, sie ein für alle Mal zu verlassen und zu erkennen: „Weder die anderen noch meine verkorkste Kindheit und schon gar nicht das Schicksal sind *maßgeblich* daran schuld, dass ich *jetzt* in der Klemme sitze." Ganz gewiss will ich vergangenes Leid, eine schlechte Kindheit und die Verzweiflung darüber nicht herunterspielen. Kindheit und Erziehung prägen den Menschen und haben ihn zu dem gemacht, was er jetzt ist, daran gibt es sicherlich keinen Zweifel. Und einiges davon muss in einer Therapie auch genau betrachtet werden.

Für falsch halte *ich* jedoch, wenn den verzweifelten und nach Rat suchenden Patienten mit suggestiv sehr stark wirkenden Erklärungen sozusagen endlich der gesuchte *Beweis* geliefert wird, dass einzig und allein ihre schwierige Kindheit an ihrem ganzen Dilemma schuld ist und *immer* ein Problem darstellen wird.

Aussichtslosigkeit und Verzweiflung werden damit enorm geschürt und eine Genesung praktisch vereitelt. Ich finde es ganz und gar nicht ratsam, wenn dem Ratsuchenden permanent eingeredet wird: „Ihre Eltern haben viele und entscheidende Fehler gemacht und Sie mit ungutem Verhalten – bis hin zur Lebensunfähigkeit – verbogen." Mit solchen Beeinflussungen werden die Negativgefühle Frust und auch Hass entfacht, jedoch keine Probleme gelöst. Auch werden mit dem leidigen Schuldzuweisungsprinzip quälende Lebensprobleme niemals endgültig überwunden. Viel eher wird ein *destruktives Verhalten* dem Leben und den Menschen gegenüber gefördert. Das kann für die Betroffenen ein Auslöser sein, einen erbitterten, jedoch *in Bezug auf Erfolg* ziemlich sinnlosen Kampf gegen jegliche „zum Himmel schreiende" Ungerechtigkeit zu führen, die ihm seine Eltern, Erzieher oder andere Menschen anscheinend angetan haben!

Selbstverständlich sollte jeder in einer Therapie auch lernen, Grenzen zu setzen. Ich möchte an dieser Stelle allerdings in aller Deutlichkeit davor warnen, in einer Psychotherapie ständig nach den Verursachern für die Probleme im Leben eines Menschen zu suchen. Vom ganzheitlichen Standpunkt aus betrachtet, ist das alles andere als eine empfehlenswerte Maßnahme. Wenn eine Therapie nach diesem Prinzip abläuft, begibt sich ein Mensch auf einen Irrweg und nicht auf den Pfad zur Heilung eines bedrückenden seelischen Zustandes. Ebenso werden zwischenmenschliche Beziehungen so nicht verbessert. Die Samen von Zwietracht, Hass oder Verurteilung tragen nun einmal keine guten Früchte.

Nicht selten gehen Menschen viele Umwege, bis sie eines Tages entdecken, wie sinnlos die negativen, mit ständiger Verurteilung gekrönten Betrachtungsweisen sowie die Schritte und Taten, die daraus erwachsen, in Bezug auf seelische Heilung sind. Dank der *göttlichen Vorsehung* werden diese leidgeplagten Ratsuchenden eines Tages genau spüren, dass sie einer hilfreichen Einstellung dem Leben und auch sich selbst gegenüber auf diesem Holzweg nicht wirklich nähergekommen sind. Stattdessen haben sie sich im Laufe der Zeit immer weiter verstrickt in dem genauen Gegenteil von Liebe, waren durch negative, zerstörerische Gefühle blockiert und haben sich meist ungut gefühlt oder erlebten schiere Verzweiflung. Nicht zuletzt, weil sie dauerhaft damit beschäftigt waren, sich in längst vergangenen, vermeintlichen Ungerechtigkeiten zu verstricken, und sich dabei verbissen, in Schuldzuweisungen zu ergehen.

Eines Tages jedoch, nach Resignation, Depression und vielen, vielen Enttäuschungen, wird ein Geplagter neue Wege suchen. Im Rahmen seiner Bemühungen wird er dann die freudvolle Entdeckung machen, dass es sie ja wirklich gibt, diese anderen Wege, und die Heilung kann endlich beginnen.

Zum besseren Verständnis wieder ein Beispiel:

Vor Jahren beklagte sich ein sehr in seinem Intellekt, Stolz und somit Ego gefangener männlicher Bekannter von mir heftig über den Misserfolg von sechs Jahren Psychoanalyse. Enttäuscht erzählte er mir, er begreife zwar jetzt endlich annähernd, was in seinem Leben *angeblich* alles schiefgelaufen sei, jedoch nütze ihm das rein gar nichts. Seiner Meinung nach hatte er in all den Jahren Psychoanalyse und Therapie nichts gelernt, was ihn in die Lage versetzte, sein Leben anders, sinnvoller und konstruktiver zu führen. Ganz im Gegenteil: Die vielen Schwierigkeiten in seinem Leben, die weiterhin ungeschmälert auftraten, waren für ihn mittlerweile zur einer Hölle geworden, aus der er verzweifelt einen Ausweg suchte.

War es eine eher selten vorkommende Ausnahme, dass diesem Mann unter anderem im Verlauf seiner lang andauernden Therapie geraten wurde, er solle sich von vielen Menschen in seinem Umfeld trennen, weil die Betreffenden ihm nicht „guttun" würden? Seine zwischenzeitlich alt gewordenen Eltern hatte er durch diese Fehllenkung viele Jahre völlig ignoriert. Fatalerweise machte er genau sie für all seine jetzigen Lebensprobleme verantwortlich. Ich wunderte mich keineswegs über das überdeutliche Unmutssignal von diesem Bekannten. Er fühlte sich weder wohl in seiner Haut noch mit diesen ganzen *Verhaltensvorschriften*. Dieser Mann litt bedauernswerterweise, therapeutisch dazu inspiriert, folgsam und ergeben sechs lange Jahre ziemlich (umsonst) vor sich hin.

Die Psychoanalyse ist durchaus ein Verfahren, einen Menschen tief in sein Unterbewusstsein zu führen, doch unsere kontrollierenden Persönlichkeitsanteile werden sich bemühen, nicht mehr an Offenbarung zuzulassen, als sie von sich aus preisgeben wollen. Von den vielen Milliarden Vorgängen, die in einem menschlichen Unterbewusstsein abgespeichert sind, werden verschwindend geringe Prozesse abermals in Gang gesetzt und nur winzige Teile vom „ganzen Kuchen" wieder zu Tage gefördert. Wer will schon klar wissen oder erkennen, welche Konstruktionen in der Tiefe ihr „Unwesen" treiben oder im umgekehrten Fall auch für das Gute verantwortlich sind? Was ist also in Bezug auf eine mögliche Störung tatsächlich relevant von all den schlummernden Erlebnissen auf dem „Meeresgrund" des Unbewussten? Was davon kann für komplexe Schwierigkeiten einer Person verantwortlich gemacht werden? Das meiste von all dem wird trotz aller Bemühungen nicht wieder an die Oberfläche – also ins Bewusstsein – gebracht werden! Aus diesem Grunde halte ich es für ziemlichen Unsinn, ein paar Erkenntnissen und Bruchteilen des ganzen unbewussten Reservoirs eine derart übergroße Macht einzuräumen und sie für alles Mögliche an Störungen im Leben des Ratsuchenden verantwortlich zu machen. Für mich ist die Psychoanalyse eher eine intellektuelle Reise, die Patienten dabei unterstützt, vor allem Teile ihrer Persönlichkeit (Ego und Verstand) zu erforschen. Ist das möglicherweise der Grund, warum überwiegend Akademiker oder generell Menschen mit einer höheren Schulbildung diese Behandlungsform wählen? Leider bleibt dabei meist die Erkenntnis eines höheren Seins auf der Strecke.

Ich bewundere Therapeuten, denen klar ist, wie wenig sie eigentlich (trotz einer oft beachtlichen Ausbildung) wissen, die sich aber mit all ihrer Kraft und vor allem mit Liebe bemühen, einem verzweifelten, kranken Menschen eine Stütze zu sein. Vielleicht, indem sie ihn daran erinnern, *wer und was er wirklich ist* und mit ihm zusammen *erarbeiten,* was ihm in seinem Leben Fortschritt und Heilung bringen kann.

Als Befürworterin von neueren, lebensnahen und ganzheitlich orientierten Behandlungsmethoden, sehe ich so manche Therapieform nicht als Weg, sondern als *Umweg.*

Nur im Zustand des JETZT kann ganz gezielt und vor allem lösungsorientiert an einer Verbesserung des psychischen Zustandes gearbeitet werden. Denn viele der alten Schwierigkeiten sind nun einmal nicht mehr zu regeln und können ausschließlich nur in einem Prozess des Akzeptierens und Loslassens bearbeitet werden.

Statt sich an Vergangenem festzubeißen, sollten, *dem Gesamtzustand des Individuums haargenau angepasst,* nach und nach Lösungsschritte entwickelt werden. Lebensprobleme können mit Krankheitssymptomen verglichen werden. Hier wie da sollten Lösungen realisiert werden, ohne unaufhörlich die gesamte Konzentration auf die Probleme oder die Krankheit zu richten. In der ganzheitlichen Therapie geht man ebenso davon aus: Jeder Mensch trägt *ausnahmslos* alle Fähigkeiten in sich, die er zur Problemlösung und Konfliktbewältigung benötigt. Genau deshalb ist es von immens großer Wichtigkeit, die Neugier des Patienten in Bezug auf seine, bisher vielleicht noch im Verborgenen schlummernden, Stärken zu wecken.

(Hirnorganische Störungen und geistige Erkrankungen wie Psychosen gehören in die Hände eines ärztlichen Psychotherapeuten oder Psychiaters!)

Von einer herkömmlichen Betrachtungsweise aus, die leider einen ganzheitlichen Aspekt entbehrt, wird bei uns Menschen die Stärke unseres Egos fast immer mit einem ausgereiften und schlichtweg unerschütterlichen Selbstbewusstsein in Verbindung gebracht.

Wieder ein Beispiel dazu:

Sie haben vielleicht einen Chef, der ganz aus seinem Ego lebt und stets klar und mit Nachdruck sagt, was er von Ihnen und anderen erwartet. Er ist fähig, seinen Betrieb zu führen, er lässt sich von nichts und niemand etwas sagen oder gar auf der Nase herumtanzen. Sie respektieren ihn in seinem Verhalten und denken sich möglicherweise: „Donnerwetter, hat der Mensch ein gutes Selbstbewusstsein! So sein und handeln zu können, wünsche ich mir auch." Im Grunde ist er hart und unerbittlich und verschafft sich dadurch Respekt. Sie bringen ihm zwangsläufig Achtung entgegen, aber Sie mögen ihn, zumindest aller Wahrscheinlichkeit nach, nicht besonders!

Stellen wir uns vor, seine Firma geht in Konkurs. Nun schauen Sie mal auf sein vorher angeblich so starkes Selbstbewusstsein. Glauben Sie, er ist so *unerschütterlich* geblieben? Wahrscheinlich ist dieser vom Leben so stark Geprüfte im tiefsten Keller gelandet, weil jetzt sein *eigenes Ego* ihn als kompletten Versager bezeichnet. Möglicherweise denkt er sogar ernsthaft daran, sich das Leben zu nehmen, weil ihm *scheinbar* weder Geld noch Achtung bleiben.

Vergleichen wir diesen Arbeitgeber nun einmal mit einer anderen Führungspersönlichkeit, die ihr weiseres Selbst bei der Leitung der Firma und beim Umgang mit ihren Mitmenschen eingesetzt hat. Sie werden einen solchen Chef lieben, Sie werden gerne zur Arbeit gehen, weil er Sie fördert, Sie versteht, weil er Sie und Ihre Arbeit anerkennt und schätzt und Sie auch nicht gleich entlässt, weil Sie mal einen Fehler gemacht haben oder ein paar Tage krank waren.

Falls dieser Chef eine Pleite hinlegt, trägt er die Gewissheit in sich: *Solche Lernaufgaben kommen durchaus vor!* Er sieht sie als Chance und sich selbst weder als Verlierer noch als Versager. In völliger Akzeptanz der Situation begibt sich ein solch gereiftes Individuum so schnell wie möglich wieder auf einen Lösungsweg und verläuft sich nicht im Selbstmitleid. Ich wette mit Ihnen, dieser Chef sitzt in kürzester Zeit wieder im „Sattel" und hat ein anderes interessantes Betätigungsfeld gefunden. Sein unbegrenztes Selbst hat ihn geleitet, durch die Situation hindurch und zu neuen Ufern und Aufgaben geführt. Vielleicht hat eine höhere Intelligenz ihn sogar „aus der Bahn geworfen", weil weit Besseres für ihn geplant ist und auf ihn wartet.

Die unendliche Kraft in Ihnen wünscht sich – im Gegensatz zum Ego – kein konkretes Ergebnis. Alles ist zunächst gut so, wie es ist. Alle Ängste, Wünsche und Begierden entspringen ausschließlich dem Ego. Bedauerlicherweise hat sich unsere neutönerische Volksseele in der neurotischen Struktur unserer Egos verfangen und die wahren Ziele der Menschheit mehr und mehr aus den Augen verloren. Was heute zählt sind Existenzkampf sowie sture Regeln, um Macht und die begehrten Wunschziele zu erreichen.
Ich denke, Sie verstehen nun, wie wenig sinnvoll es sein kann, sich einer Therapieform unterzuordnen, die ganzheitliche Aspekte außen vor lässt.

Mein durch und durch unglücklicher Bekannter suchte auf meine Empfehlung einen gleichgesinnten Kollegen von mir auf. Wenn ich ihn heute betrachte, so stelle ich mit großer Freude fest, er hat sich bestens arrangiert in seinem Dasein. Vor allem sieht er wieder einen Sinn in seinem Leben und freut sich, überhaupt im Besitz seines irdischen Daseins zu sein! Zwischenzeitlich vollzog er entscheidende Lebensveränderungen und hatte auch die Kraft, die dazu notwendigen Schritte zu tun.

Generell will ich mit meinen Äußerungen nichts und niemand angreifen! Bei den Psychotherapeuten ist es jedoch wie bei den Ärzten. Wenn sie ihrer Berufung gefolgt sind, dann werden sie entsprechend gut sein. Kritische Zungen behaupten:

„Die ganzen Psychoheinis haben doch selbst Probleme und im Grunde genommen machen sie ihr Studium nur, damit sie sich selbst helfen können." Ein bisschen wird das stimmen, und was ist falsch daran, wenn sie auf diesem Wege gelernt haben, besser mit sich klarzukommen, sich und andere besser zu verstehen?

Wir finden die *höhere Kraft*, durch die wir innere und äußere Stärke entwickeln, in allem, was existiert. Sie ist machtvoll und doch neutral, bewertet nicht, und sie ist gleichermaßen in einem Mafiaboss vorhanden wie in einem Heiligen. Der Unterschied, den wir allerdings im äußeren Benehmen überdeutlich spüren, ist darauf zurückzuführen, dass der Heilige um diese Kraft weiß und sie anwendet, der Mafiaboss jedoch (noch) voll aus seinem Ego heraus lebt und ernsthaft glaubt, Macht über alles und andere sei das einzig Erstrebenswerte.

Machen auch Sie sich diese Kraft zu Nutze, indem Sie ganz bewusst aus ihr, aus der Liebe heraus, leben. Mit dem festen Glauben an ihre Existenz sowie an sich selbst, wird Ihnen das umso leichter gelingen. Wenn Sie auf Ihrem Weg diese heilsame Energie von Stund an bejahen und anerkennen, werden Sie spüren, dass sich die überlaute und lärmende Welt eher störend auswirkt und Ihnen keineswegs mehr dienlich ist. Die ständig durch äußere Institutionen (wie Medien) an Sie herangetragenen Beeinflussungen verlieren in Ihrem Leben mehr und mehr an Macht und Bedeutung. Nach und nach werden Sie Ihre Lebensbereiche von all dem befreien, was Ihnen nicht wirklich guttut. Sie hüpfen nicht weiter wie ein dressiertes Wesen im Kreis und hören auf zu fragen: „Was wollen die anderen von mir?" Wenn Sie diesen Punkt erreichen, dann sind Sie frei!

Fürchten Sie sich nicht davor oder denken Sie gar, bald keine eigene Persönlichkeit mehr zu besitzen, wenn Sie diese Anregungen befolgen und Sie aufgrund dessen Ihr Ego mehr und mehr in den Hintergrund stellen!

Das genaue Gegenteil wird der Fall sein! In dem Prozess, das Leben aus einer völlig anderen Sicht zu betrachten, entfernen und lösen Sie sich in einem *idealen Maß* von Ihrer Ego-gesteuerten Persönlichkeit. Sie entwickeln sich mehr und mehr zu einem Wesen, das in völliger Ruhe und Gelassenheit seinen Weg geht. Ihre Emotionen, die Sie bisher allzu gerne aus dem Gleichgewicht brachten, werden Sie fortan nicht mehr so schnell und heftig aus der Bahn werfen. Ihre innere Haltung wird enorm an Stärke gewinnen. Die im Lauf der Zeit immer stabiler werdende Verfassung Ihres gesamtpsychischen Zustandes wird Sie zutiefst beeindrucken.Ihre Spiritualität wächst und nimmt eine Form an, die sich durch eine gewisse Leichtigkeit in Ihrem Leben ausdrückt. Ganz besonders dann, wenn Sie den *Kampf gegen alles und jeden, vor allem gegen Teile von sich selbst* aufgeben.

Wenn das Leben sich Ihnen momentan nicht so zeigt, wie Sie es *unbedingt* gerne hätten, dann tun Sie etwas ganz Heilbringendes. Akzeptieren Sie, was ist, und geben Sie dem Leben die Chance, Ihr Lehrer zu sein. Verlassen Sie den altbekannten Pfad, und agieren Sie mit Gelassenheit, anstatt mit sturem „Wahnsinn" zu *re*agieren.

Wir müssen alle sehr viel Nutzloses lernen in unserem Leben. Warum erzählt und lehrt uns niemand von Kindesbeinen an (Kindergarten, Schule) die wahren Dinge über unser Sein? Für unsere Entwicklung könnte es unendlich hilfreich sein, wenn wir uns nicht das ganze Leben lang abstrampeln müssten, um auf der Suche nach unserer überzeitlichen Bestimmung auf gute Antworten zu stoßen. Ich denke, wir werden absichtlich *dumm* gehalten, weil ein „Aufwachen" von unserer Seite aus eine nicht unerhebliche Gefahr sowohl für die weltliche als auch die kirchliche Machtpolitik bedeuten würde. Gutgläubige sowie „arme Sünder" sind einfacher zu beherrschen und zu handhaben. Auch die für meine Begriffe notwendige Auseinandersetzung mit Tod und Sterben kommt in unserem Alltag viel zu kurz. Viele von uns gehen sehr unversöhnlich mit dieser letzten Aufgabe und Hürde um, die das irdische Dasein zunächst beendet. Wir sehen den Tod als schreckliches Ende und nicht als Krönung unseres Lebensweges auf dieser Welt. Bis zum letzten Atemzug hoffen wir, auf irgendeine schlaue Art und Weise diesem gefürchteten Schicksal doch noch entgehen zu können. Dabei gibt es den Tod, so wir viele von uns ihn verstehen, gar nicht wirklich. Das Sterben ist ein Prozess, der uns zu neuen Ufern und zu anderen Daseinsebenen führt.

Falls der Tod
aber gleichsam
ein Auswandern ist
von hier an einen anderen Ort,
und wenn es wahr ist,
was man sagt,
dass alle, die gestorben sind,
sich dort befinden,
welch ein größeres Glück
gäbe es wohl als dieses?

– Sokrates –

Medizin und Eigenverantwortung

Nun sind Sie meines Erachtens gut vorbereitet auf ein überaus wichtiges Kapitel.

Wo gibt es ihn noch, den ganz gesunden Menschen? Hier und da trifft man tatsächlich auf ein *einigermaßen* unversehrtes und funktionsfähiges Exemplar unserer Spezies, findet noch Menschen auf der Welt, die weit über 100 Jahre alt und gesund sind, ohne jemals einen Arzt aufgesucht oder ein Krankenhaus von innen gesehen zu haben. Wahrscheinlich erreichen diese Glücklichen gerade deshalb ein so begnadetes, hohes Alter. Die Chance, ganz gesunde Erdenbürger und im hohen Alter noch vitale Menschen zu treffen, ist jedoch ähnlich selten wie ein Lottogewinn. Alleine die Zivilisationserkrankungen, die in sehr beängstigendem Maße und Tempo zunehmen, vereiteln unseren Wunsch, ganz ohne ärztliche Hilfe, ohne Medikamente sowie medizinische Hilfsprodukte auszukommen.

Die diversen Hersteller von zigtausend Medikamenten versprechen uns, oder sollte ich besser sagen gaukeln uns vor, uns mit ihren Produkten zu schützen und zu heilen. Parallel dazu erschließt sich uns eine ungeheure Vielfalt von Behandlungsmethoden bis hin zum menschlichen Ersatzteillager. Und doch ist eine gute Gesundheit bei den meisten Menschen kaum noch zu finden. Genau das Gegenteil ist leider der Fall: Die Menschen werden zwar statistisch gesehen älter, aber immer kränker und leiden vor sich hin, körperlich wie seelisch, kurz, sie fühlen sich nicht mehr wirklich wohl in ihrer Haut. Folglich gibt es allerhand zu behandeln auf unserem Planeten, so auch immer mehr *ungesunde* Menschen.

Zugegeben, in der Vergangenheit, vor 100 oder mehreren hundert Jahren starben viele Menschen noch sehr jung, zum Beispiel an Krankheiten und Seuchen wie Lungenentzündung, Schwindsucht (Tuberkulose), Pest oder Cholera. Vielen Menschen, die noch vor 50 Jahren nicht zu retten gewesen wären, kann heutzutage (ganz besonders in Notfällen!) mit pharmazeutischen Produkten und durch bewundernswerte Operationstechniken geholfen werden. Die schulmedizinische Behandlung ist also eine starke Säule. Doch auch wenn wir scheinbar viele Bedrohungen besiegt haben, so sind die körperlichen Leiden unserer Zeit meines Erachtens nicht weniger dramatisch. So mancher schwer erkrankte Mensch, dessen Leben aufgrund moderner medizinischer Maßnahmen tatsächlich an Quantität gewinnt, befindet sich, von der qualitativen Seite her betrachtet, leider und nicht gerade selten in einem menschenunwürdigen Zustand des Siechtums.

Zu den altetablierten und mittlerweile hinlänglich bekannten Krankheiten gesellen sich auffällig häufig immer neue Formen gesundheitlicher Bedrohungen, Störungen und Leiden. Das sollte uns wachrütteln, denn es ist keineswegs *normal*. Als medizinisches Symptom oder komplexes Krankheitsbild (Syndrom) bekommen die vielfältigen Beschwerden einen mehr oder weniger hochtrabenden Namen, mit dem sie dann im stets neu überarbeiteten Pschyrembel (klinisches Wörterbuch) erläutert und verewigt werden. Das oben erwähnte Wörterbuch hat im Lauf der letzten Jahre geradezu erschreckend an Umfang zugenommen. Viele „moderne" Krankheiten entstehen durch schädigende Behandlungsmethoden und Medizinprodukte.

Durchschnittlich interessierte Menschen kann man im Alltag leicht beruhigen mit Informationen, die sie glauben lassen, die medizinische Forschung, die ja schließlich ständig auf Hochtouren läuft, sei in Kürze in der Lage, (fast) all das bereitzustellen, was wir für die Erhaltung oder Wiedererlangung einer akzeptablen Gesundheit benötigen. Das wäre phänomenal, wenn es auch nur ansatzweise stimmen würde!

Obwohl die Pharmaindustrie pausenlos neue Mittel und viele Impfstoffe zur Bekämpfung und Vorbeugung von Erkrankungen kreiert, kann *ich* weder den Herstellern noch den meisten ihrer Produkte mein Vertrauen entgegenbringen und habe keineswegs das Gefühl, mich beruhigt zurücklehnen zu können. Ich verlasse mich in dieser Hinsicht so lange wie möglich lieber auf andere Möglichkeiten zur Gesunderhaltung, vor allem auf effektivere *Präventivmaßnahmen*.

Durch vielsagende Veröffentlichungen und diffuse **Statistiken,** die uns beruhigen sollen, versuchen die verantwortlichen Produzenten auf dem medizinischen Sektor, uns die Wirksamkeit der kreierten Produkte zu verdeutlichen oder gar zu beweisen. Dazu zitiere ich Winston Churchill. Er soll einmal gesagt haben: *„Trau keiner Statistik, die du nicht selbst gefälscht hast."*

Die Wirklichkeit hinter diesem ganzen *äußeren Getue* ist leider erschreckend und zeigt ein ganz anderes, eher beunruhigendes Bild. Vor allem fühle ich mich keinesfalls gut beraten oder behandelt, wenn ich für eine Störung meines Wohlbefindens oder im Falle einer Erkrankung Mittel schlucken soll, die in Form von sehr gravierenden Nebenwirkungen bedrohlichere Krankheiten auslösen als die, für die sie eingesetzt wurden. Die lästigen Symptome werden durch diese Mittel (beispielsweise Antibiotika, Cortison, Rheuma- und starke Schmerzmittel sowie Betablocker) zwar oft recht schnell bekämpft, aber die Nebenwirkungen sind meist äußerst unerwünscht. Manchmal treten sie erst nach Jahren auf, nicht selten als „unerklärbare" Symptome und Erkrankungen. Wer von uns erkennt jedoch dann noch den möglichen Zusammenhang mit dem Medikament vergangener Tage? Glauben Sie im Ernst, die Hersteller erfinden die Nebenwirkungen auf den Beipackzetteln? Nein, sie wissen genau, was sie da tun, sie schieben damit Verantwortung von sich. Für mich ist eine derartige Therapie alles andere als eine erstrebenswerte und schon gar keine *gelungene Heil*behandlung und sollte auf Notfälle beschränkt bleiben. Sie werden jetzt vielleicht denken: „Ja, was kann man denn als Laie tun, wenn es einen erwischt?" Schauen wir mal!

Dazu zunächst eine wichtige Anmerkung:

Die nachfolgenden Zeilen ersetzen keine ärztliche Beratung und sollten Sie nicht davon abhalten, beim Auftreten einer ernsthaften gesundheitlichen Störung medizinische Hilfe in Anspruch zu nehmen! Setzen Sie nie eigenmächtig Medikamente ab, ohne sich vorher mit einem Arzt oder Heilpraktiker beraten zu haben!

Gehen wir nun beispielsweise einmal davon aus, Ihr Arzt teilt Ihnen aufgrund der von ihm vorgenommenen Laboruntersuchungen mit, Ihr Cholesterinspiegel sei viel zu hoch. Aus diesem Grunde verordnet er Ihnen aus dem umfangreichen pharmazeutischen Repertoire ein Mittel, das Ihr Cholesterin zuverlässig senken soll. Auch *Sie* haben mittlerweile wohl längst davon gehört oder gelesen, einige dieser Präparate sind inzwischen vom Markt gezogen worden.

Der Hauptgrund: Grauenerregende Nebenwirkungen haben zahlreiche Konsumenten ins Jenseits befördert. Auch diese Mittel galten einmal als *ausreichend* erprobt, effektiv und *relativ* unschädlich. Und obwohl Gegner chemischer Produkte von etwa 100 000 Medikamenten sprechen, die dringend verboten und aus dem Verkehr gezogen werden müssten, will ich jetzt einfach mal davon ausgehen, dass es jeder behandelnde Arzt gut mit seinem Patienten meint, wenn er sich entschließt, ein solches Mittel zu verordnen, und dass er Nutzen und Risiko gewissenhaft gegeneinander abwägt.

Moderne Ärzte lernen während ihrer Studienzeit, bedingt durch den Einfluss der Vertreter der großen Pharmakonzerne, kaum noch etwas anderes, als den kranken Menschen mit chemischen Mitteln auf diese Art und Weise zu therapieren, die ich stark kritisiere. Die werdenden und natürlich ebenso die schon etablierten Ärzte glauben natürlich, mit dem, was sie verordnen, korrekt zu (be-)handeln. Demzufolge haben sie absolut keine Bedenken und ein ruhiges Gewissen. Sie sind davon überzeugt, für ihre erkrankten Patienten genau das Richtige zu tun. So kann man ihnen generell zunächst keine Fahrlässigkeit vorwerfen.

Die Erfahrungsheilkunde verdient einen Aufschwung. Nur Naturmediziner und Heilpraktiker wenden sie noch voller Überzeugung und Vertrauen an. Damit die Schulmediziner nicht ins Grübeln kommen oder gar „aufwachen", suggerieren die Pharmaverkäufer ihnen tagtäglich, wie bedrohlich es für die Erkrankten enden kann, wenn die Symptome nicht in der von ihnen vorgeschriebenen, massiven Form unterdrückt werden. Und so mancher Arzt weiß es somit nicht besser und will seinen Patienten helfen und sie *natürlich* vor Schlimmerem bewahren. Von den fatalen Folgen, die auftreten können, wenn diese Mittel – allzu oft auch noch völlig unnötig – eingesetzt werden, redet kaum jemand, zumindest nicht ehrlich. Die möglichen und zu befürchtenden Nebenwirkungen werden oft phrasenhaft heruntergespielt und mit einer für mich geradezu erstaunlichen Lässigkeit in Kauf genommen.

Da das *Geschäft mit der Angst,* besonders im Bereich Medizin und Gesundheit, hervorragend funktioniert, ist beispielsweise auch die vorgeschobene Sorge in Bezug auf zu hohes Cholesterin auf sehr fruchtbaren Boden gefallen. Unbestreitbar ein Milliardengeschäft für die Pharmafirmen, die diese Mittel produzieren, und nicht zuletzt für die Margarineindustrie!

In den letzten Jahrzehnten sind die Normwerte für Cholesterin und Blutdruck – im Vergleich zu früheren Normwerten – beachtlich nach unten gesenkt worden. Dieser Schritt wurde meines Erachtens (medizinische Insider stimmen mir da voll zu) mit Überlegung getan. Leider eine Maßnahme, die sich nicht gerade zu unserem Besten entpuppte. Eher wohl ein Ausdruck von Gier und Profitdenken! So sind heutzutage, natürlich durch Laboruntersuchungen bewiesen, fast alle Menschen ab einem gewissen Lebensalter aufgrund ihrer *eindeutig* „erhöhten Werte" krank und behandlungsbedürftig. Eine Manipulation ohnegleichen!

Wenn Ihr Cholesterin im Alter von 50 Jahren etwa bei 250 liegt, dann haben Sie einen völlig normalen Wert. Cholesterin wird für viele Zellfunktionen benötigt, und durch eine *unnötige* Cholesterinsenkung wird oft der gesamte Stoffwechsel gestört.

Unsere Körperintelligenz, die meist völlig unterschätzt wird, verfügt erfreulicherweise über ein grandioses und sehr ausgeklügeltes Funktions- und Reparationssystem. Diese Weisheit übersteigt alles, was wir bis zum heutigen Tage darüber herausfinden und erforschen konnten. So werden beispielsweise Miniverletzungen im Gefäßsystem durch Cholesterin wieder repariert. Auch aus dieser Sicht betrachtet, wäre es Unsinn und letztendlich *unproduktiv,* das Cholesterin zu senken, wenn es nicht tatsächlich *enorm* erhöht ist.

Mittlerweile gibt es auch Forschungsergebnisse, die belegen, dass Cholesterinwerte von 250 oder 260 für bestimmte Menschen geradezu ideal sein können. Spürbare Beschwerden kommen ohnehin eher von einem zu niedrigen Cholesterinspiegel.

Falls Sie dieses Thema näher interessiert, lesen Sie dazu das Buch „Die Cholesterin-Lüge" von Prof. Dr. med. Walter Hartenbach, was ich unter anderem als Quelle benutzt habe. Es trägt den vielsagenden Untertitel *„Das Märchen vom bösen Cholesterin",* erschienen als Herbig Gesundheitsratgeber.

Was er darin schreibt, ist sehr einleuchtend und äußerst aufschlussreich. Sein Buch hat ihm, was nicht anders zu erwarten war, allerdings leider heftigste Kritik in Fach- und besonders Kollegenkreisen eingebracht. Wahrscheinlich sind unter den verärgerten Kritikern genau diejenigen zu finden, die um jeden Preis verhindern wollen, diese Wahrheiten ans Tageslicht kommen zu lassen. Bei Prof. Dr. med. Hartenbach handelt es sich um einen klassischen Schulmediziner, dem es aber ganz offensichtlich nicht länger behagte, Patienten *unnötig* mit Chemie zu behandeln. Scheinbar hatte er den edlen Wunsch, nicht nur der Ärzteschaft, sondern auch der Allgemeinheit sein profundes Wissen mitzuteilen. Gut so! Freuen wir uns über diese integren Ärzte, die es als ihre Aufgabe sehen, die Medizinbranche wieder durchschaubarer und vor allem ehrlicher werden zu lassen.

Ein vergleichbarer Unsinn wie mit dem Cholesterin geschieht bei der Behandlung des Bluthochdrucks. Ich will nur kurz darauf eingehen, da ich hier keinesfalls einen medizinischen Ratgeber schreiben will. Mit den Erläuterungen in diesem Kapitel möchte ich Ihnen ein für alle Mal das Gefühl nehmen, besonders im Bereich Medizin und Gesundheit *machtlos* zu sein. Bleiben Sie achtsam, falls Sie daran denken, die Verantwortung für Ihre Gesundheit in die Hände anderer zu legen, selbst wenn es sich um Ärzte handelt, die von sich und ihrem Können restlos überzeugt sind.

Medizinischen Insidern ist sonnenklar, welche Ziele die Pharmaindustrie und ihre „verlängerten Arme" (Forschung und Ärzte) vor etlichen Jahren im Zuge einer Herabsetzung der Norm- und Grenzwerte von Cholesterin und Blutdruckwerten im Schilde führten. Das amerikanische Gesundheitssystem, das uns in vielen Bereichen bekanntlich als Vorbild dient, war darin zunächst federführend, und andere Nationen passten sich sehr bereitwillig diesen Vorgaben an. Deutlich niedrigere Cholesterin- und Blutdruckwerte, so informiert und überzeugt man die Betroffenen, seien erstrebenswert, weil dadurch das Leben wahrscheinlich entscheidend verlängert werden könnte. Durch die neue Generation von blutdrucksenkenden Mitteln sollte – besonders bei Menschen ab der Lebensmitte – ein konstanter Blutdruckwert von etwa 120/80 erreicht werden. Als Hauptgewinn dieser Blutdrucksenkung sah und sieht man beispielsweise die Schonung von Blutgefäßen, also des Herz-Kreislauf-Systems, und der Nieren. Nicht zuletzt verspricht man sich durch diese Drosselung eine Verhinderung und Verminderung von Schlaganfällen. Grundsätzlich sind diese Thesen nicht von der Hand zu weisen, und zunächst schien das auch gar keine schlechte Maßnahme zu sein. Leider war es eine Falle.

In der Hitliste der Medikamente rückten die Betablocker und andere Blutdruckmittel stark nach oben. Und so wurde infolgedessen bald auf der ganzen Welt fleißig der Blutdruck gesenkt. Mit viel Profit!

Von den zum Teil gravierenden Nebenwirkungen, die nach längeren Behandlungsintervallen heute deutlich nachweisbar sind, wurde und wird wie gewohnt nicht gesprochen, denn die herkömmliche Schulmedizin beschränkt sich weitestgehend darauf, Symptome zu unterdrücken. Neues Symptom – nächstes Medikament! Die Ursache, die hinter den Leiden steckt, wird kaum beachtet und leider schon gar nicht beseitigt.

Die heute zur Senkung eingesetzten Pharmapräparate, wie zum Beispiel Betablocker, drosseln zwar die Pumpkraft des Herzens, heilen oder besiegen aber keineswegs zufriedenstellend die Wandspannung der Gefäße, also die Hauptursache einer Bluthochdruckerkrankung! Ganz im Gegenteil: Durch die dauerhafte Drosselung werden die Blutgefäße starrer und können sich somit weniger auf eine Belastung einstellen.

Ich will durch meine Ausführungen ganz bestimmt *niemand davon abhalten,* bei einem lebensgefährlich erhöhten Blutdruck oder extrem hohen Cholesterinwert die vom Arzt verordneten Senker einzunehmen! Hier sind die üblichen Nebenwirkungen im Vergleich zu der permanenten Bedrohung des Organismus und seinen Funktionen wohl das kleinere Übel.

Total *ver-rückt* erscheint Naturärzten, Heilpraktikern und auch mir nur, dass heutzutage ein Mensch im Alter von 40 oder 50 Jahren mit einem Blutdruck von 135/90 schon als Hypertoniker abgestempelt wird und somit als behandlungsbedürftig gilt. Ebenso mit Cholesterinwerten von gerade mal 200.

Ich denke, man sollte als mündiger Patient und im Eigeninteresse den Beipackzettel solcher „Heilmittel" nicht einfach übersehen und auf jeden Fall ausführlich über Nutzen und Risiko nachdenken und mit seinem Arzt oder Apotheker sprechen, bevor sie *dauerhaft* geschluckt werden. Vorher gibt es noch viele andere Möglichkeiten und Heilungswege, die sicherlich in Betracht zu ziehen sind.

Über *eine* der folgenschweren *Nebenwirkungen* sollten Sie sich auf jeden Fall klar werden:

Haben Sie einmal damit angefangen, blutdruck- oder cholesterinsenkende Mittel einzunehmen, bleiben Sie in der Regel Dauerpatient für den Rest Ihres Lebens. Oder vielleicht sollte ich besser sagen: für die Pharmaindustrie und auch die behandelnden Ärzte ohne Zweifel *eine unversiegbare Einnahmequelle.*

Viele natürliche und pflanzliche Mittel können einen *leichten bis mittleren* Bluthochdruck sehr effektiv senken. Fragen Sie Ihren Arzt oder Heilpraktiker danach! Vielfach hilft eine einfache Magnesiumgabe von 200 mg am Tag (Prof. Dr. med. Hartenbach), die proteinogene Aminosäure L-Arginin oder ein effektiv zusammengesetzter Mineralstoffkomplex. Omega-3-Fettsäuren (Fischöl) bewirken eine *nachgewiesene* Verlängerung der Blutungszeit. Was bedeutet, das Blut wird dünnflüssiger und kann mit einer viel größeren Leichtigkeit das (geschädigte?) Gefäßsystem passieren. Die Thrombozytenaggregation, eine Zusammenballung der Blutplättchen, wird verringert. Eine nutzbringende Maßnahme, wenn es darum geht, die – besonders im Alter – stets gefürchtete Entstehung von Thrombosen, (Lungen-)Embolien und Schlaganfällen zu verhindern.

Auch etwas höher dosiertes Johanniskraut (800–1000 mg täglich) kann sich bei einem Stressbluthochdruck positiv auswirken. Äußerst hilfreich und heilsam ist zudem zweifellos eine ausgewogene Ernährung. Auf stark erhitzte (tierische) Fette und Fastfood sollte weitestgehend verzichtet werden. (Siehe auch Kapitel „Lasst eure Lebensmittel eure Heilmittel sein".)

Suchen Sie sich als Betroffener eine für Sie geeignete sportliche Betätigung in Form eines Ausdauertrainings. Die sollte Ihnen natürlich Spaß machen und Sie hinterm Ofen hervorlocken können. In Betracht zu ziehen wären beispielsweise Schwimmen, Radfahren, Walken oder Joggen.

Eine Reduzierung des Übergewichtes reicht in den meisten Fällen schon aus, einen erhöhten Blutdruck wieder in normale Bahnen gleiten zu lassen. Falls auch Sie zu Bluthochdruck neigen, vergessen Sie nicht, bedrückende Lebenssituationen in Ordnung zu bringen (Druck auszuräumen!) und ebenfalls für ausreichenden Stressabbau durch geeignete Entspannungstechniken zu sorgen. (Siehe Kapitel „Heilsame Übungen".)

Ich rate Ihnen allerdings entschieden davon ab, der gängigen Werbung im Fernsehen und in einschlägigen Zeitschriften zu glauben, mit deren Hilfe man Ihnen weismachen will, dass Sie durch den Verbrauch von Margarine Ihre Gefäße und Ihre Gesundheit schützen oder gar Ihr Cholesterin senken können. Werfen wir jetzt nur mal *ganz kurz* einen Blick auf die Vorgänge bei der gängigen Margarinezubereitung, deren Verzehr uns, im Gegensatz zu naturbelassener Butter, von den Medien ständig so angepriesen und ans Herz gelegt wird.

Bei der Herstellung von Margarine werden die dazu benötigten, extrem hitzeempfindlichen Pflanzenöle sehr stark geschädigt, was hinlänglich bekannt ist. Im Zubereitungsprozess kocht man sie *dennoch* fatalerweise über viele Stunden hinweg zusammen mit Wasserstoff und Nickelteilchen. Hierbei verändert und wandelt sich die ursprüngliche Molekularstruktur in ein gehärtetes „Trans-Fett". Während dieses Prozesses entwickeln sich regelrechte Gifte. Sie stellen die Schädlichkeit der gesättigten Fettsäuren in Fleisch und Wurst (tierisches Fett) bei weitem in den Schatten!

Dieses bei der Margarineherstellung unumgängliche Transformieren ist ausgesprochen gesundheitsschädigend, auch wenn es sich ursprünglich um pflanzliche Fette handelt. Mit der Aussage „Pflanzliche Fette dienen ihrer Gesundheit" hätte man nur dann recht, wenn sie naturbelassen und ohne Erhitzung verspeist würden. Wieder einmal wird uns nur Sand in die Augen gestreut. Als Verbraucher oder gar kranker Mensch sollte man sich sehr gut überlegen, ob man sich ein derartig *minderwertiges* Fett wirklich bedenkenlos aufs Brot schmiert oder es in den Sonntagskuchen gibt. Biochemiker drücken es so aus: *„Margarine ist nur einen Schritt vom Kunststoff entfernt!"* Guten Appetit!

Forschungsberichten zufolge besteht sogar – bei regelmäßigem Konsum von solch veränderten Trans-Fettsäuren – eine ernstzunehmende Verbindung zu einem *erhöhten* Herztodrisiko. Lassen Sie sich nicht länger erzählen, dass Margarine Ihr Herz, Ihre Gefäße und Ihre Gesundheit schützt. Diese Aussage ist meines Erachtens unverantwortlich.

Quellen: „Was die Seele essen will – die Mood Cure" von Julia Ross (Klett-Cotta-Verlag) sowie „Unsere Nahrung – unser Schicksal" von Dr. med. M. O. Bruker (Emu-Verlag).

Vielleicht haben Sie jetzt gemerkt, wie schnell wir als Verbraucher auf die aus reinem Profitdenken heraus gesteuerten Manipulationen der gängigen Werbung hereinfallen können. Hören Sie auf mit Ihrem *„blinden Vertrauen"*! Wenn für etwas extrem viel geworben werden muss, sollten Sie sofort äußerst hellhörig werden.

Suchen Sie, solange Sie kein wirklich dramatisch *„schwerer Fall"* sind, nach anderen Lösungswegen, Ihren Körper gesund zu halten. Wenn Sie interessiert sind, so finden Sie auf jeden Fall genügend informative und aufklärende Bücher. Bitten Sie jedoch auch Ihr *höheres Selbst,* Ihnen auf diesem Weg beizustehen und Ihnen die erforderlichen Informationen zukommen zu lassen. Wundern Sie sich nicht, wenn das dann sehr schnell geschieht. Immerhin sind Sie jetzt beim Lesen dieser Zeilen schon auf dem Weg dorthin.

Kehren wir zurück zur Medizin und ihren Schieflagen. Fragen Sie heutzutage Ihre behandelnden Ärzte oder Ihren Apotheker nach Heilmitteln, dann werden Sie in der Regel und sehr wahrscheinlich mit *Anti*phlogistika, *Anti*diabetika, *Anti*biotika, *Anti*rheumatika – kurz, mit allem, was „anti" (also gegen etwas) ist – konfrontiert. Die medizinischen Vorreiter aus der Vergangenheit (Paracelsus oder Hippokrates) hatten diesbezüglich noch eine ganz andere und gesündere Denkweise. Ihre Heilmittel waren nicht *gegen*, sondern *für* die Gesundheit und das Leben. Natürlich macht auch die Medizin ihre Fortschritte, trotzdem sollte dabei *das Wesentliche* der Heilkunde nicht immer weiter in den Hintergrund gedrängt werden oder gar in totale

Vergessenheit geraten! Eine für kranke Menschen individuell abgestimmte Kombination von moderner Medizin und alter Heilkunst könnte meiner Meinung nach zu einer guten Lösung führen, wenn es um die Wiederherstellung der Gesundheit geht.

Mir liegt nichts ferner, als mit meinen Ausführungen die allgemeine medizinische Versorgung im Grundsatz zu zerreißen, denn dann würde ich auch all jene mit meiner Kritik treffen, die sie wirklich nicht verdient haben und in ihrem Beruf Großartiges leisten. Und doch gehört gerade der Bereich Medizin mehr denn je zur „Gefahrenzone", wenn es um die leidigen Themen Manipulation und Machtlosigkeit geht. Schwarze Schafe gibt es halt überall, in der Medizin genauso wie in anderen Berufen.

Ich bin dankbar, in meinem Umfeld sehr gute Ärzte und wirklich hervorragende Diagnostiker zu kennen. Sie besitzen mein Vertrauen, besonders deshalb, weil sie mich und meine Wünsche sowie meine eigenen Ideen respektieren. Sicher fühlten sich diese Doktoren noch dazu berufen, mit Leib und Seele Mediziner zu werden und zu bleiben. Leider trifft man heutzutage immer häufiger angehende Mediziner, die den Weg zum medizinischen Beruf aus total anderen Gründen einschlagen. Vielleicht, weil der Vater auch Arzt ist und sein Kind als Nachfolger in seiner Praxis sehen will. Weiterhin erfüllte in der Vergangenheit ein guter Numerus clausus scheinbar alle Voraussetzungen. Man hielt diese intelligenten Jugendlichen für höchst prädestiniert, ein Medizinstudium zu absolvieren. Doch was nutzt eine Superintelligenz, wenn die Liebe zum Beruf und für die kranken Menschen (soziale Kompetenz) nicht in aller Ernsthaftigkeit vorhanden ist?

Die meisten Ärzte sind heutzutage zudem restlos überfordert. Besonders aus dem Grund, weil sie sich mehr um Verwaltung, statt um Behandlung kümmern müssen. Dadurch geht wichtige Zeit verloren, die ansonsten dem Patienten zur Verfügung gestellt werden könnte. Außerdem ist die heutige Medizin sehr gefangen in der schnellen Symptombeseitigung. Was stört, wird herausgeschnitten; was schmerzt, wird rasch betäubt. Sicherlich kennen Sie den Vergleich mit der Ölkontrolllampe im Auto. Er hat schon einen „Bart", bietet sich aber dennoch immer wieder als gutes Beispiel an. Sie würden Ihrem Werkstattmeister den Krieg erklären, wenn er Ihnen Ihren geliebten Wagen wieder aushändigte mit den Worten: „Ich habe den Fehler gefunden und das rot aufleuchtende Birnchen der Ölkontrolllampe herausgedreht. Somit können Sie nun wieder bedenkenlos Ihre Fahrt fortsetzen." Genauso machen es viele Ärzte und Menschen mit dem Körper. Da *muss* sich der Gedanke aufdrängen, ob dieser weniger Achtung verdient hat als das allseits geliebte Auto? Wie lange wird es noch dauern, bis alle Mediziner erkennen, dass nur ganzheitliche Behandlungen letztendlich zum Heilerfolg führen können? Wir sind nun einmal keine Maschinen, bei denen einfach defekte Teile ersetzt werden.

Früher, auch noch vor 50 Jahren, sahen die Ärzte den Menschen als Einheit von Körper, Seele und Geist. Sie dachten noch ganzheitlich und stellten Fragen wie: „Was fehlt Ihnen? Wie kann ich Ihnen helfen?" Heute sind wir als kranker Mensch im Krankenhaus nur noch die „Galle" von Zimmer 7 oder die „Gebärmutter" von Zimmer 221. Die Fachspezialisten schießen im Medizinbereich wie Pilze aus der Erde. Als Patienten werden wir dann beispielsweise reduziert auf unseren Magen, die Verdauungsorgane, ein Kniegelenk, das Herz oder die Nieren.

Was uns im Leben tatsächlich beispielsweise auf die Nieren schlägt, interessiert kaum jemand. Der Mensch wird in einzelne Teile „zerlegt", und es wird nicht mehr der erkrankte Patient, sondern einfach nur das erkrankte Organ oder ein Teil des Körpers behandelt. Jetzt weiß aber oft der Urologe nicht, was der Kardiologe schon in Gang gesetzt hat, und so kommt es auch bei der Medikation nicht selten für die ohnehin irritierten Patienten zu einem heillosen Durcheinander. Sie werden von hier nach dort überwiesen, sozusagen zur *Teilinspektion*.

Gelobt und gepriesen sei da das Modell des guten (alten) Hausarztes, der noch viel von einem wusste und auch heute noch weiß!

Gegner des herrschenden Spezialistentums haben wohl mit böser Zunge den Spruch geprägt:

Ein Spezialist ist jemand,
der von immer mehr
immer weniger weiß,
bis er schließlich
von fast nichts alles weiß.

Trachten Sie immer danach, ein offenes Gespräch mit Ihrem Arzt zu führen, denn schließlich geht es um *Sie* und *Ihre* Gesundheit. Ist er dazu nicht bereit, so drehen Sie sich auf dem Absatz um und wechseln den Arzt. Suchen Sie sich einen ausgeglichenen und besonnenen Menschen. Einen Therapeuten, der mit seinem Beruf noch einer Berufung gefolgt und nicht in erster Linie Geschäftsmann ist. Sie merken das sofort, weil er Zeit und Verständnis für Sie hat, liebevoll und achtsam mit Ihnen umgeht und – weil rücksichtsvoll – Ihnen keine niederschmetternden Diagnosen um die Ohren schlägt. Einen Arzt, der nicht gleich einen Rezeptblock zückt, noch bevor Sie die Fakten Ihres Krankheitszustandes *vollständig* geschildert haben.

„Die Würde des Menschen ist unantastbar." So steht es in Artikel 1, Absatz 1 des Grundgesetzes als Forderung und Ermahnung. Mit dieser prinzipiellen Aussage im Hinterkopf halte ich es unter anderem für eine ziemliche Unsitte, wenn beispielsweise der Patient von einer Arzthelferin dazu aufgefordert wird, sich schon mal bis auf die Unterhose auszuziehen, bevor das Erstgespräch mit dem Arzt stattgefunden hat. Der Patient wird genötigt, in einem solchen Fall geduldig abzuwarten, um sich dann schlussendlich sozusagen nackt mit dem Arzt zu unterhalten.

Viele Ärzte sind wohl aus Gründen der Zeitersparnis zu dieser Regelung übergegangen. Wie beschämend, ja unverschämt und würdelos für den Patienten, völlig unbekleidet und „schutzlos" unter solchen Umständen ein effektives Gespräch mit seinem behandelnden Arzt zu führen! Hier stelle ich mir die Frage, wie derart grobe Herabwürdigungen mit Heilungsmaßnahmen vereinbar sind?!

Meine grundsätzliche Empfehlung: Seien oder werden Sie ein mündiger Patient! Wenn Sie etwas nicht wollen, was ein Arzt Ihnen vorschlägt oder mit Ihnen vorhat, dann sollten Sie das ganz klar und unmissverständlich zum Ausdruck bringen.

Ich weiß, dann kommt unter Umständen folgende Antwort: „Wenn Sie nicht tun, was ich Ihnen rate, dann kann ich als Arzt natürlich keine Verantwortung übernehmen!" Ich selbst habe solche Nötigungen schon mehrfach erleben dürfen, und ich empfand sie als ein äußerst unangenehmes Druckmittel, das mich schlussendlich wohl gefügig machen sollte. Ich will auch hier die gute Absicht eines Arztes nicht leugnen. Allerdings handelt es sich ohne Zweifel wieder um die *falsche Wortwahl!*

Gesetzt den Fall, Sie tun alles, was Ihr Arzt Ihnen vorschlägt. Wenn dann im Verlauf der Behandlung etwas schiefläuft und es zu einer medizinischen Panne kommt, dann dürfen Sie aller Wahrscheinlichkeit nach erkennen, wie weit es letztendlich wirklich her ist mit dieser Verantwortungsübernahme!

Falls Sie eine Diagnose bekommen, die Ihnen sehr zu schaffen macht und die höchstwahrscheinlich größere Maßnahmen nach sich zieht, dann sollten Sie auf jeden Fall einen zweiten Mediziner zu Rate ziehen. Ich habe in letzter Zeit in meinem Umfeld mehrmals erleben dürfen, wie Ärzte *völlig* voneinander abweichende Diagnosen stellten.

Dazu ein belegbares Beispiel:

Ein Arzt diagnostizierte bei einer jungen Patientin multiple Sklerose, ein zweiter zu Rate gezogener Therapeut erkannte jedoch, dass es sich um einen verschleppten Zeckenbiss, in diesem Fall um Borreliose handelte. Ärzte sind eben auch nur Menschen und keine Götter. Brechen Sie mit der Erwartungshaltung, Ihr Leiden einfach bei einem sogenannten Halbgott in Weiß abgeben zu können in der Hoffnung, alles wird möglichst schnell und ohne Komplikationen gerichtet!

Ebenso können Behandlungsvorschläge oft gravierend voneinander abweichen, und als Kranker sollte man sich im eigenen Interesse ausreichend informieren. Wenn Sie letztendlich zwei gleiche Meinungen haben, fällt es Ihnen mit Sicherheit leichter, den Vorschlägen der Mediziner Folge zu leisten. Vergessen Sie nicht: Es gibt auch heute noch immer alternative Methoden, um Ihre Krankheit zu heilen. Werden Sie sich klar darüber, was Sie als Mensch wirklich wollen. Möchten Sie eine, in der Tat oft schnell wirkende, symptomatische Behandlung oder möchten Sie den etwas mühsameren Weg zu einer Ihr ganzes Sein umfassenden Heilung einschlagen?

In akuten Krankheitssituationen geht es manchmal wirklich nicht anders, als zunächst das Symptom zu bekämpfen, allerdings wirklich nur manchmal. In den meisten Fällen gibt es sehr beachtliche und effektive Wege zur Heilung auf dem Gebiet der alternativen Medizin.

Dazu wieder ein Beispiel:

Ein Mensch hat Schmerzen in der Muskulatur und/oder in seinen Gelenken. Verzweifelt sucht er einen Arzt seines Vertrauens auf. Dieser stellt dann die Diagnose Rheuma und verordnet ihm ein schmerzstillendes (Anti-) Rheumamittel. Nun hat dieser Mensch zunächst mal eine Diagnose und kann – wenn er nach anderen Heilungsmöglichkeiten sucht – zusätzlich noch einen Arzt für Naturheilverfahren oder einen Heilpraktiker kontaktieren. Diese andersdenkenden Therapeuten bemühen sich, der eigentlichen Krankheitsursache auf den Grund zu gehen. Sie versuchen zum

Beispiel durch geeignete Testverfahren herauszufinden, wo Störungen oder Krankheitsherde im Körper versteckt sind. Hinter einer Erkrankung aus dem rheumatischen Formenkreis können sich beispielsweise eine stark ausgeprägte Parodontitis (Zahnfleischentzündung), die Vereiterung eines Zahns oder ein anderer – meist entzündlicher – Krankheitsherd im Körper als Ursache verbergen. Auch ein von häufigen Antibiotika-Gaben, anderen Medikamenten und/oder langandauernder denaturierter Ernährung strapazierter und geschädigter Darm kann die Stoffwechselstörung Rheuma verursachen.

In einem solchen Fall wären dann sowohl eine Sanierung der Zähne und/oder ein Darmaufbau sowie eine Ernährungsumstellung genau die hilfreichen Maßnahmen, die für Betroffene relativ schnell einen durchschlagenden Therapieerfolg bringen könnten. Ein guter Vorschlag, der rasch zum gewünschten Ergebnis führen kann, ist ebenso eine Ausleitungstherapie. Sie kann die Vergiftung des Gewebes und der Muskulatur beheben. Nicht zuletzt kann eine Darmsanierung auch einem psychisch kranken Menschen wieder auf die Füße helfen. Oft verschwinden selbst Depressionen, vergleichbar mit Eis, das in der Sonne schmilzt, nach einer fachgerechten Darmsanierung.

Ein derart therapierter Mensch kann sich glücklich schätzen, denn er erfährt eine Behandlung, durch die er immerhin die *Chance* hat, wieder völlig gesund zu werden. Außerdem erspart er sich bei der alternativen Behandlung die gravierenden Nebenwirkungen eines Rheuma- oder Schmerzmittels. Neben alledem hat dieser Mensch noch die Möglichkeit, sich zwischenzeitlich mit der tieferen Bedeutung seiner körperlichen Leiden auseinanderzusetzen und dabei herauszufinden, was diese gesundheitliche Plage ihm letztendlich mitteilen will. Vielleicht steckt der betroffene Mensch in einer festgefahrenen Situation, ist „eingerostet" und starrsinnig. Möglicherweise liegt auch eine Blockierung im Bereich des seelisch-geistigen Fortschrittes vor, oder Aggressionen haben sich in den Körper verlagert. Oder … oder … und …

Ein Erkrankter hat die gute Chance, eine vorliegende innere Starre oder Unbeweglichkeit klar zu erkennen, zu heilen und dadurch sein Leiden zu verlieren und sein ganz spezielles Leben wieder in Fluss zu bringen. Geben Sie sich also niemals einfach zufrieden mit einer lapidaren Diagnose und – wenn irgendwie ein Weg daran vorbeiführen kann – schon gar nicht mit einer *nebenwirkungsreichen Behandlung,* ehe Sie nicht nach sinnvolleren Heilmethoden für Ihre Erkrankung Ausschau gehalten haben. Für jeden von uns besteht *immer* die Möglichkeit einer kompletten Heilung, und deshalb lohnt es sich stets, nach anderen Wegen zu suchen.

Eine Ausnahme, aber wirklich nur eine Ausnahme, die sehr selten vorkommen sollte, könnte sein, wenn zum Beispiel ein Redner kurz vor seinem Vortrag an Kopfschmerzen leidet und aus der Not heraus schnell das *Symptom* mit einer Schmerztablette bekämpft.

Kurioserweise steht auf dem Beipackzettel von einem sehr bekannten und von ahnungslosen Verbrauchern tonnenweise gekauften Kopfschmerzmittel:

„Bei längerem, nicht bestimmungsmäßigem Gebrauch von Kopfschmerzmitteln können Kopfschmerzen auftreten, die nicht durch erhöhte Dosen des Arzneimittels behandelt werden dürfen." Einen solchen Unsinn lesen wir, ohne uns scheinbar darüber aufzuregen – oder besser: endgültig die Konsequenzen zu ziehen.

Jede Krankheit, selbst die, die im Allgemeinen als *unheilbar* bezeichnet wird, ist auf diesem Erdball schon einmal geheilt worden. Ich habe im Verlaufe meiner Ausbildung einmal den Satz gehört: „Es gibt keine unheilbaren Krankheiten, es gibt nur unheilbare Menschen", und ich halte ihn für korrekt. Außerdem gibt es immer wieder sogenannte Wunder. Der Mensch sollte allerdings bereit sein, sie anzunehmen.

Vorsorge oder Krankheitsverhinderungsversuche

Mit hocherhobenem Zeigefinger und Nachdruck werden uns sowohl von der Medizinbranche als auch von den Krankenkassen und Medien Vorsorgeuntersuchungen angepriesen. Ein „heißes" und schwerwiegendes Thema, das ich im Rahmen dieses Buches nur in Kurzform behandeln kann.

Beispiel:
Jeder erwachsenen Frau flattert heutzutage jährlich die Aufforderung zum Brust-Screening ins Haus. Ich gehe einmal geschätzt davon aus, sicherlich 90 % der angeschriebenen Frauen leisten diesen Einladungen Folge. Sie denken gar nicht weiter drüber nach, nehmen ihren Termin wahr und sind der Überzeugung, in guter Form behütet und „überwacht" zu werden. Da wir ständig von allen Seiten her in Krankheitsangst versetzt werden, fühlen sich die meisten durch diese und ähnliche Maßnahmen auf der sicheren Seite. Inzwischen werden allerdings immer mehr Stimmen laut, die eine Reform auf diesem Gebiet für absolut notwendig und unerlässlich halten.

Vorsorgemaßnahmen sind besonders für jene rentabel, die sie anbieten, und sie treiben die sowieso schon unakzeptablen Kosten im Gesundheitswesen enorm in die Höhe. Was am Ende der Kette, wie wir es ja gewohnt sind, wieder jeden Einzelnen von uns in seinem Geldbeutel belastet. Ich will selbstverständlich weder Sie noch irgendeinen anderen Menschen davon abhalten zu tun, was er für richtig hält. Wenn Sie ein gutes Gefühl dabei haben, dann folgen Sie dem Aufruf. Ich rate Ihnen allerdings: Informieren Sie sich sowohl bei Befürwortern als auch bei Gegnern über Nutzen und Risiko aller Vorsorgeuntersuchungen und treffen Sie erst dann eine Entscheidung. Im fortgeschrittenen Alter, meist ab dem 50. Lebensjahr, wird jeder Frau dringend empfohlen, zur eigenen Sicherheit *jährlich* eine Röntgenuntersuchung (Mammographie) der Brust vornehmen zu lassen. Meiner Meinung nach sollten die Röntgenologen die Frauen unmissverständlich darüber aufklären, wie sehr die Entstehung eines Mammakarzinoms durch diese Methode begünstigt wird. Die Weichteile der weiblichen Brust und auch das Drüsengewebe werden bei dieser Untersuchung grob zusammengequetscht und die Zellen nicht zuletzt auch noch durch Röntgenstrahlen belastet. Diese Strahlen verflüchtigen sich *nicht* im Laufe der Zeit, wie wir es doch so gerne glauben möchten. Sie summieren sich vielmehr im Körper und können das Krebsrisiko nicht unerheblich erhöhen.

Meines Wissens werden die Menschen nirgendwo auf der Welt so viel „durchleuchtet" wie in Deutschland. Fragen Sie, bevor Sie dieser Maßnahme zukünftig zustimmen, Ihren Arzt oder Zahnarzt, ob eine (erneute) Röntgenaufnahme wirklich unerlässlich ist.

Ich musste beruflich leider häufig miterleben, dass Patienten – obwohl bei den regelmäßig durchgeführten Vorsorgeuntersuchungen *keinerlei* Anhalt für eine Zellentartung oder ernste Erkrankung bestanden hatte – trotzdem kurz darauf an einem bösartigen Tumor (bei Frauen oft in der Brust) erkrankten.

Ist nun der Tumor in solchen Fällen einfach übersehen worden, oder hat er sich in rasender Geschwindigkeit entwickelt? Natürlich werden im Rahmen dieser Vorsorgeuntersuchungen auch Tumore entdeckt. Dann heißt es natürlich: „Welch ein Glück!" Ob es wirklich ein großes Glück ist, wenn dann die aggressivsten Maßnahmen zur Bekämpfung eingesetzt werden, sei zunächst einmal dahingestellt.

Kaum jemand denkt im Rahmen der bedrohlichen Diagnose Krebs scheinbar daran: Ein sogenannter bösartiger Tumor ist immer „nur" Körperzellgewebe und kann sich oft *unerkannt* wieder abbauen. Der Organismus registriert des Öfteren Veränderungen des Zellgewebes in unserem Körper und eliminiert sie still und für uns unmerklich. Forscher wissen heute, dass das vorzugsweise dann geschehen kann, wenn das Abwehrsystem, bedingt zum Beispiel durch eine fieberhafte Erkrankung (Grippe), heftig kämpfen muss.

In der Medizin ist bekannt: Viele Tumore bilden sich wieder von selbst zurück, oft bevor sie überhaupt als bösartige Zellstruktur von einem Therapeuten entdeckt worden sind, erfreulicherweise *manchmal* sogar danach! Die wunderbare Intelligenz unseres Körpers und Abwehrsystems wird allgemein ganz einfach unterschätzt. Immerhin ist unser Körper in der Lage, alles, was er aufbauen kann, auch wieder abzubauen. Eine wissenschaftlich belegte Tatsache!

Die heutige Medizin bekämpft diese entarteten und bösartigen Zellen ohne Aufschub auf dem schnellsten Wege mit hochgiftigen Substanzen und aggressivsten Behandlungsmethoden. Anstatt das Abwehrsystem zu stärken, fährt man es mit der üblichen Chemotherapie gänzlich auf den Nullpunkt herunter. Dieses unsägliche Gift soll *im günstigsten Fall* die vom Krebs befallenen Zellen abtöten. Hinzu kommt dann, meist vor oder auch oft nach einer belastenden Operation, noch eine ungemein schwächende radioaktive Bestrahlung. Nicht jeder oft schon geschwächte Körper verträgt diese invasiven Ein- und Angriffe und gibt den heilsamen Kampf, den Organismus wieder zu reparieren, ganz einfach resigniert auf und stirbt. Eine Zelle wird im Allgemeinen durch mehrere Faktoren gestört, bevor sie entartet. So führen etwa ungesunde, den Organismus permanent übersäuernde Nahrungsmittel zu einem sehr schlechten Milieu im Körper. Wenn dieser dann noch zusätzlich belastet wird durch viele Schadstoffe oder Umweltgifte und sich ein Mensch möglicherweise in einer heftigen Lebenskrise befindet, Dauerstress hat und zusätzlich an einem Erschöpfungssyndrom leidet, dann sind einer Zellentartung Tür und Tor geöffnet.

Länger andauernde psychische Belastungen, aber auch Schockerlebnisse, wie beispielsweise der Tod eines geliebten Partners, Elternteils, Kindes oder anderen nahestehenden Menschen sowie Ehebruch und auch eine Scheidung mit Trennungsfolgen, begünstigen die Entstehung von Krebs und schweren Erkrankungen. Die Lösung eines solch starken Konfliktes kann bei Erkrankten eine spontane Heilung nach sich ziehen, die dann für den Normalmediziner eher *unerklärlich* bleibt und von ihm mit den Worten „Das gibt es halt immer wieder einmal, und wir können nicht sagen warum" kommentiert wird.

Erfreulicherweise durften schon verhältnismäßig viele Menschen solche Blitzheilungen erleben, etwa, weil sie sich neu verliebt oder ihr Leben komplett geändert hatten.

Das will ich jetzt einfach mal so stehen lassen. Denken Sie in Ruhe darüber nach und machen *Sie sich schlau!* Spontanheilungen nach Konfliktlösungen *beweisen* die starke seelische Beteiligung bei einer allgemein als *„unheilbar"* deklarierten Krebserkrankung.

Der Arzt Dr. med. Julius Hackethal (1921–1997) war davon überzeugt: Ein Großteil der Frauen, die Veränderungen in der Brust aufweisen, wird *unnötig und oft viel zu schnell* operiert. In den siebziger Jahren verließ der Arzt Hackethal die Chirurgie und wurde zu einem sehr bekannten, allerdings umstrittenen Krebsspezialisten, der – weil andersdenkend – entsprechend angefeindet wurde. Sein Buch „Auf Messers Schneide" war damals in aller

Munde. Hackethal vertrat die These, einige Krebsarten seien besser zu heilen, wenn man sie in Ruhe lasse und nicht vorschnell operiere. Aus seiner Sicht war die zu dieser Zeit kompromisslos praktizierte radikale Entfernung eines Mammakarzinoms (Brust-Totalamputation) für alle betroffenen Frauen eine *unzumutbare* Verstümmelung. Ich kann ihm da nur beistimmen! Dr. med. Julius Hackethal missbilligte die schweren Folgeschäden, körperlich wie auch seelisch. In einer Chemotherapie konnte auch er, aufgrund der enormen Aggressivität und der vielen oft erst in den Folgejahren aufgetretenen tödlichen Nebenwirkungen, keine empfehlenswerte Heilmaßnahme erkennen. Er beobachtete, wie Menschen durch die Gifte über ein erträgliches Maß hinaus belastet wurden, und lehnte sie ebenso aus dem Grunde ab, weil durch diese chemische Keule auch alle gesunden Zellen in ihrer Struktur Schaden erleiden. Hackethal plädierte für mehr Ethik bei der (Krebs-)Behandlung und auch für eine bessere Arzt-Patienten-Beziehung.

Letztendlich muss *jeder* Einzelne für sich selbst entscheiden, was er in einem solchen Krankheitsfall zu tun gedenkt. Eltern tun das für ihre Kinder. Falls Sie eine Chemotherapie für Ihr Kind jedoch ablehnen, so werden Sie heutzutage gesetzlich dazu gezwungen und notfalls wird Ihr Kind sogar mit Polizeigewalt zu der schulmedizinisch für gut befundenen Behandlung (ab-)geführt. Das zeigt überdeutlich, was aus der Freiheit und Selbstbestimmung des Menschen geworden ist!

Wie auch immer und für welche Behandlung Sie sich in einem solch schweren Krankheitsfall entscheiden würden, jede Therapie kann Risiken in sich bergen. Wenn allerdings im Rahmen der klassischen Therapie ein Erkrankter stirbt, so ist das *völlig normal* und wird nicht groß diskutiert und beachtet. Stirbt einem Arzt, der mit Naturheilmitteln die Krankheit behandelte, jedoch ein Patient, so ist das bald in aller Munde, sprich in der Presse, und er kann seinen weißen Kittel ausziehen und an den Nagel hängen. Niemand zieht in Betracht, dass diese in der Tat kranken Menschen auch dann gestorben wären, wenn man sie schulmedizinisch weiterbehandelt oder, drastisch ausgedrückt, bis zum bitteren Ende mit nutzlosen Therapien gequält hätte. Vielleicht einfach deshalb, weil es *ihre Zeit* war, diese Welt wieder zu verlassen. Wer von uns will schon genau wissen, ob es nicht der Wunsch der Seele dieser Menschen ist oder war, den Weg auf dieser Erde genau jetzt und durch diese Erkrankung zu beenden? Aus berechtigter Angst vor

Anfeindungen, Hetzkampagnen oder gar Strafverfolgung trauen sich viele Alternativmediziner erst, Krebskranke zu behandeln, wenn die Betroffenen schulmedizinisch austherapiert sind. Wenn man sie also *frei gibt* und ihr Tod für die *dann* ratlose Schulmedizin das *sichere Ende* ist!

Da die Menschen den Weg einer natürlichen Heilung in den meisten Fällen immer nur dann suchen, wenn der klassischen Medizin die Puste ausgegangen ist und sie keine weiteren Behandlungsvorschläge mehr hat, ist die Erfolgsrate auf dem Gebiet der Naturmedizin, besonders im Falle Krebs, dementsprechend gering. Und doch kann sie selbst in solch aussichtslosen Fällen sehr oft noch helfen oder sogar heilen. Auf jeden Fall halte ich alternative Methoden für geeignet, zu einer massiven Linderung der Beschwerden beizutragen und den Tod zumindest noch hinauszuzögern.

Viele an Krebs erkrankten Menschen sterben nicht an ihren Tumoren, sondern an den gravierenden Folgen und Nebenwirkungen der konservativen medizinischen Behandlung (Chemotherapie, Röntgenbestrahlung). So erkrankt zum Beispiel ein recht hoher Prozentsatz der Betroffenen ein paar Jahre nach einer Chemotherapie an akuter Leukämie.

Ich kann hier nur noch einmal raten, *nie* zu vergessen: Auch in *scheinbar* ausweglosen Situationen gibt es immer noch Alternativen, eine Krankheit zu heilen, ganz egal wie sie benannt und eingeschätzt wird! Auch wenn Sie eine Diagnose akzeptieren müssen, die schlechten und oft *absolut falschen Prognosen* sollten Sie auf jeden Fall überhören und sich auf keinen Fall verinnerlichen! Denn wenn Sie das tun, haben Sie sich selbst ein Bein gestellt!

Auf alle Fälle gibt es beachtliche Möglichkeiten, einen derart schwerwiegend erkrankten Menschen würdevoll in seinem ureigensten Heilungsprozess zu unterstützen. Wenn ein Tumor *bekämpft* wird, wie es in der heutigen Medizin heißt, dann steht er im Mittelpunkt, wird eher stärker statt schwächer. Die innere, sehr intelligente, stets auf Heilung bedachte Ordnung im Organismus wird durch die heutzutage gängigen medizinischen Gewaltbehandlungen oft dermaßen gestört, dass genau das Gegenteil von dem passiert, was Arzt und Patient erreichen wollen.

Die Forscher der Psychoneuroimmunologie geben uns diesbezüglich überaus frappierende Hinweise. Die Vertreter dieser medizinischen Fachrichtung regen den Patienten an, mit inneren Bildern zu arbeiten, kranke Zellen in der Vorstellung mit gesunden zu ersetzen. Diese Methoden können einen

Menschen sehr effektiv, selbst bei einer *scheinbar* unumgänglich gewordenen Chemotherapie, begleiten und unterstützen.

Stellen Sie sich im Bedarfsfalle beispielsweise Ihre Abwehrzellen als aktive, lustige Smileys vor, die sehr hungrig sind und ganz wild darauf, Viren, Bakterien oder gar entartete Zellen aufzufressen. So begierig, bis sie dicke Bäuche haben. Alles Ungute ist verspeist!

Der menschliche Organismus ist ein fühlendes Wesen. Der Beweis: Wenn zum Beispiel Menschen bei einer Operation beziehungsweise einer Narkose durch die „heilenden Hände" eines seriösen Therapeuten und wohlklingende Musik unterstützt werden, wird eine auffällig geringere Dosis an Narkosemitteln benötigt. Selbst Wund- und Knochenheilung werden durch diese Methoden stark gefördert. Zumindest behaupten das die Psychoneuroimmunologen, und ich kann es ihnen glauben! Vor allem, weil ich selbst nicht nur einmal in meinem Leben erfahren durfte, wie sehr geistige Bilder und entsprechende Methoden eine Heilung beschleunigen können. Demzufolge könnte ein „therapeutisches Berühren" in Verbindung mit Hightechmedizin eine durchaus erstrebenswerte Lösung für die Zukunft sein.

Die gängige Schulmedizin ist sehr reich an technischen Errungenschaften, allerdings beängstigend arm an aufrichtigem Verständnis und Einfühlsamkeit, wenn es um die tiefer greifende Heilung eines Menschen geht. Hoffen wir auf eine Wende!

Eine weitere gute Methode, der auf jeden Fall Beachtung geschenkt werden sollte, ist der stetig wachsende Zweig der orthomolekularen Medizin. Natürlich hat auch diese Behandlungsmethode ihre Grenzen. Ob letztendlich die Behandlung einer (Krebs-)Erkrankung ohne oder mit Chemotherapie erfolgt: Es gibt – zur Unterstützung des Regenerationsprozesses – besonders auf dem Gebiet der orthomolekularen Medizin beachtenswerte und ganz ausgezeichnete Heilsubstanzen. Diese sind durchaus in der Lage, den Körper enorm zu kräftigen und den Stoffwechsel der Zelle sehr positiv zu beeinflussen. Weiterhin kann die Zellheilung beschleunigt werden, die erkrankte Zelle wird revitalisiert und ein desolates Abwehrsystem wieder gestärkt.

Bedenken Sie immer, egal um welche Erkrankung es sich handelt: Mit „Gift" können Sie zwar so manches unterdrücken, sogar abtöten. Mit der ursprünglichen Idee, den Menschen wieder heil zu machen, hat das jedoch wirklich rein gar nichts zu tun. Durch den Einsatz der pharmakologischen Präparate werden in erster Linie Symptome übertüncht.

Nehmen wir in diesem Zusammenhang auch noch die Antibiotika-Therapie unter die Lupe. Viele Ärzte sind erfreulicherweise mittlerweile äußerst zurückhaltend mit der Verordnung dieses Mittels. Menschen, die zu oft damit behandelt werden, sprechen früher oder später nicht mehr darauf an. Die Bakterien mutieren, werden stärker und es entsteht eine Resistenz. In einem wirklichen Notfall sind diese Menschen dann komplett aufgeschmissen. Allzu lange Zeit ist man recht sorglos und freizügig mit dem Einsatz von Antibiotika umgegangen. Das Wort „Antibiotika" (= *„gegen das Leben")* ist schon entsprechend schizophren und eine Zumutung für jeden, der ein solches Mittel nehmen muss.

Des Weiteren weist kaum ein Arzt seine Patienten darauf hin, dass sie nach einer Einnahme unbedingt die von diesem Mittel zerstörte Darmflora wieder aufbauen müssen. Von alleine und ohne jedes Zutun geschieht das nämlich nicht! Denn leider werden nicht nur die kranken Keime abgetötet, sondern auch jene, die für eine gute Funktion des Abwehrsystems unerlässlich sind. Auch hier werden die Folgeerkrankungen vom Laien nicht unbedingt mit der Einnahme eines solchen Mittels in Verbindung gebracht. (Beipackzettel lesen!) Der größte Teil des Immunsystems ist nun einmal der Darm, und er ist nur gesund und funktionsfähig, wenn er gepflegt wird und seine natürliche Besiedelung von Keimen hat. Versuchen Sie in Zukunft besser nie wieder, eine einfache Erkältung mit einer solchen Hauruckbehandlung, also mit Antibiotika, zu kurieren. Gegen Grippeviren ist dieses Mittel ohnehin machtlos. Wenn Ihr Arzt Ihnen die *absolute Notwendigkeit* nicht klar darlegen kann, dann verzichten Sie lieber darauf. Bevor Sie allerdings an einer Lungenentzündung sterben, sollten Sie es nicht weiter verachten und nach der Einnahme das *Notwendige* tun. Bauen Sie Ihre, mit Sicherheit geschädigte, Darmflora durch die Einnahme eines geeigneten, *hochwertigen* Probiotikums wieder auf! Was die optimale Keimbesiedelung des Darmes angeht, so bietet sowohl die Naturheilkunde als auch die orthomolekulare Medizin (aus dem Griechischen übersetzt „gute Moleküle") sehr geeignete Präparate an.

Falls Sie einen Herzschrittmacher brauchen, lassen Sie sich versichern, dass er kein Plutonium enthält. Wird ein neues Hüftgelenk unbedingt nötig, informieren Sie sich ausreichend über Material und Herkunft der Prothese. In der Zeit, während ich an diesem Buch schreibe, rief mich ein Patient an und erzählte mir folgende bedauerliche Story: Seine Frau wurde vor ein paar Jahren an der Hüfte operiert. Nach der Entlassung hatte sie sehr starke Schmerzen, suchte nochmals den Arzt (Chirurgen) auf und musste sich einer erneuten schwierigen Operation unterziehen. Das erst vor kurzer Zeit eingesetzte Implantat wurde ausgetauscht. Nun, Jahre später, erhielt sie einen Einschreibebrief mit der dringenden Aufforderung, sich sofort in medizinische Behandlung zu begeben. Man teilte ihr mit, dass ihr Hüftgelenksimplantat Chrom und Kobalt enthalten würde, was sich im ganzen Körper, Blut und besonders Gehirn ablagert und schwerste Schäden verursacht. Bei dieser Frau kam die Nachricht jedoch etwas zu spät, sie wird inzwischen schon wegen Alzheimer behandelt. Ich zitiere einen Satz aus dem mir vorliegenden Anschreiben der behandelnden Klinik, wohlgemerkt mit Genehmigung der geschädigten Person:

„Sollten bei Ihnen – vielleicht sogar unbemerkt – Probleme mit dem Implantat bestehen, kann es sein, dass Ihre Muskeln, Knochen und Nerven durch die Metallionen stark geschädigt werden und/oder es zu einem Ausrenken der Hüfte oder gar einem Knochenbruch kommt."

Nicht nur das Blut ist also verseucht, diese Frau hat insgesamt sehr schlechte Perspektiven, wenn es um die ersehnte Wiederherstellung ihrer Gesundheit geht.

Was Sie auch tun, seien Sie stets wachsam und vorsichtig, und lassen Sie sich jede Maßnahme und ihre Risiken hinreichend erklären.

Jeder von uns, der eine mehr oder weniger ernsthafte Erkrankung durchleiden muss, sollte seine eigene Entscheidung treffen, eine Entscheidung, mit der das Wohlgefühl verbunden ist, damit auf dem richtigen Weg zu sein. Während ich das alles schreibe, fällt mir noch vieles ein, was sicher auch erwähnenswert wäre, doch ich würde mich zu weit vom eigentlichen Thema des Buches entfernen.

Auch über den Raubzug durch die Portemonnaies der Patienten könnte Erschreckendes geschrieben werden. Beklagenswerterweise wird immer mehr Zuzahlung für eine annehmbare medizinische Leistung verlangt. Die Diskussionen über die Kostenexplosion auf dem Gesundheitssektor laufen auf so ziemlich allen Fernsehkanälen, und ich will Sie nicht auch noch *damit* beunruhigen. Ich kann dazu nur bemerken: der arme Patient! Alles, was letztendlich wirklich hilfreich ist, darf er aus eigener Tasche bezahlen!

Seien Sie also hellwach und handeln Sie auch auf dem Gebiet Krankheit und Medizin sehr bedacht und vor allem eigenverantwortlich. Lassen Sie sich zu rein gar nichts drängen. Sie sollten nie das schreckliche Gefühl entwickeln, sich in Ihr Schicksal ergeben zu müssen wie „eine Kuh, die zur Schlachtbank geführt wird".

Verinnerlichen Sie sich: Sie haben auch im heillosen Dschungel der heutigen medizinischen Möglichkeiten und Vorgaben keineswegs verloren und sind schon gar nicht machtlos! Auch nicht als sogenannter Laie. Sie selbst kennen sich wahrhaftig doch am allerbesten! Fragen Sie niemals einen *Gegner* der Naturheilkunde, was er von Alternativmethoden hält, sondern lassen Sie sich nur von einem kompetenten Fachmann auf diesem Gebiet aufklären. Denn wer nichts Gescheites darüber weiß und gelernt hat, dem steht es nicht zu, die ihm fremden Fachbereiche zu beurteilen!

Wenn Sie zu Ihrem behandelnden Arzt Vertrauen haben können, dann sind Sie auf der sicheren Seite. Er wird respektieren, wenn Sie ganz genau wissen wollen, was mit Ihnen geschehen soll. Ihre Entscheidung hat den allerhöchsten Stellenwert, auch wenn Sie kein Mediziner sind und *angeblich* nicht mitreden können, wenn es um medizinische Behandlungsmethoden geht. Schließlich geht es um Sie und *Ihre* Gesundheit, um Ihr körperliches und auch seelisches Wohlbefinden für den Rest Ihres Lebens. Also, passen Sie stets gut auf sich auf!

Übung zur Stärkung des Abwehrsystems und des gesamten Körpers:

Führen Sie zunächst die Fingerspitzen Ihrer rechten Hand zusammen. Damit klopfen Sie nun fest auf Ihre Thymusdrüse, die unterhalb der Halskuhle hinter dem Brustbein liegt. Sie sprechen dabei die Worte: *Ich glaube, liebe und vertraue, bin kraftvoll, stark und mutig.*
Diese leichte, einfache und doch so effektive Übung, die höchstens ein paar Minuten Ihrer Zeit in Anspruch nimmt, sollten Sie mindestens einmal täglich durchführen, besser mehrmals. Besonders, wenn Sie krank sind!

Anmerkung: Natürlich gibt es Menschen, die leider nicht das nötige Kleingeld zur Verfügung haben, sich eine adäquate Behandlung bei einem Naturarzt oder Heilpraktiker aus eigener Tasche zu gönnen. Doch auch auf dem Gebiet der Naturheilkunde gibt es sowohl in Büchern als auch im Internet in Hülle und Fülle Informationen, die dem Einzelnen sehr viel und gut weiterhelfen können.

Tatort Gesellschaft und Medizin

Wie bereits angesprochen, wird meiner Meinung nach in der heutigen Zeit im Rahmen der medizinischen Behandlungsweisen zu häufig und in vielen Fällen zu unüberlegt mit nebenwirkungsreichen Medikamenten, sprich „scharfen Geschützen", therapiert. Bei einer gleichzeitigen Einnahme von mehr als vier chemischen Produkten können die Wechselwirkungen dieser Chemiecocktails lebensbedrohlich werden und schlimmstenfalls zum Tode anstatt zur Heilung führen. Nichtsdestotrotz werden sie dennoch immer wieder, oft in haarsträubenden Kombinationen, weiter verordnet. In Altenheimen, aber auch Krankenhäusern ist ein Medikamentenmissbrauch an der Tagesordnung. Dort werden oft zehn und mehr Präparate gleichzeitig, fatalerweise auch noch in einer beängstigenden Überdosierung, eingesetzt. Besonders alte Menschen fühlen sich wehrlos und ausgeliefert.

Ärzte, die ein bestimmtes pharmazeutisches Produkt sehr oft verordnen, werden zum Dank dafür von den Pharmavertretern mit ihrem ganzen Praxisgefolge in sehr luxuriöse Restaurants zum Essen eingeladen, und das in sehr regelmäßigen Abständen. Diese Belohnung spornt natürlich so manchen gierigen Mediziner an, diese Medikamente mit Bedacht und Fleiß „an den Mann" zu bringen. Leider verführt die Struktur der heutigen Gesellschaft Ärzte dazu, dem Grundgedanken des hippokratischen Eides nicht mehr unbedingt zu folgen. Wie ich mir kürzlich erzählen ließ, ist dieser Schwur ja sowieso aus der Mode gekommen. Der ehemals ursprüngliche Charakter der anspruchsvollen medizinischen Behandlung weicht zunehmend einem mangelhaft funktionierenden betriebswirtschaftlichen System. Die heutigen Ärzte werden durch Reformen gezwungen, sich zu Unternehmern und Händlern zu entwickeln.

Natürlich sind nicht alle chemischen Arzneimittel grundsätzlich unangebracht oder *ein zu verachtendes Gift*. Denken wir nur an Unfallopfer und chronisch Kranke, die ohne gewisse Medikamente dem Tod geweiht wären oder kein normales Leben mehr führen könnten. Im Umgang mit chemischen Präparaten bedarf es einer großen Verantwortung von Seiten des Arztes, bei ihrem Einsatz Nutzen und Risiko sorgfältig gegeneinander abzuwägen. Ein Benehmen, das ich allzu oft vermisse!

Auch Arbeitgeber üben unterschwellig Druck auf die behandelnden Ärzte aus und verlangen von ihnen, erkrankte Arbeitnehmer möglichst schnell wieder zum vollen Einsatz zu bringen. Anstatt die Krankheit in Ruhe auszukurieren und den Erkrankten wieder in den Zustand des Heilseins zu führen, werden recht sorglos pharmazeutische Hämmer, sogenannte Symptomkiller eingesetzt. Durch die Eliminierung der Symptome ist dann eine Arbeitsunterbrechung nicht mehr notwendig. Fast jeder Angestellte hat in der heutigen Zeit Angst um seinen Arbeitsplatz und vor einer Kündigung. In unserer Gesellschaft ist das Kranksein auch aus diesem Grunde mittlerweile ein ernstzunehmendes Risiko.

Ich kenne einige Ärzte, die gewillt wären, bei der Behandlung bestimmter Krankheiten pflanzliche oder homöopathische Mittel einzusetzen. Wie sie mir berichteten, wollen viele Kranke das jedoch nicht. Ein radikales Mittel ist für sie ein gutes Mittel, denn was zählt, ist einzig und allein schnell wieder auf den Beinen zu sein. Die wenigsten Menschen machen sich ernsthaft Gedanken um die Erhaltung ihrer Gesundheit, um das Funktionieren ihres Körpers und eine gesunde Ernährung. Viele empfinden es als völlig normal, so achtlos zu sein und die Warnzeichen ihres Organismus einfach zu ignorieren. Sie treiben ihren Körper ständig zu noch höheren Leistungen an, gönnen ihm kaum noch Ruhe. An die zu erwartenden Spätfolgen einer solchen Fehlhaltung wird vielfach nicht gedacht. Diese „Traumtänzer" verlangen von ihrem Körper stets ein reibungsloses Funktionieren, weigern sich jedoch, das Entscheidende dafür zu tun. Sie geben vor, weder Lust noch Zeit zu haben, sich ernsthaft mit sich und ihren Krankheiten auseinanderzusetzen. Ein schizophrenes Verhalten!

Vergleichsweise wenig Interesse haben auch viele Kranke, Geld in Naturheilmittel zu investieren, denn schließlich sind sie ja Versicherte einer (gesetzlichen) Krankenkasse. Die übernehmen, wie wir alle wissen, zum berechtigten Ärger vieler, jedoch nur die Kosten für pharmazeutische Medikamente mit sogenanntem Wirkungsnachweis. Ohne Nachfragen und Murren bezahlen die gesetzlichen Krankenkassen sämtliche chemischen Keulen, obwohl diese, wie man auf jedem Beipackzettel in aller Deutlichkeit lesen kann, nicht gerade ungefährlich sind und oft neue Krankheiten erzeugen. Haben Sie sich einmal die Frage gestellt, warum eigentlich Heilmittel, die ihre Wirkung seit Jahrhunderten oder gar Jahrtausenden am Menschen bewiesen haben, zunehmend aus dem Verkehr gezogen werden? Obwohl nachweislich sogar wahre Wunder im Zusammenhang mit ihrem Einsatz geschahen und immer noch geschehen könnten, gibt man diesen Naturheilmitteln keine weitere Chance. Dabei wären natürliche Heilmittel, mal ganz abgesehen von der erstaunlich guten Wirksamkeit, preiswerter und damit kostensparender.

In Kürze soll, man glaubt es kaum, der Verkauf aller pflanzlichen Naturheilmittel in der EU untersagt werden, sofern diese Produkte nicht ebenso lizenziert sind wie ihre nebenwirkungsreichen Geschwister, die Pharmaprodukte. Den Anbietern von Naturheilmitteln wird zur Auflage gemacht, sich bei der Herstellung ihrer Produkte dem gleichen aufwendigen und sehr kostenintensiven Prüfungsprozess zu unterziehen, der auch den Herstellern chemischer Arzneimittel auferlegt wird. Dieser Beschluss wird in erster Linie kleinere und mittlere Produktionsbetriebe und Anbieter in den Konkurs treiben, denn ihnen fehlt im Vergleich zu den großen Pharmafirmen das notwendige Geld, diese überteuerten und im Bereich der Naturheilkunde *völlig unnötigen* Lizenzen zu bezahlen. Auf diesem Wege verschwinden sehr bewährte und überaus heilsame Produkte radikal vom Markt. Für die Lobbyisten der Pharmaindustrie ein weiterer Erfolg auf dem Weg zum „totalen Sieg"!
Diese unsinnigen Vorschriften erschüttern natürlich auch die Hersteller von orthomolekularer Medizin. Ärzte und Heilpraktiker, die mit diesen Produkten arbeiten, erleben tagtäglich die Heilkraft dieser Stoffe beim Einsatz an ihren Patienten. Vor allem chronische Krankheiten werden gebessert oder gar geheilt. Und so manche von der klassischen Medizin als unheilbar eingestufte Erkrankung löst sich in Wohlgefallen auf.

Der Pharmaindustrie wird es wieder einmal gelingen, zuständige Politiker für ihre Zwecke zu missbrauchen. Eine recht gruselige Geschichte und eine clever getarnte Maßnahme der Pharmagiganten, lästige Konkurrenzunternehmen auf diesem Wege ganz still und leise ausbluten zu lassen. Berücksichtigt wird, trotz lautstarker Proteste aus der Bevölkerung, allem Anschein nach nicht, wie sehr sich die bereits über *Jahrtausende* erprobten und inzwischen gut etablierten Heilpflanzenpräparate in ihrem Einsatz bewährt haben. Unweigerlich drängt sich dem *genauen* Beobachter der Gedanke auf, dass diese Mittel gerade deshalb so massiv angefeindet werden, weil sie sich in der Bevölkerung zunehmender Beliebtheit erfreuen! Nicht ein einziges chemisches Pharmapräparat ist so lange und so gründlich erforscht worden wie die Stoffe der Pflanzenheilkunde und die daraus geschaffenen Natur-heilmittel!

Fertigprodukte, die durch diverse Gifte die Gesundheit eines Menschen extrem schädigen können, sowie stark chemiebelastete Nahrungsmittel und Tierfutterzusätze müsste man inzwischen viel eher lizenzieren lassen! Die Pharmalobby und ihre Handlanger, zu denen bedauerlicherweise auch die „Volksvertreter" zählen, versuchen den Endverbraucher mit fadenscheinigen und zudem unwahren Behauptungen zu verunsichern. So mancher gutgläu-bige Mensch, der sich, meist in Berichten im Fernsehen, diesen Schwachsinn anhört, ist wahrscheinlich geneigt zu glauben, es gehe im Rahmen dieser Zulassungskontrolle allen Ernstes um den Schutz des Endverbrauchers. Im-merhin gibt man vor, unser aller Leib und Leben, also unsere Gesundheit, vor Gefahren und Bedrohung schützen zu wollen. Wenn das Ganze nicht so traurig wäre, könnte man darüber wirklich nur lachen.

Schon in der Vergangenheit durften wir oft genug erleben, wie die (un-) verantwortlichen Drahtzieher mit undurchsichtigen Beweisen und Begrün-dungen gezielt dafür sorgten, die im Verlauf vieler Generationen erprobten Naturheilmittel auf Nimmerwiedersehen für den Verbraucher vom Markt verschwinden zu lassen. Ich denke mal, letztendlich wurden sie verboten, *weil sie heilten* und Wirkung zeigten und damit den Absatz der chemischen Gifte nicht unerheblich schmälerten. Angeblich sollen sich während der An-wendung dieser Produkte „schädigende Nebenwirkungen" eingestellt haben. *Verlässliche* Belege und Nachweise dafür gab es zu keiner Zeit!

Bei den klassischen pharmazeutischen Produkten sind bekanntlich höchst gravierende Nebenwirkungen, wie beispielsweise Magenbluten und Ma-genkrebs nach der Gabe von „harmlosem" Aspirin, Lebertumore nach der Verabreichung einiger Schmerz- und Rheumamittel sowie allgemeine aller-gische Schockreaktionen, absolut an der Tagesordnung. Der Verkauf wird jedoch noch nicht einmal *ansatzweise* unterbunden, und nicht umsonst werden die erschreckend hohen Zahlen der durch schädigende Nebenwir-kungen verursachten Todesfälle von den Chemieriesen und der ganzen Medizinbranche *streng geheim* gehalten. Wir wissen doch alle ganz genau, worum es hier geht! Die Umsätze und Profite dieser Multis sollen auf jeden Fall gesichert bleiben. Deren Absicht und Ziel ist meiner Meinung nach die alleinige Macht über alles, was lebt. „Fremde Götter" darf es nicht geben, sie gehören eliminiert. Den Verantwortlichen dieser Großkonzerne sind unsere Gcsundheit und unser Wohlbefinden völlig egal. Glauben Sie tatsächlich etwas anderes? Können Sie mir auch nur einen plausiblen Grund nennen, warum die *Unverantwortlichen* dieser gigantischen Industriezweige *ernsthaft* an der Genesung oder gar Gesunderhaltung des Einzelnen interessiert sein sollten?

Ich frage auch Sie: Warum dürfen wir als Verbraucher nicht zumindest mitentscheiden? Warum werden die massiven Aufstände und berechtigten Einwände von Naturheilkundlern und der allgemeinen Bevölkerung, in Zukunft nur noch lizenzierte Mittel auf den Markt zu lassen, von den dafür Verantwortlichen in unserer Regierung wohl nicht ernst genommen? Geben Sie sich selbst die Antwort, meine würde viel zu heftig ausfallen! Müssen wir alle tatsächlich seelenruhig weiter „entmachtet" dabei zuschauen, wie man unsere Rechte beschneidet? Steht die Regierung wirklich auf der Seite der Verbraucher? Wäre uns das dann nicht schon aufgefallen?

Warum, glauben Sie, liebe Leser, gehen schon fast 40 % der Wahlberechtigten nicht mehr zur Wahl? Denken Sie bitte daran: Ihr Fernbleiben verbessert die ungute Situation keineswegs. Im Gegenteil, wenn Sie nicht zur Wahl gehen, dann ist das eine Art Zuspruch dafür, genau die Falschen an die Macht zu katapultieren und ihren Einfluss zu verstärken.

Glauben wir gemeinsam ganz fest daran, dass alle vertrauenswürdigen und seriösen Hersteller von natürlichen Produkten einen guten (Aus-)Weg finden, uns die *effektivste* Apotheke der Welt, die Apotheke Gottes, zu erhalten. Wenn jeder von uns in Zukunft – akute Notfälle selbstverständlich ausgeschlossen – die gesundheitsschädlichen Chemieprodukte immer öfter ignoriert und boykottiert, dann können wir gemeinsam eine zufriedenstellende Wende herbeiführen! Unsere Gesellschaft wächst letztendlich an denen, die sie in Frage stellen. Vielleicht sind Sie diesbezüglich der gleichen Meinung wie ich?

Im Zustand des Kämpfens sind wir allerdings nicht wirklich machtvoll, sondern befinden uns eher auf der negativen Seite und ziehen nach dem Gesetz der Resonanz Negatives an! Mit guten Gedanken, Gebeten und den entsprechenden konstruktiven Vorstellungen und Handlungen können wir gemeinsam hilfreiche Energien erzeugen und gute Lösungen finden.

Wer es noch nicht so richtig beherrscht, sollte schnell lernen, aggressionslos, aber sehr entschieden NEIN zu sagen zu all dem, was er nicht will, und sich einzusetzen für das, was er will.

Wer zu lange
ein Auge zugedrückt hat,
wird erstaunt sein,
wenn ihm beide
plötzlich aufgehen.

– Kierkegaard –

Seelenfänger und falsche Propheten

Die Zeit der falschen Propheten, die man uns schon seit 2000 Jahren, aber auch in der neueren Zeit sehr oft ankündigte, scheint in vollem Gange zu sein. Da die Not der Menschen (Verzweiflung, Krankheit, Orientierungslosigkeit) wächst, steigt auch die Zahl derer, die ihre Hilfe in der Not anbieten. Auf der ganzen Welt und in allen möglichen Bereichen „lauern" sie, die dubiosen Heilsverkünder, Wahrsager und Wichtigtuer. Schwarze Schafe gibt es leider überall!

Falsche Propheten und Scharlatane verherrlichen sich selbst, wollen Berühmtheit erlangen und befriedigen ihr eigenes Ego, indem sie sich in einer unangenehmen Form zur Schau stellen und ihren Zuhörern oder den ins Netz gegangenen Opfern erzählen, wie „erwacht" und allwissend sie doch sind.

In dieser schwierigen Zeitepoche sind leider recht viele Menschen desorientiert. Auf ihrer Suche nach der Erlösung von ihren Problemen, die sie mit sich und der Welt haben, verhalten sie sich oft allzu vertrauensselig, lassen sich in ihrer Gutgläubigkeit durch scheinheiliges Getue sehr leicht täuschen. Das zu große Vertrauen in die falschen Heilslehrer zieht oft bittere Erfahrungen nach sich. Diese Gurus haben nicht selten eine gestörte Persönlichkeit und eine recht mysteriöse Auffassung von den existierenden geistigen Gesetzen und auch von Spiritualität. Viele von ihnen kleiden sich auffällig, um dadurch bei ihren Auftritten zusätzliche Beachtung zu finden. Mit ausgeprägtem Drang zu Selbstdarstellung, verklärtem Gesichtsausdruck und auffälligem Gehabe, suchen sie nach ungeteilter Aufmerksamkeit. Sie verstehen es nur allzu gut, ihre Opfer einzuschüchtern und in Angst zu versetzen, um sie letztendlich von sich abhängig zu machen. Nicht selten reden sie Ratsuchenden ein, ihre Probleme und Krankheiten seien dadurch entstanden, weil sie von bösen Geistern oder Wesenheiten aus dem Jenseits befallen sind. Während sie im Falle von Nichtbeachtung ihrer Hypothesen den vermeintlich Betroffenen schlimmste Folgen prophezeien, preisen sie sich gleichzeitig als geübte Fachleute an und versichern, diese Plagegeister recht schnell austreiben zu können. Die verschreckten Opfer stehen solch schwerwiegenden Aussagen in der Regel hilflos gegenüber und denken möglicherweise: „Oh Gott, wenn ich mich jetzt nicht ‚befreien‘ lasse, was geschieht dann mit mir?" In ihrer Verunsicherung erliegen diese Menschen oft dem massiven Druck und lassen alles über sich ergehen, was man ihnen vorschlägt. Derartige Scharlatane geben natürlich vor, nur unser Bestes zu wollen, und für diese Schufte ist das nichts anderes als unser Geld. Sie benutzen die Angst der Menschen als Mittel zum Zweck, zur Verstärkung ihrer eigenen Macht!

Leidgeplagte und auch kranke Menschen geraten in schwierigen Lebenssituationen und in einem Zustand der Erschöpfung sehr schnell in solche Fänge. Genau diese Schwäche erkennen diese Menschen sofort und haben somit ein leichtes Spiel. Im schlimmsten Fall und nicht gerade selten landen die Verzweifelten sogar in den offenen Armen einer Sekte.

Ich möchte die Existenz von unsichtbaren Wesenheiten nicht leugnen. Zu allen Zeiten wurde darüber berichtet. Doch eher selten gelingt es Fremdenergien, wirklich (starke) Menschen energetisch zu *stören*. Während einer Narkose oder wenn ein Mensch längere Zeit im Koma liegt, können negative Energien versuchen, einen geschwächten Körper zu „bewohnen".

Etwaige Befindlichkeitsstörungen dieser Art werden allerdings bestimmt nicht durch die sehr fragwürdigen Techniken oder Kräfte dieser selbsternannten „Heiler" eliminiert, sondern durch wirkliche Talente auf diesem Gebiet, die nicht an jeder Ecke zu finden sind. Diese begnadeten Menschen haben große Lebenserfahrung und eine beachtliche geistige Reife. Sie entwickeln ihre sogenannten übersinnlichen Fähigkeiten nicht selten im Zusammenhang mit der Meisterung extrem schwieriger Lebenssituationen oder etwa durch ein Nahtoderlebnis.

Die falschen Heilsbringer und Trittbrettfahrer spielen ein ausgeklügeltes und einzig und allein für *sie* selbst gewinnbringendes Spiel. Sie manipulieren ihre Opfer mit schmeichelhaften Worten, gespielter Demut und Bescheidenheit, obwohl sie im tiefsten Inneren selbst gar nicht wirklich an das glauben, was sie in ihrer Profilierungssucht „lehren".

Im Verlauf meiner 25-jährigen Praxistätigkeit suchten mich viele gebrochene und oft sogar lebensmüde Menschen auf, die sich endlich aus den Fängen solcher Heilslehrer befreit hatten oder das unbedingt wollten und nach Hilfe suchten. Mir ist durchaus bewusst: Selbst falsche Propheten und Heilsverkünder haben eine Daseinsberechtigung! Sie sind Kinder Gottes und auf dem gleichen Weg wie jeder von uns. Sie suchen aufgrund ihrer inneren Leere und Verzweiflung nach Möglichkeiten, endlich angenommen, verstanden und geliebt zu werden. Viele von ihnen wurden schon in der frühen Kindheit im Elternhaus abgelehnt. Sie schreien nun förmlich nach Zuneigung, meist, ohne es selbst zu wissen.

Selbstverständlich ist das traurig und bedauernswert. Trotzdem sei es uns erlaubt, nicht in ihre Fänge zu geraten und eher einen großen Bogen um sie zu schlagen. Mein Vorschlag: Wir sollten allen Menschen Achtung entgegenbringen, und dennoch müssen wir uns nicht jeden Menschen „auf den Schoß" setzen!

Im Zeitalter der Computertechnik gibt es noch ein anderes, sehr beliebtes Mittel, mit dem man ängstliche Menschen schnell aus Harmonie und Gleichgewicht bringen kann.

Horrormails, in denen wirklich haarsträubende Dinge zu lesen sind (Ankündigungen vom Weltuntergang), die Gott sei Dank bisher noch nicht eintrafen, werden von Wichtigtuern und Panikmachern durch die ganze Welt geschickt und wie ein böser Virus von Computer zu Computer und von Mensch zu Mensch übertragen. Die oft psychisch gestörten Absender tun das ganz bewusst, um Macht über andere zu gewinnen. Sie fühlen sich, während sie in dieser menschenfeindlichen Form intrigieren, sehr stark und wichtig. Sie genießen es, *endlich* von denen, die sich fürchten, ernst genommen zu werden. Löschen Sie diese negativen Mails, bevor Sie sie lesen, und senden Sie stets nur gute Gedanken und Ideen weiter an andere Menschen.

Auf dieser Erde gibt es unzählige gute Seelen, die überirdische Fähigkeiten haben und wahrscheinlich auch Zukunftsvisionen. Ich durfte auf meinem Weg einige in dieser Hinsicht sehr begnadete Menschen kennen lernen und habe große Achtung vor ihrer Weisheit, ihrem Verantwortungsbewusstsein und ihrer feinen, zurückhaltenden Art. Deshalb möchte ich die Fähigkeiten von tatsächlich medial begabten Wesen auf gar keinen Fall schmälern oder herabwürdigen! Was heutzutage von *absolut Unfähigen* auf diesem Gebiet allerdings alles geweissagt wird, ist geradezu erschütternd. Geben Sie solchen Menschen niemals die Erlaubnis, Ihnen sagen zu dürfen, was Sie in Ihrem Leben zu tun und zu lassen haben. Hüten Sie sich vor den fragwürdigen Machenschaften dubioser Wochenendkurs-Wahrsager. Mit einer unglaublichen Dreistigkeit geben solche Menschen vor zu wissen, wie Ihr weiteres Leben verläuft! Welches Recht haben sie, mit ihren Aussagen

Ihre ureigensten Entscheidungen zu manipulieren? Was befähigt sie, sich so weit aus dem Fenster zu lehnen? Auch wenn solche Menschen tatsächlich selbst davon überzeugt sind, hellsichtig und medial begabt zu sein, so dürfen sie sich dennoch keinesfalls erlauben, Ihnen zum Beispiel einzureden, Ihre Partnerschaft sei am Ende und Sie sollten sich aus der Beziehung lösen. In dieser Konsequenz ist dies ein äußerst riskantes, sehr manipulatives Unterfangen! Diejenigen von uns, die ungebremst auf solche Schaumschläger hereinfallen, sind wirklich zu bedauern und lernen hoffentlich eine Menge aus derartigen Erfahrungen. Falls Sie durch die Auslegung von Tarotkarten eine gute Idee für die Lösung Ihres momentanen Problems erhalten, dann ist das noch zu vertreten. Legen Sie Ihr Schicksal jedoch niemals in die Karten oder Hände anderer.

Bestimmt haben auch Sie schon mal eine Esoterikmesse besucht. Diese Orte sind Ballungszentren für Nichtsnutze aller Art! Selbstverständlich sind dort auch Berater oder Verkäufer anzutreffen, die gute Absichten haben und *sozusagen harmlos* und gefällig sind. Mit ihren Methoden, die sie dort anpreisen, wollen sie Hilfestellung geben, was ja nichts Falsches ist. Sie bieten Farbtäfelchen an, die Sie als Kunde dann auf Ihre gestörten Organe legen müssen, wenn Sie wieder gesund oder zumindest energiereicher werden wollen. Wenn Sie das für möglich halten und gut finden, dann tun Sie es, denn es wird Ihnen keinen Schaden zufügen.

Andere verkaufen Ihnen beispielsweise überteuerte Chips, die *angeblich* Ihr Trinkwasser so energetisieren, dass sich Ihr Erschöpfungszustand im Handumdrehen verflüchtigt und Ihre Energie schnell und auf geradezu wundersame Weise wieder erneuert wird. Zumindest wird Ihnen das alles vorgegaukelt. Ich selbst durfte mich auf einer Gesundheitsmesse im Ausland einmal davon überzeugen, wie eine „Kraftspenderin" eine große Anzahl von billigen Plastikchips, die sie aus einem Müllsack entnahm, kurzerhand „segnete". Im Anschluss an diese ominöse Weihe wurden sie für 500 Euro das Stück verkauft! Und ob Sie mir es nun glauben oder nicht, es fanden sich zahlreiche Käufer. Viele Pseudohelfer schrecken sogar nicht einmal davor zurück, den Ratsuchenden sexuelle Dienste anzubieten, um sie dann unter Zuhilfenahme dieser Energie angeblich mit Power zur ersehnten Erleuchtung zu führen.

Wer sein Heil unbedingt in diesen und ähnlichen Praktiken zu finden glaubt, sollte sich nachher nicht beschweren, wenn er erkennt, „erleuchtungstechnisch" auf dem Holzweg gewesen zu sein.

Man wird Ihnen – um einfach ein weiteres Beispiel zu nennen – Metallspiralen anpreisen, die Sie in Ihrem Haus aufhängen können. Durch die *Superschwingung* dieser Spiralen bleiben Sie dann angeblich vor allen bösen Geistern oder schlechten Energien bewahrt und fühlen sich folglich besser. Auraspezialisten werden Ihnen erzählen, wie viele „Löcher" sie in Ihrer Aura entdeckt haben. Diese selbsternannten Seher behaupten nicht selten, die Aura eines potentiellen Kunden hänge in Fetzen und dunkle Mächte aus dem Universum seien über diese Öffnungen in den jeweiligen Körper eingedrungen.

Natürlich hat jeder Mensch eine individuelle Aura, und wenn ein Mensch beispielsweise sehr erschöpft oder schwer erkrankt ist, wird sein Energiekörper eine sehr schwache Abstrahlung zeigen, die genau seinem desolaten Kräftezustand entspricht. Doch „in Fetzen" wird wohl kaum etwas hängen! Viele „Auraseher" sind schlicht Gaukler und überhaupt nicht dazu in der Lage, etwas an oder in der Aura eines Menschen zu erkennen. Seien Sie also vorsichtig!

Käuflich erwerben können Sie zudem eine ganze Menge an Gerätschaften, die Sie dann unter Ihrem Bett platzieren können, damit Sie von nun an tiefer und besser schlafen. Vielleicht gelingt es ja sogar! Aber höchstwahrscheinlich nur dann, wenn Sie ganz fest daran glauben. Der Glaube versetzt bekanntlich Berge. Um Ihren Glauben zu aktivieren, müssen Sie allerdings kein Geld ausgeben! Wenn Sie sich nach einer solchen Veranstaltung, bepackt mit allen möglichen und unmöglichen Heilutensilien, wieder auf dem Weg nach Hause befinden, werden Sie höchstwahrscheinlich nicht wirklich, sondern nur in Ihrem Geldbeutel erleichtert sein. Und Sie werden sich unter Umständen fragen, welcher Teufel Sie geritten hat, sich diese Dinge aufschwatzen zu lassen.

Statt der hoffnungslos überteuerten Farbtäfelchen – die zugegebenermaßen wie alles im Leben eine bestimmte Schwingung haben – können Sie sich genauso gut ein rotes Ahornblatt auf Ihr Wurzelchakra legen. Oder eine Orange auf Ihr Sonnengeflecht (Solarplexus). In Kombination mit der entsprechenden Visualisierung und Ihrem Glauben, der sowieso das A und O der Geschichte ist, passiert dann auch das, was Sie sich vorstellen.

Der Psychiater, Psychotherapeut und Urheber der bekannten Entspannungsmethode Autogenes Training J. H. Schultz (1884–1970) suggerierte seinen Schülern und Patienten während Übungsphasen, sie lägen in der heißen Sonne. Obwohl sie sich jedoch bei dieser Demonstration in einem eher kühlen Raum aufhielten, wurde es den meisten Übenden sehr warm und es zeigten sich bei einigen sogar Schweißperlen auf ihrer Stirn. Mit diesem Test und mehreren Versuchen dieser Art bewies Schultz, wie unser Unterbewusstsein im Zustand der Entspannung (Gehirnströme 12–14 Hz = Alphazustand) auf gezielte Suggestionen und die damit verbundenen Vorstellungen sehr bereitwillig reagiert, so, als seien diese Visualisierungen Realität. Eine tolle Möglichkeit, Gutes zu visualisieren!

Sie merken, Sie können es also viel einfacher haben und sollten Ihre Vorstellungskraft bemühen. Sie stellen sich in Ihrem Geist die gewünschte Heilfarbe vor. Als Ersatz für die eher schwer zu visualisierenden einzelnen Farben können Sie sich gleich ganze Bilder visualisieren. Wenn Sie beispielsweise mit Rot arbeiten möchten (die Farbe entspricht Ihrem Wurzelchakra), kreieren Sie vor Ihrem geistigen Auge ein loderndes rotes Feuer oder eine blühende Mohnblume. Wenn Sie die Schwingung der Farbe Gelb möchten (Solarplexus = Bauchhirn oder Sonnengeflecht), dann erinnern Sie sich in Ihrer Entspannungsübung an ein wogendes Rapsfeld in der Sonne.

In meinem Buch „Ich schaffe es" finden Sie im Übungsteil hierzu eine ausführliche Anleitung. Die Farb- und Heilmeditation ist bestens geeignet zur Tiefenentspannung, aber auch zum Ausgleich Ihrer Energiezentren.

Nehmen Sie zukünftig, statt unzählige und nutzlose Dinge käuflich zu erwerben, einmal einen schönen Stein in Ihre Hand, den Sie vielleicht bei einem Spaziergang in der Sonne und/oder am Meer gefunden haben. Erspüren Sie seine Energien und Informationen. Erinnern Sie sich gegebenenfalls an den schönen Augenblick, in dem Sie ihn gefunden haben. Das wird Ihr Wohlgefühl zusätzlich verstärken.

Statt Plastikchips zu vertrauen, die angeblich Ihr Trinkwasser enorm energetisieren, können Sie einen Bergkristall, einen Rosenquarz oder andere Steine in Ihren Wasserkrug legen. Laden Sie diese Steine immer wieder in der Sonne auf!

Mit all diesen Möglichkeiten sind Sie auf einem guten Weg, eine Menge positiver Energien für sich in Gang zu setzen. Und das ganz ohne Fremd-beeinflussung. Zusätzlich wird Ihr Geldbeutel nicht unnötig belastet. Sie haben in Ihrem Leben mehr davon, wenn Sie das Lächeln eines Kindes oder die Schönheit einer Blume bewusst wahrnehmen und auf sich einwirken lassen, als von diesem ganzen Klimbim, der Sie angeblich „entwickeln" oder heilen soll.

Wir alle sind energetische und spirituelle Wesen in einem menschlichen Körper. Niemand ist von seinem ursprünglichen Wesen her besser oder schlechter, hat bestimmte Vor- oder Nachteile, grundsätzlich einen höheren Stellenwert oder bessere Bedingungen. Die Meinung, das sei eine Lüge, entspringt einzig und allein unserem Ego. Wir haben *allesamt* gleich gute Chancen, verfügen über eine geballte Antriebskraft, die unserem inneren Potential angehört, ganz gleich ob wir nun Professor sind oder gar als Clochard unter einer Brücke schlafen. Die Essenz der allerhöchsten Energie, die uns belebt und die wir auch Gott, Allah, inneren Arzt oder unendliche Kraft des Universums nennen, ist als *Quelle* für uns alle gleich. Mancher von uns ist sich allerdings dieser Tatsache bewusster als ein anderer und lebt aus dieser Kraft. Und darin liegt der alleinige Unterschied.

Wir sind während unseres Gastspiels als Mensch auf dieser Erde immer in der Lage, Gutes oder Schlechtes zu tun. Dessen sollten wir uns bewusst sein. Mit einem Messer können wir zum Beispiel Kartoffeln schälen oder Gemüse zerkleinern. Allerdings können wir damit auch kaltblütig einen Menschen umbringen. Wir haben täglich die Wahl, uns im Fernseher einen Horrorfilm anzusehen oder stattdessen einen beruhigenden Film über das wunderbare Leben der Delphine.

Was ich sagen will, ist: *„Alles beginnt in unserem Geist oder liegt in unse-rer Hand!" Wir entscheiden über das, was wir tun oder besser lassen sollten! Vergessen Sie niemals: Selbst Worte oder Gesten können sowohl Heilmittel als auch Waffen sein!*

Was sich als roter Faden durch dieses Buch zieht, sind meine Idee und mein Wunsch, Ihnen sagen zu dürfen: Lassen Sie sich nicht weiter konfus machen und besinnen Sie sich auf sich selbst und auf höhere Kräfte, die ganz be-stimmt nicht nur einigen Privilegierten aus unseren Reihen zur Verfügung stehen. Auch wenn Sie glauben, diesbezüglich noch ein wenig zu „schlafen", können diese *in Ihnen* ruhenden, außergewöhnlichen und starken Energien trotzdem jederzeit von Ihnen aktiviert werden. Sie müssen es nur wollen.

Wahrhaftige Lebenslehrer

Seien Sie versichert, dass spirituelle Größen, erfahrene Lebenslehrer und renommierte Therapeuten an „esoterischen Rummelplätzen" eher nicht zu finden sind! Diese Menschen meiden solche Ansammlungen und sind äußerst skeptisch in Bezug auf die skurrilen Hilfsmittel und Praktiken, die dort angepriesen und demonstriert werden.

Spirituell erwachte Menschen erinnern sich stets an die Tatsache: Diese wunderbare Kraft bedarf keiner dubiosen Hilfsmittel, und sicherlich wird sie auch durch diese weder erweckt noch großartiger. Die höchste Kraft des Universums ist immer in uns und um uns herum zu finden, in jedem und allem! Sie äußert sich allerdings still und leise. Meist fehlt uns nur die „richtige Brille", um sie in unserem Leben zu erkennen. Die Rückverbindung zum wahrhaftigen inneren Wesen beschert Menschen ungeahnte Kräfte und Fähigkeiten sowie eine wohltuende Gelassenheit.

Geistig erwachte Menschen werden meist nicht auf Anhieb erkannt. Eben weil sie still und bescheiden sind! Sie „rasseln" nicht mit irgendwelchen „Säbeln", um dadurch in den Mittelpunkt des Geschehens zu gelangen und ungeteilte Aufmerksamkeit zu erringen. Sie achten und respektieren jeden Menschen in *seinem Sosein*. Nichts liegt ihnen ferner, als Ratsuchende zu überreden oder zu drängen, ihren durchaus gut gemeinten Anweisungen zu folgen.

Sie *erinnern* ihre Mitmenschen – aber *nur dann, wenn diese aufrichtig danach fragen* – äußerst rücksichtsvoll, mit Taktgefühl sowie mit absoluter Würdigung der persönlichen Freiheit an Dinge, die wesentlich für sie sein könnten. Diese gereiften Menschen sind sich ihrer hohen Verantwortung allem Leben gegenüber bewusst. Ebenso verängstigen sie ihre Zeitgenossen nicht, um sie gefügig zu machen, sondern sind voller Mit- und Taktgefühl. Überheblichkeit ist ihnen fremd.

Sie können die Echtheit von spirituellen Lehrern und Therapeuten daran erkennen, dass Sie sich in der Nähe von solchen Menschen rundherum wohlfühlen. Ihre erfahrene Seele erkennt die guten Schwingungen sofort und empfindet in ihrer Anwesenheit Geborgenheit. Auch wenn diese Menschen keine spektakulären Dinge tun oder sagen, fühlen Sie sich nach einer Sitzung oder Behandlung ruhiger, kraftvoller und ausgeglichen. Ein spiritueller Lehrer missioniert nicht. Sollten Sie als Ratsuchender allerdings Interesse daran haben, die oft durch Lärm und Hast vergessene Wahrheit in sich wieder zu bergen, so wird er gerne Ihrem Wunsch entsprechen und Ihnen dabei helfen. „Eingeweihte" vermitteln Ihnen nicht den Eindruck, exklusiv und elitär zu sein. Diese Menschen prahlen – besonders, wenn Sie als Therapeuten dem Menschen dienen – niemals mit ihren „übersinnlichen" Kräften und Fähigkeiten, erwarten keinerlei Lob. In einer angenehmen Bescheidenheit sind sie bestrebt, mit guten Anleitungen zur Selbsthilfe dem Suchenden einen entsprechenden Weg aufzuzeigen.

Diese Lehrer sehen in ihrer transzendenten Art in der Regel mehrere Möglichkeiten, einem Bedürftigen, der den Wunsch nach Unterstützung deutlich äußert, zu helfen. Sie wissen jedoch genau, dass jeder in seinem Menschsein auf dieser Welt in der Lage ist, sich auch ohne fremde Hilfe weiterzuentwickeln und sein Leben zu leben.

Spirituelle Therapeuten können allerdings gute Helfer sein in dem Prozess, sich von störenden und Angst machenden Emotionen und Egoblähungen zu befreien.

Erfahrene Therapeuten verstehen es, Ihnen genau an dem Punkt zu begegnen, wo Sie in Ihrer Entwicklung gerade stehen. Ihre Spiritualität ist animierend, man verspürt den Drang, mehr von ihnen über das Sein zu erfahren.

Statt aufgesetzter Guru-Manier werden Sie bei diesen Wesen ein Reservoir zahlreicher Informationen sowie enorm starker, nicht alltäglicher Energien vorfinden. Auch spirituelle Menschen bleiben Menschen! Sie sind oft großartig und doch keineswegs unfehlbar. Sie sind, genau wie Sie auch, auf dem Weg, ihre ureigensten Fehler und Schwächen zu Stärken zu machen. Diese Menschen sind ganz sicher weder geldgierig noch behaupten sie, ihre Lebensphilosophie sei die einzig richtige. Sie sind ehrlich und wahrhaftig und besitzen meist das, was man *Charisma* nennt. Spirituelle Lehrer begleiten Sie liebevoll ein Stück Ihres Weges in dem Wissen, dass letztendlich nur *Sie alleine Ihren Weg* kennen. Sie spüren des Weiteren ganz sicher, wann der Punkt und Tag gekommen ist, an dem sie ihre Schüler oder Patienten wieder loslassen müssen.

Erkennen Sie, lieber Leser, in jedem Bereich Ihres Lebens, wie groß Ihr eigenes Potential von Natur aus ist und setzen Sie es ein! Vertrauen Sie sich selbst und auch Ihrem Herzgefühl. Lernen Sie, die einzig vom Verstand geprägten Gefühle von den wahrhaftigen zu unterscheiden. Sie sind aus sich selbst heraus stark und machtvoll genug, um immer wieder in Ihrem Leben, ganz präzise, genau die Entscheidungen zu treffen, die gerade anstehen.

Sie finden Ihren Weg, ja Sie kennen ihn bereits. Gehen Sie Ihn stets mit absoluter Eigenverantwortung. Ihr wahres Selbst in Ihrem Innern wird Sie jederzeit unterstützen und schützen, wenn Sie nur darum bitten und an diese Unterstützung glauben. Selbstverständlich können alle Menschen in unserem Umkreis und auf diesem Erdball jederzeit zu einem Lehrer für uns werden. Genau das erleben wir tagtäglich aufs Neue. Plötzlich gibt uns ein Kollege, wenn wir mit ihm über eine kniffelige Lebenssituation sprechen, genau den Rat, denn wir gerade brauchen. Oder unser Partner lebt uns etwas vor, was auch uns einen guten Schritt weiterbringt. Selbst die (göttliche) Marktfrau kann zur weisen Lehrerin für uns werden.
Lieben und achten Sie das Leben, die Menschen und alle Geschöpfe dieser Erde. Die Liebe, die sie geben und aussenden, wird zu Ihnen zurückkommen. Wenn Sie das Leben lieben, wird das Leben Sie lieben. Je vollendeter es uns im Laufe unseres Lebens gelingt, unnützen Ballast abzuschütteln und stattdessen eine liebevolle „Umarmung" mit unserem wirklichen Selbst zu vollziehen, umso heiler und zufriedener werden wir leben.

Abschließend zu diesem Thema möchte ich Ihnen die Aussage des unvergessenen großen Philosophen und Neugeistlers K. O. Schmidt ans Herz legen. Schmidt war unter anderem ein begnadeter Schriftsteller. Er verfasste circa 100 Bücher, die in mehrere Sprachen übersetzt wurden. 1972 wurde er für seinen Verdienst als Lebensberater sowie für seine Werke mit dem *Verdienstkreuz am Bande* geehrt. Die United Church of Religious Science in Los Angeles verlieh ihm posthum die Ehrendoktorwürde. K. O. Schmidt verließ dieses Leben am 21. Dezember 1977 und wechselte in eine andere Dimension. Einer meiner Lieblingssprüche von ihm lautet:

Du bist größer,
als du ahnst,
reicher, als du denkst,
begabter, als du für möglich hältst.

– K. O. Schmidt –

Talente – Beruf – Berufung

Besitzen Sie das untrügliche, beruhigende Gefühl, in Ihrem Leben, in Ihrem Beruf am richtigen Platz zu sein? Oder sind Sie schon länger unzufrieden mit Ihrer Lebenssituation oder Arbeit und denken immer öfter darüber nach, möglichst bald etwas zu verändern? Könnte die Zeit gekommen sein, diesen Impulsen Beachtung zu schenken?

Bestimmt haben Sie auch schon erfahren, wie sich Ego und Verstand meist als „Bremse" melden, wenn Sie sich ernsthaft mit den Gedanken an eine Veränderung befassen, egal ob im privaten Bereich oder innerhalb des beruflichen Werdegangs. Diese Persönlichkeitsanteile wehren sich augenblicklich mit Ermahnungen wie: „Sei zufrieden, dass du diesen Job hast! Du bist schon zu alt, um umzusatteln oder noch eine neue Arbeit zu finden. Du hast nichts anderes gelernt und solltest nicht permanent darüber nachdenken, dich zu verändern." Ausflüchte, die (Fort-)Schritte verhindern und den Unentschlossenen weiter still in der bekannten Situation verharren lassen, gibt es wahrlich genug! Die alles entscheidende Frage ist nur: „Was will ich, oder eher, was will meine Seele wirklich und habe ich den Mut, auch unbequeme Wege zu gehen, bis ich an *meinem Etappenziel* angekommen bin?"

Schauen Sie zunächst einmal auf Ihre Fähigkeiten, Ihre Talente. Jeder Erdenbürger hat – ohne Ausnahme – mindestens ein Talent, oft sogar mehrere als Erbe mit in dieses Leben gebracht. Doch viele Menschen haben ihre Talente noch überhaupt nicht entdeckt und halten sich tatsächlich oft für gänzlich untalentiert. Fragen Sie sich selbst, was Sie in Ihrem Leben sehr gerne tun. Möglicherweise können Sie gut malen, musizieren oder singen? Doch vielleicht wurde und wird Ihnen von Menschen in Ihrem Umfeld eingeredet, Ihre Talente seien nichts Besonderes und eher brotlose Kunst, die ganz viele Menschen zudem besser als Sie beherrschen! Mir erging es so. Mit 17 Jahren hatte ich den Wunsch, in irgendeiner Form schriftstellerisch tätig zu werden. Besonders meine Familienmitglieder hielten mich davon ab. Schlimmer noch, allesamt zweifelten (und tun es wohl immer noch) an meinen Fähigkeiten. Wahrscheinlich trauen sie mir einfach nicht zu, etwas Interessantes zu Papier zu bringen. Die Argumente, die mich von meinem Schritt abhalten sollten, waren damals niederschmetternd und hatten leider Erfolg. Meine Lieben meinten es angeblich ja „nur gut" mit mir und wollten mich vor großen Enttäuschungen bewahren. So formulierten sie es zumindest und glaubten selbst auch noch daran!

Mit 40 Jahren fasste ich mir dann endlich ein Herz und schrieb mein erstes Buch. Keiner der ganzen Skeptiker konnte mich noch länger davon abhalten, und meine Patienten und viele Leser sind inzwischen sehr froh, meine Bücher und Artikel in den Händen zu halten. Auch wenn bekannte Schriftsteller mit ihren Bestsellern mich zweifellos in ihrer Kunst bei weitem übertreffen, so bin ich, wenn ich schreibe, ganz einfach in *meinem Element, mache etwas aus einem mir mitgegebenen Talent.* Und das ist gut!

Ich höre jetzt förmlich den einen oder anderen von Ihnen sagen: „*Ich* besitze gar kein Talent, das es wert wäre, ausgebaut zu werden." Ich widerspreche Ihnen! Sie *müssen* sich irren, denn das gibt es einfach nicht. Sie gehören dann wohl zu den Menschen, in denen es noch schlummert und darauf wartet, entdeckt zu werden. Beispielsweise könnte Ihr Talent darin bestehen, Erkrankte mit Liebe zu pflegen. Oder darin, etwas für die Menschheit zu erfinden. Vielleicht fühlen Sie Freude über die Fähigkeit, andere etwas zu lehren, was Sie gut beherrschen. Etwas ganz Bestimmtes können Sie *sicherlich* ausnehmend gut. Wenn Sie gerne kochen, dann wäre es ein idealer Weg, genau das zu tun oder gar andere darin anzuleiten. Vielleicht würde es Ihnen Spaß bereiten, ein eigenes Kochbuch zu schreiben? Oder Sie sind von Natur aus ein großartiges Organisationstalent und bringen das in Ihrem Job zum Ausdruck. Vom begeisterten Golf- oder Tennisspieler könnten Sie zum Lehrer für diese Sportarten werden. Möglicherweise wären Sie ein guter Gärtner, eine talentierte Blumenbinderin oder begabte Friseurin und haben so einiges davon bisher nur in Ihrer Freizeit gemacht. Geben Sie sich und Ihrem Talent die Chance zur Entfaltung. Dann stehen Sie über kurz oder lang genau an dem Platz, an den Sie in diesem Leben gehören, und sind Ihrer Berufung gefolgt. Im absoluten Idealfall machen Sie sogar Ihr Hobby zum Beruf.

Mit einer positiven Einstellung, dem Glauben an sich selbst sowie einer gehörigen Portion Entschlossenheit wird Ihnen so manches gelingen, was Sie bisher kaum für möglich hielten. Schon auf dem Weg zu Ihrem Ziel werden Zufriedenheit und Freude Ihre Begleiter sein. Können Sie sich vorstellen, mit Begeisterung und einem befriedigenden Gefühl endlich das zu tun, was Sie schon immer wollten, und fortan mit Leichtigkeit Ihr

Geld zu verdienen? Wenn nicht, dann sollten Sie schleunigst üben, sich ganz präzise vorzustellen, was Sie sich wirklich wünschen!

Sollte zu einem späteren Lebenszeitpunkt eine andere Tätigkeit für Sie stimmiger sein, dann brechen Sie, mit der gleichen Entschlossenheit wie jetzt, wieder auf zu neuen Ufern. Das Leben besteht aus Veränderung, und die guten Chancen hören nie auf! Was jeder von uns braucht, ist der Mut, seinen Erkenntnissen zu trauen und seine Vorstellungen in die Tat umzusetzen.

Wenn Sie davon überzeugt sind, Ihren Traumberuf noch nicht entdeckt zu haben, und traurig darüber sind, dann beobachten Sie sich ab sofort ganz genau. Werden Sie hellhörig, wenn andere Sie loben und Ihnen sagen: „Das hast du aber wirklich toll gemacht!" Oder: „Keiner kann das so gut wie du!"

Falls die zweifelnden Stimmen von Ego und Verstand Ihnen weismachen wollen, dass Ihre Wünsche ja doch nur bloße Illusionen und nicht so einfach realisierbar seien, dann bringen Sie diese Entwicklungshemmer gleich zum Schweigen. Stellen Sie sich stattdessen ganz plastisch vor, wie Sie den idealen Beruf schon ausführen, wie Sie eine Arbeit verrichten, die Ihnen wie auf den Leib geschneidert ist und viel Spaß macht. Bilder, die Sie ständig vor Ihrem geistigen Auge haben, drängen zur Verwirklichung und entwickeln zusätzlich eine enorme körperliche Kraft. Glauben Sie unerschütterlich und felsenfest daran, Ihr Ziel zu erreichen und Hilfe auf dem Weg zum Erfolg zu erhalten. Mit dieser Überzeugung treten Sie stets für sich ein, und die Erfüllung Ihres Wunsches liegt dann ganz sicher im Bereich des Möglichen. Denken Sie jedoch daran: Zweifel ist negativer Glaube!

Sie können auch im hohen Alter von 80 Jahren noch etwas tun und erreichen, was Ihnen die Lebensfreude erhöht. Es sei denn, Sie reden sich selbst permanent ein: „Ich bin viel zu alt und schaffe das nicht mehr!"

Vergessen Sie Folgendes niemals:

An Gelegenheiten, sich die Mechanismen Ihres Geistes in vollem Umfang zu Nutze zu machen, wird es Ihnen nicht mangeln. Sie besitzen in jedem Moment Ihres Lebens alle Fähigkeiten, die Sie benötigen, um Ihre eigene Lebenserfahrung zu bestimmen und somit die ersehnte Realität zu erschaffen.

Falls Sie allerdings *nur* Ihren Verstand nutzen, um die täglichen Ereignisse zu betrachten, begrenzen Sie Ihr Gesamtpotential und beschneiden Ihre Begabungen. Der Verstand offenbart Ihnen leider meist nur eine recht beschränkte Perspektive. Ihr ewiges Wesen wird Sie hingegen *nie* begrenzen. Durch die Hell- und Weitsichtigkeit und das allumfassende Wissen der *höheren* Wesensanteile wird es Ihnen erst möglich, nicht nur den jeweiligen Augenblick Ihres Seins und Handelns zu erfassen. Ihr Wissen ist dann nicht mehr begrenzt, sondern wird gespeist durch kollektive Erfahrungen und höhere Intelligenz. Ihre unbegrenzte Energie besitzt Daten, die alles in Ihrem Leben und darüber hinaus umfassen. Sie hat – auch in Bezug auf die Tätigkeiten, die Sie in diesem Leben ausführen – eine klare Mission. Diese Energie weiß genau, was für Sie richtig und dienlich ist. Ihr Verstand und Ihr Körper sind in dieser physischen Welt Werkzeuge, aber nicht das ganze Werk.

Zugegeben, nicht jeder hat das Musiktalent eines Wolfgang Amadeus Mozarts, das Maltalent von Pablo Picasso oder das Schreibtalent von K. O. Schmidt. Sich mit derartigen Größen zu vergleichen, wird demotivierende Gefühle in Gang setzen. Bedenken Sie, nicht alle Menschen sind gleich, und nicht alle lieben die Musik von Mozart oder die Bilder von Picasso! Nicht jeder begeistert sich für die gleiche Lektüre und liest ausnahmslos nur Bestseller. Jeder Mensch, der mit seinem Talent an die Öffentlichkeit geht, erreicht *sein spezielles* Publikum, die Menschen, die seine ureigenste „Kunst" mögen. Auch Ihr Talent ist gefragt! Ich für meinen Teil bin als Schriftstellerin sehr glücklich, wenn Ihr Geist und mein Geist sowie unsere Seelen sich für eine gewisse Zeit berühren. Ich erwarte nicht mehr und nicht weniger. Während ich mit meinen Worten hier zu Ihnen „spreche", baut sich eine ganz besondere Energie in mir auf, und ich hoffe sehr, es geht Ihnen ähnlich, wenn Sie in diesem Buch lesen und auf diese Weise mit mir in Kontakt treten. Schulen Sie Ihre Empfindsamkeit und verhelfen Sie damit der leisen Stimme in Ihrem Bauch und in Ihrem Herz zum Durchbruch. Entsprechende Übungen lassen sie deutlicher und klarer werden und somit können Sie ihr besser folgen. (Näheres dazu im Kapitel „Heilsame Übungen".)

Passend zu meinen Empfehlungen, den Platz zu suchen, wo man im jeweiligen Augenblick hingehört, möchte ich noch eine wahre Geschichte erzählen:

Ein Mann mittleren Alters arbeitete als Vorstand in der Firma, die sein Vater in seiner Jugend gegründet hatte. Nach etlichen Jahren in diesem Beruf fühlte er sich zunehmend erschöpfter und merkte, wie er an seine Grenzen stieß und immer leistungsunfähiger wurde. Aus diesem Grunde suchte er eines Tages einen Arzt auf, der ihm besorgt nahelegte, sich einem ausführlichen Gesundheitscheck in einer Klinik zu unterziehen. Das Ergebnis war niederschmetternd, die Diagnose lautete „Krebs im Endstadium"! Sämtliche von dem verzweifelten Mann zu Rate gezogenen Mediziner prognostizierten dem Erschütterten nur noch eine Lebenszeit von maximal drei bis sechs Monaten. Metastasen hatten sich bereits im ganzen Körper ausgebreitet. Eine Chemotherapie wurde aus diesem Grunde nicht mehr in Betracht gezogen, was sich erst später als großes Glück herausstellte. Die Ärzte schickten den Mann nach Hause mit den Worten: „Machen Sie sich einfach die letzten Tage Ihres Lebens im Kreise Ihrer Familie noch so schön wie eben möglich."

Zunächst fühlte sich dieser Mann wie eine Maus in der Falle und war verständlicherweise restlos am Boden zerstört. Da er nun aber – zwangsläufig – endlich Zeit hatte, ernsthaft über sich und seine bisherigen Lebensaktivitäten nachzudenken, wurde ihm Entscheidendes bewusst. Er war in seiner Jugend, als es darum ging, einen Beruf zu ergreifen, nicht seinen eigenen, sondern stattdessen den Wünschen seines Vaters gefolgt. Zu keiner Zeit im Verlauf seiner beruflichen Karriere als Manager hatte er jedoch Glück und Zufriedenheit empfunden. Er vergaß in all den Jahren niemals seinen Wunsch, den Beruf des Gärtners zu ergreifen. Damals wie heute drängte es ihn, mit seinen Händen und in der Natur zu arbeiten, kreativ zu sein. Doch was war aus ihm geworden? Ein Kopfmensch! Sein Vater hatte ihn, als er sich für einen Beruf entscheiden sollte, massiv unter Druck gesetzt. Er zählte auf ihn, weil sein Lebenswerk und Firmenimperium einen Nachfolger brauchte. Und vom einzigen Sohn wurde schließlich erwartet, dass er in die Fußstapfen seines Erzeugers trat. Schweren Herzens beugte der Sohn sich den Wünschen und der Erwartungshaltung seines Vaters.

Nach dieser niederschmetternden Diagnose hatte er rein gar nichts mehr zu verlieren. Ein Geschäftsführer übernahm seine Stellung in der Firma, und er hatte nur noch den Wunsch, seinen Traumberuf die letzten Tage seines Lebens doch noch zu ergreifen. Er ließ sich auf seinem Anwesen ein Treibhaus bauen, ging jeden Tag zu seinen Pflanzen und Blumen und vergaß in seiner Freude über sein Tun mehr und mehr, wie krank er doch eigentlich war. Er haderte *nicht länger mit seinem „unabwendbaren Schicksal", fügte sich hinein, ohne jedoch wirklich aufzugeben.*

Monate um Monate vergingen. Der ehemals so kranke Mann wurde wieder kräftiger und fühlte sich von Tag zu Tag und in jeder Hinsicht immer besser und besser. Er hatte Freude in und an seinem Leben gefunden und darüber seine todbringende Krankheit vergessen. Bei einer späteren Nachuntersuchung stellten die Ärzte erstaunt fest, dass kein Krebs mehr nachzuweisen war, die Metastasen hatten sich zurückgebildet.

In welcher Lebensphase auch immer Sie sich gerade beruflich oder privat befinden, prüfen Sie, ob sie sich gut anfühlt. Falls nicht, dann könnte eine baldige Veränderung die Lösung sein, die Ihnen mehr Wohlgefühl in Ihrem Leben beschert! Sie haben die Kraft und auch den Mut dazu! Sobald Sie erkannt haben, dass sich etwas ändern muss, wenn es gut werden soll, und diese Erkenntnis in die Tat umsetzen, öffnen sich erfahrungsgemäß sämtliche Türen und Sie können problemlos hindurchschreiten. Sollte das jedoch einmal nicht der Fall sein, überdenken Sie bitte Ihre Entscheidung noch einmal und korrigieren Sie diese gegebenenfalls.

Niemand von uns ist auch nur annähernd machtlos! Wir fühlen uns allerdings manchmal so und sind dadurch gehemmt und halten vieles, was im Rahmen des Möglichen liegt, für eher unmöglich. Wir lassen uns zusätzlich noch beeinflussen und einschüchtern von unserer Umgebung und von Menschen, die partout immer alles besser wissen wollen, sowie von unseren Wesensanteilen Verstand und Ego, die uns mit der Angst lähmen, unser Vorhaben nicht zu schaffen und uns dadurch entsprechend zu blamieren.

Gelingt es uns trotz alledem, unseren Mut zu aktivieren und selbst Umwege bei der Erreichung unseres Wunschzieles mit in Kauf zu nehmen, empfinden wir Freude und fühlen uns erhaben.

Leider gibt es keine Garantie dafür, dieses Gefühl, am Ziel angekommen zu sein, für den Rest unserer Tage zu behalten. „Panta rhei" (Heraklit), das Leben fließt, ist Veränderung! Und wenn auch Sie mit dem Leben fließen und in Einklang bleiben wollen, dann sträuben Sie sich nicht, wenn eines späteren Tages wieder einmal Veränderungen erforderlich sind. Sie erkennen an der Sprache des Lebens und Ihres Körpers von Tag zu Tag besser, wann erneut ein Zeitpunkt eingetreten ist, der

Sie auffordert, zu neuen Ufern aufzubrechen. Vertraute Pfade sind nicht immer die besten Pfade.

Ich wünsche Ihnen allzeit gute Erkenntnisse.

Heilsame Übungen

Die mit so vielen Geheimnissen umhüllte höchste Lebensenergie, die in ihrer ganzen Stärke allen Wesen und Dingen der Schöpfung innewohnt, ist die wahre Lebensgrundlage und vereinende Kraft von allem, was existiert. Diese Kraft ist der wichtigste Bestandteil Ihres Wesens, grenzenlos und von ewiger Dauer! Wie ich an anderen Stellen bereits erwähnt habe, sind für unseren Verstand und seine Gewohnheiten, zu agieren, diese Gedanken und Vorstellungen nahezu absurd. Er reagiert schablonenhaft und schiebt alles Unbekannte schnell wieder zur Seite, denn diese Dimensionen übersteigen alles, was ihm bekannt ist und was er sich als sichere Grundlage in seinem Erfahrungsrepertoire angeeignet hat. Verlassen Sie sich in Ihrem Leben also niemals nur auf Ihren Verstand und Ihr Ego. Sie könnten dann schlimmstenfalls verlassen sein, denn diese Anteile Ihrer Persönlichkeit unterliegen leider einer sehr begrenzten Wahrnehmung. Die beiden „Zwillinge" Ego und Verstand mögen vor allem die Dinge des Lebens, mit denen sie sehr vertraut sind, und bevorzugen klare Strukturen.

Während Ego und Verstand sich außerordentlich wohlfühlen in den abgesteckten Begrenzungen, die der normale Alltag anbietet, kennt und liebt unser alles überdauerndes Wesen keine Beschränkungen! Unser *höheres* Bewusstsein liebt die Freiheit, verfügt über enorme Fähigkeiten und trachtet danach, uns über die Kleinkariertheit unseres Verstandesdenkens sowie des daraus erwachsenden Handelns hinauszuführen.

Während der Zeitspanne unseres Seins als Mensch auf dieser Erde können wir uns die Weisheiten unseres wahren Wesens zu Nutze machen und davon gewaltig profitieren. Was uns unter anderem zu der Erkenntnis führt, Definitionen und einschränkende Bewertungen wie zum Beispiel *„gut und schlecht"* oder *„richtig und falsch"* nicht mehr weiterhin als Maßstab in unserem Leben zu benutzen. Wir erzeugen weitaus profitablere Energien, wenn wir uns *neutraler* verhalten, überholte Ansichten hinterfragen und sie gegebenenfalls als nicht mehr passend und angemessen loslassen. Wichtig für uns ist weiterhin, den Ängsten, die uns nur allzu gerne beherrschen, klar ins Auge zu sehen, statt ihnen mit den altgewohnten Vermeidungstechniken permanent auszuweichen. Spirituelles Wachstum, das meines Erachtens mit einer ernstgemeinten Befreiung von Manipulationen und Begrenzungen einhergeht, ist allerdings nicht grundsätzlich immer nur angenehm. Spiritualität in ihrem reinsten Ausdruck umfasst eine religiöse Lebenseinstellung, eine Haltung, die sich auf eine weitaus höhere Wahrheit als die der Person innewohnende konzentriert. Spiritualität beinhaltet die Verbindung zum Transzendenten, dem Jenseits, der Unendlichkeit. Auch ohne die allgemein gängigen Vermittler und den Zusammenschluss von Menschen, die aufgrund ihrer Religion/ Konfession dem gleichen Glauben angehören, hat jeder Mensch Verbindung zur Spiritualität, trägt sie naturgemäß in seiner Seele und kann aus ihr leben. Falls Sie sich dazu entschließen, sich mit Spiritualität näher zu befassen und sich auf eine andere Bewusstseinsebene begeben wollen, dann ist eine ausgeprägte Disziplin die Grundvoraussetzung auf dem Weg zum Erfolg. Wir alle wissen, dass auch ein Sportler ohne ständiges Üben und Ausdauer keinen großen Durchbruch erreicht! Wenn Sie Ihren Körper trainieren und stärken wollen, dann besuchen Sie höchstwahrscheinlich ein Fitness-Studio. Ihre Muskeln wachsen mit Sicherheit nicht, weil Sie sich mit staunenden Augen und großem Interesse sämtliche Trainingsgeräte anschauen, und auch nicht, wenn Sie Ihren Trainer anhimmeln, seinen Body bestaunen und sich wünschen, auch bald einen derart gestählten Körper zu besitzen und genauso fit zu sein. Sie erreichen Ihr gewünschtes Ziel definitiv nur dann, wenn Sie im „Schweiße Ihres Angesichts" selbst trainieren, und das nicht nur einmal!

Warum denken so zahlreiche Menschen immer wieder, in ihrem Leben geschehe alles von alleine, und glauben, ihre Retter fallen im Notfall vom Himmel? Sehr viele Menschen scheuen sich davor, in Aktion zu treten. Lieber wäre es ihnen, wenn andere für sie entscheiden und das für sie erledigen könnten, was *sie selbst* tun müssen, um den gewünschten Erfolg endlich auch zu erleben. Ob Krankheit oder Lebenskrise, weder ein Arzt noch ein spiritueller Lehrer werden uns sanft aus unserem selbstgeschaffenen Dilemma herausheben. Wenn es erforderlich ist, Schwierigkeiten oder ernste Krankheiten wieder zu überwinden, müssen wir uns als Hauptperson schon eigenständig darum bemühen und unsere Passivität aufgeben!

Auch in Bezug auf die von uns ausgewählten „Heiler" sollten wir uns vor übersteigerten Erwartungshaltungen hüten, denn alle von uns aufgesuchten Therapeuten benötigen *zumindest* unsere echte Mitarbeit. Die gute Nachricht ist: Wenn wir ernsthaft Veränderungen und Wachstum möchten, gibt es erfreulicherweise sehr viele Möglichkeiten, die uns als Suchende auf unserem Weg inspirieren und auf eine andere Energieebene führen können. Der passende Schlüssel zu hilfreicher Selbstbeobachtung ist, die Aufmerksamkeit in andere Bahnen zu lenken, und auch, sich von der äußeren Welt sowie den Machenschaften des Egos zu lösen und sorgenvolle, bedrückende Gedankenstrukturen hinter sich zu lassen. Sicherlich ebenso erfolgreich wäre eine kontemplative Einkehr in die ruhigere, innere und weniger turbulente Welt!

Eine perfekte Hilfestellung auf diesem Weg nach innen ist jede Form der Meditation. Diese altbekannte Art der Bewusstseinserweiterung und Tiefenentspannung gibt jedem Übenden die Möglichkeit, Angst, Lebensfrust, Depressionen, begrenzte Vorstellungen, Chaos und nicht zuletzt gefährliche Formen von Stress zu bewältigen und abzustreifen. Chronischer Stress, der heutzutage viele von uns permanent im Griff hat und uns Erschöpfung und das Gefühl, leer und ausgebrannt zu sein (Burnout-Syndrom), signalisiert, ist die natürliche Folge eines Ungleichgewichtes zwischen den äußeren Lebensanforderungen und unseren inneren Ressourcen.

Doch jegliche Form der Meditation kann auch einem höheren Ziel dienen. Mein erster spiritueller Lehrer und persönlicher Freund, der Brite Tom Johanson, gestorben 2002, Philosoph, mehrfacher Buchautor und einer der seriösesten geistigen Heiler unserer Zeit, drückte es gerne so aus:

„Im Gebet sprechen wir mit Gott, und in der Meditation spricht Gott zu uns."

Sein Motto war: „First Heal The Mind." (Zuerst heile den Geist.) Tom war Generalmanager der Spiritualist Association of Great Britain in London, der größten Geistheiler-Vereinigung der Welt.

Ich möchte seinen Worten noch hinzufügen:

In einem Zustand des erhöhten Bewusstseins gewinnen wir als aufgeschlossene Erdenbürger den Zugang zur kollektiven Bibliothek allen geistigen Wissens und den Wahrheiten des Seins.

Zusätzlich erzeugen Sie als Übender eine heilende Harmonie, erneuern auf fast wundersame Weise Ihre erschöpften Energiereserven und fühlen sich während und nach einer gelungenen Meditation außerordentlich entspannt.

Bewahren Sie stets ausreichend Geduld auf dem Weg, Meditationsübungen zu praktizieren. Ihre Ausdauer wird letztendlich von spürbarem Erfolg gekrönt sein. Verlieren Sie nicht den Mut, wenn die erste Meditation nicht gleich perfekt gelingt. Die hundertste ist auf jeden Fall qualitativ mit der ersten nicht mehr zu vergleichen! Übung macht den Meister, und jede einzelne davon festigt die Schritte zum Erfolg. Ein Vergleich: Sie wurden in diese Welt geboren und fingen sofort damit an, sich auf die Welt und die neuen Gegebenheiten einzustellen. Sie lernten jeden Tag Neues hinzu. Durch Meditation oder gleichwertige Übungen lernen Sie Schritt für Schritt im gleichen Maße Ihre innere Welt wieder besser kennen.

Sie sollten es am Anfang mit Ihrem Übungseifer allerdings nicht übertreiben. Denn das führt eher zu Rückfällen und Lustlosigkeit als zu einem guten Ergebnis. Das könnte bedeuten, dass Sie sehr schnell wieder in alte Verhaltensgewohnheiten zurückfallen.

Meditation im eigentlichen Sinne ist natürlich keine Kopfarbeit, sondern gipfelt in einer erhöhten, nach innen gerichteten Wachsamkeit. Hierzu gehört das Loslassen aller Gedanken und Gefühle in einer sehr ausgeprägten körperlichen und geistigen Entspannung. Im Zustand des Meditierens werden wir uns unseres wahren Kerns umfassender bewusst und verbinden uns entsprechend leichter mit der grenzenlosen Energie unseres Seins.

In diesem „Klang der Stille" nähern wir uns all dem, was wirklich und immer gegenwärtig ist. Das Göttliche durchdringt uns, und wir erfahren die Schwingungen unserer Seele. Wir werden zunehmend durchpulst von großer Ruhe, innerem Frieden und Harmonie sowie von einer allumfassenden, bedingungslosen Liebe. Diese Schwingungen erfüllen jede einzelne Zelle und wirken kräftigend sowie heilsam. Sollten Sie nicht an eine göttliche Kraft glauben, so wird die innere Stille Sie trotzdem stärken und gute Gefühle in Ihnen erzeugen. Die Wissenschaftler der Psychoneuroimmunologie haben im Rahmen ihrer Forschungen herausgefunden, dass sowohl Meditation wie auch Gebete jede Art von Stress erheblich reduzieren. Sobald sich ein Mensch in seiner Mitte befindet und aus seinem Selbst heraus handelt, ist Stress nicht mehr möglich.

Wir bewegen uns während einer Meditation im *Jetzt,* dem einzigen Zustand, in dem wir *wirklich* leben und *sein* können. Was gestern war oder sogar vor einer Stunde, ist für immer vorbei und kann nicht mehr verändert werden. Was morgen oder in einer Stunde ist, sollte in diesem Moment nicht wichtig sein! Wer mit seinem Geist bewusst in der Gegenwart ist, ist im wahrsten Sinne des Wortes geistesgegenwärtig.

Klassische Meditationsübung

Setzen Sie sich ganz bequem hin und achten Sie darauf, Ihre Wirbelsäule vollkommen gerade zu halten. Erlauben Sie Ihrem Körper, während der Zeit, in der Sie Stille praktizieren, vollkommen bewegungslos zu sein. Das Einzige, was Sie noch bewegen sollte, ist Ihr Atem. Atmen Sie fünf- bis zehnmal – durch die Nase – ganz tief ein und langsam wieder aus. Stellen Sie sich vor, wie Sie Entspannung einatmen und Spannung, also alles Negative und Sie Belastende, nach außen abgeben. Lassen Sie alles, was Sie jetzt noch stört oder kränkt, mit jeder Ausatmung aus sich herausfließen. Schließen Sie dann Ihre Augen und richten Sie Ihre ganze Aufmerksamkeit ab diesem Moment komplett nach innen. Verändern Sie nichts, beobachten Sie einfach nur still Ihren Atem. Spüren und empfinden Sie, wie Ihr Atem unaufhörlich ruhig und gleichmäßig durch die Nase ein- und ausströmt.

Während Sie Ihre Aufmerksamkeit weiter auf dem Atemgeschehen lassen und die angenehme Kühle des Atems in der Nase spüren, lassen Sie ihn mit jedem Atemzug tiefer werden. Erhöhen Sie nach Belieben die Qualität Ihres Atems, indem Sie sich vorstellen, wie er Heilkraft in jedes Organ und jede einzelne Zelle Ihres Körpers transportiert. Halten Sie kurz inne und spüren Sie, wie sich die heilende Schwingung in Ihrem ganzen Körper ausbreitet. Nach einer geraumen Zeit wenden Sie Ihre Aufmerksamkeit auch vom Atemgeschehen ab und machen sich bewusst: *Sie werden geatmet.* Von Minute zu Minute erfahren Sie zunehmende Ruhe und Gelassenheit.

Falls sich Ihnen – was jedem Anfänger gerne passiert – ständig Gedanken über unerledigte Dinge aufdrängen, schenken Sie diesen, wenn möglich, keine weitere Aufmerksamkeit. Konzentrieren Sie sich immer wieder erneut auf Ihre Übung. Man kann sich während der Meditationsübung von einem drängenden Gedanken ablenken lassen, ihm folgen, ihn aber genauso gut loslassen mit der Vorstellung: Die Gedanken ziehen ruhig weiter, wie kleine weiße Wölkchen am Himmel es tun.

Schenken Sie selbst den Gedanken, die Ihnen als ungeheuer wichtig erscheinen, keine Aufmerksamkeit. Nehmen Sie alles, was das Alltagsleben betrifft, erst nach Beendigung der Übung – wenn dann noch nötig – wieder in Ihr Bewusstsein.

Während Sie sich so immer mehr vom Äußeren lösen und immer ruhiger und ruhiger werden, machen Sie sich bewusst: Sie bewohnen zwar einen Körper, aber Sie sind nicht (nur) der Körper. Sie sind *unsterbliches, ewiges Bewusstsein.* Da gibt es keinen Anfang und kein Ende. Sie waren immer und werden immer sein. Ihr wahres Wesen ist von einer Beschaffenheit, die von Waffen nicht verletzt, von Wasser nicht ertränkt und von Feuer nicht verbrannt werden kann. Die Dinge der äußeren Welt können sterben, so auch Ihr Körper. Sie aber sind ein *spirituelles Wesen,* das niemals aufhört, existent zu sein. Jede praktizierte Meditation sollte mit solchen oder ähnlichen Grundgedanken beginnen. Während Sie still in diesem Bewusstsein verharren, öffnen Sie sich im Bereich Ihres Herzens der bedingungslosen göttlichen Liebe, die Ihr ganzes Sein durchdringt und erfüllt. Die höchste Kraft des Universums durchströmt Sie, und je mehr Liebe Sie fließen lassen und auch nach außen abgeben, desto mehr Liebe wird zu Ihnen zurückfließen. Öffnen Sie sich dieser Liebe als Kanal, und achten Sie darauf, wie Ihr Herz und Ihr ganzer Brustbereich sich weiten. Während Sie losgelöst von äußeren Geschehnissen weitermeditieren, sinken Sie tiefer und tiefer in die Mitte Ihres Seins. Sie fühlen sich dabei zunehmend wohler und machen sich immer wieder von Neuem bewusst: Sie sind ein unsterblicher Teil des Ganzen. Ihr Körper ist Ihr Werkzeug und wird sich Ihrer Führung anvertrauen.

Mit dieser Einstellung kann es Ihnen gelingen, alle Negativempfindungen Ihres Körpers zu eliminieren. Ungute Gefühle, Verspannungen, Verkrampfungen, aber auch Schmerzzustände lösen sich allmählich auf oder werden positiv beeinflusst. Sie spüren erfreut den regenerativen Charakter der gelungenen Meditation. Bleiben Sie weiterhin ruhig und bewegungslos sitzen, insgesamt ungefähr 15 bis 20 Minuten, grundsätzlich so lange, wie es Ihnen behagt.

Später öffnen Sie Ihre Augen, atmen mehrmals ganz tief ein und aus, recken und strecken sich, um sich dann ganz langsam aus Ihrer Position zu erheben.

In einem solch tiefen Entspannungszustand erreichen Sie eine gezielte Loslösung von Problemen, Emotionen und Gefühlsstauungen. Selbst die Egokrankheit Angst können Sie durch die Kraft der Meditation hinter sich lassen. Wenn das Bewusstsein eines Menschen jedoch angefüllt ist mit negativen Gedanken und Gefühlen (Angst, Traurigkeit, Sorge), reagiert jede einzelne Zelle auf diese Form der Schwingung. Die Psychoneuroimmunologie hat durch gezielte Blutuntersuchungen und Austestungen von Probanden beweisen können, dass auch das Abwehrsystem des Menschen durch negative Gedanken geschwächt wird und damit Krankheiten in ihrer Entstehung begünstigt werden.

Der bekannte, aus Indien stammende Autor und Heiler Deepak Chopra, der sich unter anderem intensiv mit der Quantenphysik beschäftigt, drückte es im Rahmen eines Seminars so aus: „Jede einzelne Zelle unseres Körpers lauscht unserem inneren Dialog. Unser ganzes Wesen reagiert auf Botschaften, die wir ihm vermitteln."

Füllen Sie deshalb Ihr Bewusstsein mit aufbauenden, guten Gedanken und dem Wissen: Die unendliche Liebe, die der Hauptbestandteil von uns allen ist, verlässt uns nie, ist immer gegenwärtig, hält sich jedoch mit dem größten Respekt vor all unserem Tun und unseren Entscheidungen zurück, ruht sozusagen. Das bedeutet, wenn Sie diese Energie erleben, spüren und nutzen wollen, dann sollten Sie etwas tun, was Sie mit ihr verbindet, und gleichzeitig das loslassen, was Sie von ihr trennt. Abermals ein Vergleich: Der Strom in der Steckdose ist immer vorhanden, doch ein Gerät, das nur durch ihn in Betrieb genommen werden kann, funktioniert erst dann, wenn Sie es an den Strom anschließen.

Kranke, behinderte, körperlich geschwächte Menschen können die beschriebenen Übungen selbstverständlich auch im Liegen praktizieren. Wenn Sie gesund und leistungsfähig bleiben oder werden wollen, dann sorgen Sie in Ihrem Alltag dafür, eine längere Phase großer Anspannung *immer* mit einer *Ent*spannung zu neutralisieren.

In den von mir abgehaltenen Meditationskursen durfte ich häufig erleben, wie unruhig Menschen zunächst auf die bisher ungewohnten Ruhephasen reagierten. Sie beschwerten sich mit Worten wie: „Ich schaffe es einfach nicht, so unbeweglich still dazusitzen!" Diese Phase wird durch regelmäßig wiederholte Übungen überwunden. Jeder von uns kann, vorausgesetzt er will es wirklich und erkennt einen Sinn darin, ein paar Minuten in stiller Meditation verharren. Falls auch Ihnen diese Übungen am Anfang schwerfallen, bleiben Sie eventuell nur zwei bis fünf Minuten ruhig sitzen und verfahren dabei wie oben beschrieben. Nach einer Woche disziplinierter Übung fällt es Ihnen garantiert schon leichter, vielleicht acht bis zehn Minuten in dieser Ruhe zu verweilen.

Den absoluten Gegnern der „starren" Meditation empfehle ich Bewegungsmeditationen.

Spazieren Sie ruhig und gelassen durch die Natur. Rennen Sie nicht, als ginge es um Leistung oder gar Ihr Leben, sondern gehen Sie besinnlich. Schauen Sie auf die Blumen, auf einen kleinen Käfer, riechen Sie das Gras oder die Schneeluft. Umfassen Sie einen Baum, betasten Sie ihn und spüren Sie still seine kraftvolle Energie. Halten Sie einfach inne und beobachten Sie mit Ehrfurcht, was in der Natur alles so vor sich geht. Erfassen Sie dabei jede Einzelheit von dem, was sich in diesem Moment vor Ihren Augen darstellt.

Das Innehalten und die Achtsamkeit sind äußerst wichtig! Ignorieren Sie einfach alle Daten und Beeinflussungen des Alltags, die wie gewohnt über Sie hereinbrechen wollen. Alles, was Sie tun, tun Sie während dieser Bewegungsmeditation mit allen Sinnen und ganz bewusst! Bleiben Sie stets fokussiert auf den Moment, denn nur dann sind Sie ganz im Hier und Jetzt.

Selbst im Büro können Sie eine solche Übung machen. Schauen Sie sich beispielsweise ein Bild an, was vor Ihnen an der Wand hängt, und halten Sie inne dabei, so als sei nichts auf der Welt jetzt wichtiger. Betrachten Sie das Bild so genau, wie Sie das bisher vielleicht nie taten, und Sie werden feststellen, dass Sie ganz feine Einzelheiten entdecken, die Ihnen bisher nicht aufgefallen waren. Oder schauen Sie ganz einfach aus dem Fenster in die Natur hinaus. Atmen Sie dabei tief in Ihren Bauch hinein und dehnen Sie ihn so weit wie möglich. Spannen Sie während des Einatmens konzentriert Ihre Beckenbodenmuskeln an. Halten Sie nun den Atem, solange Sie können, fest, etwa fünf bis zehn Sekunden. Während des Ausatmungsprozesses lassen Sie Ihre Bauchdecke wieder total einsinken. Dabei entspannen sich auch die Muskeln des Beckenbodens über das rhythmisch wiederkehrende Loslassen jedes Mal erneut.

Vielleicht schließen Sie im Anschluss an diese Übung Ihre Augen für ein bis zwei Minuten und visualisieren sich ein Erlebnis aus der Natur. Stellen Sie sich vor, wie Sie am Meeresstrand liegen oder spazieren gehen. Vielleicht möchten Sie lieber in der duftenden Natur an einem ruhigen See im Gras oder am Waldesrand sitzen? Ihrer Vorstellungskraft und Fantasie sind keinerlei Grenzen gesetzt! Die beschaulichen inneren Bilder führen zu einer Veränderung des Körpergefühls. Aufbauende, friedvolle und Ruhe spendende Gedanken sollten das gewünschte Bild-Erleben begleiten, denn sie erzeugen positive energetische Schwingungen.

Sie bemerken höchstwahrscheinlich schon nach ein paar Minuten Übung, dass Sie Ihre Arbeit im weiteren Verlauf des Tages viel effektiver vollbringen können. Alles, was Sie zu bewältigen haben, wird ab diesem Moment eine ganz andere, ja viel bessere (höhere) Qualität haben. Ihnen wird auffallen, wie Ihr Alltag sich vereinfacht und Ihnen alle Tätigkeiten leichter von der Hand gehen. Vielleicht fühlen Sie auch deutlich das zunehmende innere Gleichgewicht oder Sie spüren einen wunderbaren inneren Frieden. Möglicherweise können Sie in diesem Zusammenhang auch all das, was Sie täglich tun, besser wertschätzen und im Zuge dessen eine angemessene Dankbarkeit empfinden.

Gleichermaßen *meditativ* können Sie natürlich auch Ihre Mahlzeiten einnehmen oder einkaufen gehen. Ja, das sollten Sie sogar! Wenn Ihnen das gelingt, wird Stress immer mehr zu einem Begriff, der in Ihrem Leben keine Bedeutung mehr hat. Probieren Sie es aus, und Sie werden die täglichen Meditationsübungen nie wieder missen wollen. Das regelmäßige Üben, immer den gegenwärtigen Augenblick bewusst zu erfüllen, entfernt Sie mehr und mehr aus den Fängen der Vergangenheit und bewahrt Sie ebenso vor den Sorgen über kommende Ereignisse. Vergessen Sie bitte bei *keiner* Entspannungsübung, Ihren Atem ganz bewusst in das Geschehen miteinzubeziehen, und Sie werden sich von Atemzug zu Atemzug kraftvoller fühlen.

Wenn Sie sich während eines Einkaufs stets im Jetzt und in dem Gewahrsein des Ganzen befinden, dann werden Sie nie mehr einen Kauf bereuen. Sie werden sich weder das falsche Kleid noch den falschen Anzug oder gar ein ungeeignetes Auto anschaffen. Auch die Auswahl Ihrer Lebensmittel wird stimmiger ausfallen. Wenn ich beispielsweise in den frühen Morgenstunden – nach einer vorausgegangenen Meditation – weiter an diesem Buch schreibe, ist mein Geist wesentlich freier. Mit größerer Leichtigkeit finde ich die passenden Worte oder geeignete Formulierungen und eröffne mir einen Zugang zum kollektiven Wissen. Auch die störenden (Tages-)Einflüsse und Energien „schlafen" sozusagen noch. Das Energie- und Gedankenmuster meiner Umgebung ist so früh am Morgen noch ausgesprochen ruhig. Es klingelt kein Telefon, Fremdenergien und Impulse sind quasi auf Eis gelegt.

Nun möchte ich Ihnen zum Schluss an dieser Stelle noch eine ganz **spezielle Meditationsübung** vorstellen. Ich liebe diese Übung, schätze ihren Wert und praktiziere sie aus diesem Grunde selbst sehr oft.

Suchen Sie sich eine Ruhe fördernde Umgebung aus und nehmen Sie eine bequeme Meditationshaltung ein. Schließen Sie Ihre Augen und stellen Sie sich vor, Sie befinden sich in einer sehr einsamen Bucht am Meer, vielleicht sogar auf ganz abgelegenen Klippen. Sie schauen über das weite Meer, das keine sichtbare Begrenzung hat und sich im Horizont verläuft. Ihr Steiß nimmt in Ihrer Vorstellung Verbindung mit der Mutter Erde auf. Sie können deutlich die Erdenergie spüren. Atmen Sie ein paar Mal tief ein und aus und entspannen Sie sich dabei. Was Sie belastet oder stört, können Sie über Ihren Steiß (Kanal) in die Erde abfließen lassen. Unsere Mutter Erde nimmt äußerst bereitwillig negative Energien und Empfindungen in sich auf, um sie liebevoll zu transformieren.

Nach einer kurzen Zeit des Verharrens visualisieren Sie nun einen geschlossenen Kreis aus goldenem Licht um Sie herum. Dieser Kreis sollte Sie in Bodennähe wie einen Reifen umschließen und etwa die Breite von 30 bis 40 cm haben. Das ungewöhnlich hell strahlende und goldfarben schimmernde Licht ist in Bewegung. Sie beobachten, wie es in langsamen Kreisbewegungen um Ihre Hüften herumfließt und Sie quasi einhüllt. Wenn Ihnen diese bildhafte Vorstellung gelungen ist, ziehen Sie dieses Licht an Ihrem Körper entlang hoch bis über Ihren Kopf. Stellen Sie sich das so ähnlich vor, wie wenn ein Töpfer auf seiner Scheibe den zu bearbeitenden Ton hochzieht, bis er daraus eine Vase geformt hat. Sie fühlen sich gänzlich in Licht gepackt.

Über Ihrem Kopf formiert sich diese Lichtenergie wie eine weit geöffnete Blume.

Durch die obere Öffnung dieses Lichtkegels fließt unaufhörlich heilende, göttliche Energie in Sie hinein. Sie danken freudigen Herzens für diese Kraft in dem Bewusstsein, dass nur Gutes Sie noch erreichen kann und jegliche Form der Negativität durch dieses wunderbar strahlende, göttliche Licht von Ihnen ferngehalten wird. Alles Destruktive prallt förmlich daran ab und fällt *entmachtet* zu Boden. Und lächeln Sie immer wieder in sich hinein, denn Lächeln entspannt den ganzen Körper. Sie bleiben noch eine Weile so sitzen und genießen in großer Dankbarkeit diese Kraft und Wärme. Wenn Sie möchten, senden Sie nun das strahlende Licht in die ganze Welt, um auch sie zu heilen, zu Menschen, die es brauchen, und in die Gebiete auf der Erde, wo derzeit Leid und Schmerz herrschen. Anschließend kehren Sie langsam wieder ganz bewusst zurück an den Ort, an dem Sie sich gerade befinden. Lösen Sie sich durch tiefes Ein- und Ausatmen wieder aus diesem meditativen Zustand. Nehmen Sie Entspannung und Wohlgefühl jedoch mit in Ihren Alltag.

Die gesamte Dauer der Meditationsübung beträgt etwa fünf bis zehn Minuten.

Sie können ebenso Ihre Kinder, Ihren Partner, einen kranken Menschen, Ihr Haus oder auch Ihr Auto vor einer weiten Fahrt mit Hilfe dieser Methode schützen. Hüllen Sie einfach einen Menschen oder Dinge im Verlauf dieser Übung in dieses Licht ein und stellen Sie sich dabei vor, wie die göttliche Energie ihre heilsame und schützende Wirkung entfaltet. Wenn Sie ein sehr schwieriges Leben haben oder vielleicht sogar sehr krank sind, dann wünsche ich Ihnen von Herzen, dass Sie für sich den richtigen Weg finden, die höchste Kraft des Universums in sich zu erwecken und täglich neu zu aktivieren. Wenn es gelingt, werden Sie spüren, wovon ich gesprochen habe, und merken, wie alles in Ihnen und um Sie herum sich verändert und zum Guten wandelt. Positive Visualisierungstechniken entwickeln sich zu unschätzbaren Helfern, haben einen ungeheuer starken Einfluss auf Krankheitsgeschehen aller Art, kräftigen ein geschwächtes Abwehrsystem und fördern den ersehnten Fluss der Heilenergien.

Anmerkung:
Falls Sie glauben, all diese Übungen nicht alleine durchführen zu können, und deshalb mit Hilfestellung üben wollen – überall im Handel gibt es Meditationen auf CD oder DVD zu kaufen. Sie können für einen Anfänger äußerst hilfreich sein. Ebenso werden entsprechende Kurse fast in jeder Stadt angeboten.

Das Gebet als Lebenshilfe

Alle Menschen dieser Welt sehnen sich im tiefsten Inneren, besonders in schwierigen Zeiten ihres Lebens, nach spirituellem Beistand. Als Kinder wachsen wir, innerhalb des Kulturkreises, in den wir hineingeboren wurden, in der Regel in einer religiösen Gemeinschaft auf. Im Erwachsenenalter können wir uns – falls gewollt – neu orientieren, uns von den gewohnten Strukturen lösen, gottfern leben oder aus eigenem, völlig freiem Entschluss einer von uns ausgewählten Konfession unsere Aufmerksamkeit und unser Vertrauen schenken.

Wie auch immer wir uns entscheiden, wir sollten niemals verächtlich auf Gläubige herabblicken, die eine andere religiöse Auffassung haben als wir und die ihrem Gott vielleicht einen anderen Namen geben. Immer geht es um die gleiche Schöpferkraft, auch wenn seit jeher die schlimmsten Verfolgungskriege geführt werden, um den kleinen, feinen Unterschied zu demonstrieren, den es in den Grundwahrheiten des Seins überhaupt nicht gibt.

Menschen, die andere Glaubensrichtungen als die ihre boykottieren und als „falsch" ablehnen, verdeutlichen damit in bedauernswerter Weise, wie wenig sie die Botschaften aller geistigen Lehrer und Führer, egal ob Jesus oder Buddha, verstanden haben. Ausnahmslos *alle predigten von Liebe und Eintracht* und riefen uns als Menschen dazu auf, ihrem Vorbild zu folgen.

Eine der besten Übungen, Klarheit, inneren Frieden sowie seelisch-geistige Entspannung zu erlangen und auch den Körper damit zu durchdringen, ist das Gebet. Während eines aufrichtigen Gebets verbindet Ihre Seele sich mit dem Schöpfergeist. Sie blüht regelrecht auf, erlebt Stärke und Schönheit. Wenn Sie beten möchten, benötigen Sie weder eine Kirche noch ein Gebetbuch dazu! Wo immer Sie sich auch gerade befinden, nichts und niemand hindert Sie daran, nach Ihren eigenen Vorstellungen eine Verbindung mit Gott einzugehen. Jeder Gedanke, der in Liebe gefasst wird, ähnelt bereits einem Gebet.

Viele von uns haben es verlernt zu beten und wissen gar nicht, was sie tun sollen, wenn sie beten möchten. Einige erinnern sich nur noch dunkel und fangen erst dann an zu beten, wenn es ihnen sehr schlecht geht und sonst nichts mehr helfen kann. Dann flehen sie Gott oder irgendeine höhere Macht um schnelle Hilfe an. Daher kennen viele Menschen das Gebet *nur* als Ruf des Flehens oder als Bitte.

Ich spreche jetzt jedoch von einer ganz anderen Form des Gebets und kann Ihnen nur ans Herz legen, wieder intensiv beten zu lernen. Beten und danken Sie morgens gleich nach dem Wachwerden, noch bevor Sie zur Tagesordnung übergehen. Danken Sie vorab, dass der neue Tag ein guter Tag für Sie und alle wird, mit denen Sie in Berührung treten. Bitten Sie darum, allen Menschen, Ereignissen und Dingen mit Liebe und Verständnis begegnen zu können. Ein aufrichtiges Abendgebet hilft Ihnen, sanft in den Schlafzustand hinüberzugleiten. Bedanken Sie sich für alles Gute und nehmen Sie Ihr Leben, also auch die weniger guten Dinge, aus vollem Herzen an. So kommen Sie zur Ruhe und finden vor allem einen erholsamen Schlaf. Oft beten wir und ahnen es gar nicht. Eine Blume in ihrer Schönheit zu bewundern und ihren Duft freudig und dankbar einzuatmen, ist eine Form des meditativen Gebets. Diese *Achtsamkeit* verbindet uns Menschen mit der ganzen Großartigkeit des Seins. Beten Sie aus vollem Herzen. Am leichtesten betet es sich in der Natur, denn im Einklang mit ihr und ihrer Ordnung fällt es uns Menschen leichter, aus der Tiefe unseres Wesens gute Gedanken für ein Gebet und eine angemessene Gebetsform zu entwickeln.

Wann immer Sie beten, tun Sie es nie zwanghaft. Bittgebete, die auf egoistischen Erwartungshaltungen basieren, sind nicht empfehlenswert und es wird Ihnen wohl kaum „Gehör" geschenkt, weil das Universum nicht weiß, wie es Ihnen auf Ihr Flehen antworten soll. Ich bezeichne diese Form des Gebets gerne als einen „Wunschhandel mit Gott". Wenn Sie stattdessen jedoch liebenden Herzens eine Verbindung mit Ihrem Schöpfer suchen und eingehen, dann erschaffen Sie in sich genau die Energie, die mit der größten Kraft des Universums in Resonanz tritt. Das ist nicht schwierig und gelingt Ihnen am besten, wenn Sie es ganz locker angehen und in Ihrem Herzen den Wunsch tragen, sich mit der Urkraft verbinden zu wollen.

Jeder Mensch ist ein Schöpfer und hat Zugang zum natürlichen Überfluss des Seins. Daher besteht für alle grundsätzlich die Möglichkeit, in der Fülle zu leben. Die Zeit ist angebrochen, das von vielen exzentrischen Gesellschaftsordnungen bis dato unterdrückte, geheime Wissen über das machtvolle Potential der göttlichen Energie wiederzuentdecken.

Ständige Beeinflussungen von außen behindern uns dabei, klarzusehen und unsere ureigensten Fähigkeiten zu aktivieren. Wenn wir uns das verinnerlicht haben und diesen unnützen Ballast zukünftig meiden, können wir im Einklang mit unserer Seele unseren Weg gehen.

Ein zielgerichtetes Gebet, in Verbindung mit klaren Vorstellungen und guten Gefühlen, ist eine der vielen Optionen, Fülle im Leben zu manifestieren. Diese kann sich für uns in Glücksempfindungen wie Zufriedenheit, innerem Gleichgewicht, Freude und Harmonie, aber auch in friedvollen Beziehungen äußern. Werden Sie sich Ihrer Schöpfermacht und Größe wieder bewusst. Richtig beten können heißt die „Sprache" erlernen, die von der Schöpferenergie „verstanden" werden kann. Es bedeutet, ganz bewusst eine höhere Energieebene in uns zu finden und, solange es uns zeitmäßig gelingt, in dieser weltabgewandten Energieform zu verweilen.

Gute und weiterführende Erklärungen hierzu finden Sie in Büchern über Quantenphysik, die in jeder guten Buchhandlung in leicht verständlicher Form vorliegen.

Auch ist das Gebet ein guter Weg, Antworten auf viele Fragen zu finden. Beten kann zur Zeremonie werden, die den Betenden freier atmen lässt und ihn sanft aufrichtet. Ein Gebet bringt ein Lächeln in unser Herz, besonders dann, wenn negative Stimmungen und Ereignisse des Lebens uns niederzudrücken drohen, uns aus dem Gleichgewicht gebracht haben. Ein gutes Gebet stärkt Körper, Geist und Seele. Beten Sie auch in Form von Gedanken der Liebe für Ihre Kinder, Ihren Partner und für die ganze Welt. Freuen Sie sich, wenn Sie nach einem intensiven Gebet Erleichterung in Ihrem Inneren spüren oder diese Kraft Ihnen in Form von oft unerklärlichen Geschehnissen antwortet. Präzise Formulierungen sind kraftvoll!

Drei Empfehlungen zu beten:

Ich danke dem Universum
und seiner unerschöpflichen Kraft
von ganzem Herzen, allzeit in der
der Fülle leben zu dürfen.
Ich freue mich über

das Wunder meiner Heilung
in allen Lebenslagen und Bereichen.
In Ruhe und Gelassenheit meistere
ich die mir gestellten Aufgaben.
Mein Leben (und Alter)
verbringe ich in Liebe, Gesundheit,
Wohlstand und innerem Frieden.
Ich akzeptiere die Eigenarten
meiner Mitmenschen und achte
und liebe sie, so wie sie sind.
Ich respektiere alle Geschöpfe
dieser wunderschönen Erde,
auf der ich leben und lernen darf.
Meine Gedanken sind voller Mut,
Aufrichtigkeit und Dankbarkeit.
Ich verbringe in großer Lebensfreude
den Rest meines Lebens.

Ich danke von ganzem Herzen
für die gute Nacht und dafür,
dass ich behütet worden bin.
Ich freue mich auf den neuen Tag,
den ich mit Liebe beginnen und
ebenso in Liebe beenden will.
Ich danke dafür, aufrecht, kraftvoll
und mutig durch mein Leben gehen zu dürfen,
so wie es meiner Bestimmung entspricht.
Ich danke für die Gnade,
in großer Besonnenheit
Entscheidungen treffen und
Ruhe bewahren zu können,
wenn große Anforderungen
mich und mein Leben
aus dem Gleichgewicht
zu bringen drohen.
Ich danke dafür, dass ich
die große Kraft des Universums

in mir spüren darf und mir
allzeit gute Gesundheit geschenkt wird.
Großer Dank gilt all meinen Organen
und Körperteilen, weil sie unermüdlich
perfekte Arbeit für mich leisten.
Ich danke dafür, meine eigene
und die große Welt
ein wenig heiler gestalten zu dürfen.
Ich danke der unendlichen Kraft
des Universums von ganzem Herzen,
dass SIE jeden Menschen, die Erde
und auch mich selbst segnet.

Eine weitere Möglichkeit:

Ich habe DICH nie von Angesicht
zu Angesicht gesehen.
Doch mein Herz spürt DEINE Liebe
und schlägt durch DEINE Kraft.
Jede einzelne Zelle in meinem Körper
pulsiert im Strom des Allerhöchsten.
DU bist reine Liebe und ich
ein Teil von DIR.
Ich danke DIR, diese Liebe erspüren
und als Wesen in IHR leben zu dürfen.

Das sind große, sehr energiereiche Worte. Doch ohne unseren Willen und unsere Entscheidung, endlich mit Hilfe dieser höchsten Kraft unseren Alltag zu meistern, werden es nur leere Worte bleiben.

Mensch und Umwelt

Weder ist die Natur
ohne Gott, noch ist
Gott ohne die Natur,
sondern beide sind dasselbe,
sie unterscheiden sich
nur in ihrer Aufgabe.

– fernöstliche Weisheit –

Wir greifen als Menschen allzu leichtfertig in die kosmische Ordnung ein. Mensch und Umwelt befinden sich leider immer seltener im Einklang miteinander. Zu viele Bewohner des Planeten Erde, besonders wir Menschen in den sogenannten zivilisierten Ländern, verlieren mehr und mehr die symbiotische Verbindung zu den Wurzeln unseres Lebensraumes, woraus sich zunehmend eine disharmonische Beziehung zur Natur und gleichsam auch zu deren Erwartungen an uns entwickelt. Wer mit offenen Augen durch diese Welt geht, kann und wird beobachten, wie viele Menschen es doch gibt, die sich so verhalten, als läge eine zweite Welt für uns auf Halde, die wir dann ohne große Probleme hervornehmen können, wenn wir diesen schönen Erdball vollends zugrunde gerichtet haben. Ob wir als mahnendes Beispiel die immer schwieriger werdende Lagerung des heranwachsenden Atommülls, eine zunehmende Luftverpestung oder den immer deutlicher wahrzunehmenden Klimawandel betrachten: Uns allen sollte klar sein, dass es so ganz sicher nicht, und schon gar nicht gefahrlos, weitergehen kann. Wie wenig wir als Menschen die Natur sowie die von uns selbstgeschaffenen Risiken beherrschen, durften wir als Bestätigung bei der Atomkatastrophe in Japan erleben! Eine unberechenbare Meereswelle hat unvorstellbares Leid ausgelöst, nicht nur für die Japaner, sondern für die ganze Welt. Wie hilflos und winzig erscheint doch der Mensch, wenn die Natur sich eigenwillig erhebt. Und wie vermessen muss ein Mensch sein, wenn er behauptet, Dinge wie Atomkraftwerke bestens im Griff zu haben! Wie können Menschen so anmaßend sein zu glauben, diese Kräfte bändigen und damit Schaden von Natur und Menschheit fernhalten zu können? Die Erde ist stark, sie wird sich regenerieren, doch es könnte durchaus geschehen, dass sie sich – weil sie sich bedroht und überfordert fühlt – die „Laus Mensch" aus ihrem Pelz schüttelt!

In einem Rundbrief schrieb Dr. Ruediger Dahlke (Arzt und Psychotherapeut): „Der Weg zu Atombomben und Atomkraftwerken ist mit Nobelpreisen gepflastert." Schütteln Sie beim Lesen auch gerade den Kopf über so viel Widersprüchlichkeit? Doch scheinbar wachen die (Un-)Verantwortlichen immer noch nicht wirklich auf! Wie recht hatte der englische Schauspieler Sir Peter Ustinov (1921–2004), als er sagte:

„Die letzte Stimme, die man hört, bevor die Welt explodiert, wird die Stimme eines Experten sein, der einem erklärt, dass das technisch unmöglich sei."

Mich macht es ungemein traurig, wenn mir immer wieder Mitmenschen begegnen, die störrisch alle Warnzeichen ignorieren und mit der Bemerkung kontern: „Sollen doch die Großen dieser Welt erst einmal damit anfangen, die Erde zu retten. Was soll ich mich als Einzelner einschränken oder bemühen, das bringt doch nichts!"

Da bin ich ganz und gar anderer Meinung, und ich hoffe, Sie, lieber Leser, ebenso. Der „kleine Mann" (das Gros) ist in der Überzahl und kann sehr wohl Entscheidendes bewirken. Ich bin mir sicher, dass jedes gute Beispiel, mit dem jeder Einzelne von uns vorangeht, nicht unbemerkt bleiben wird. Nachahmer gibt es immer, im Guten wie im Schlechten. Dazu ein Spruch von Seneca (römischer Philosoph und Literat):

Viel wirst du geben,
wenn du auch gar nichts
anderes gibst
als dein Beispiel.

Mir persönlich werden die gezielten Maßnahmen und aufrüttelnden, permanenten Warnungen der Umweltaktivisten immer sympathischer. Wir alle wissen nur zu genau, wie bedroht die Menschheit ist. Wenn wir nicht möglichst schnell umdenken und unser Verhalten ändern, könnten wir sozusagen „den Zug verpassen". Hierzulande genauso wie auf der ganzen Welt.

Ein drastisches Beispiel für die Missachtung von Natur und Atemluft durfte ich auf einer Insel im Mittelmeer erleben, auf der ich eine relativ große Zeitspanne meines Lebens – bis zur Mitte des Jahres 2011 – verbrachte. Dort hatte ich erfreulicherweise auch sehr schöne Erlebnisse und Tage. Mit den folgenden Zeilen beschreibe ich allerdings sehr veränderungsbedürftige Missstände. Das ursprünglich paradiesische Fleckchen Erde wurde und wird durch unfassbare Ignoranz und die schon ekelerregende Profitgier mancher Menschen gewaltig belastet. In den letzten Jahrzehnten brachte besonders die immens zunehmende Bauwut das harmonische Gleichgewicht der Natur ungeheuer ins Wanken. Das ehemalige Kleinod wurde ohne die geringste Rücksicht auf das Gesetz von Ursache und Wirkung seiner Natürlichkeit, seiner Urwüchsigkeit und seines ehemals animierenden Charmes beraubt.

Da ich eine große Verehrerin der Schönheiten der *unberührten* Natur bin, drehte sich mir regelmäßig der Magen um, wenn ich auf meinen Spaziergängen, die schließlich Auge, Seele und Gemüt erfreuen sollten, Müllhalden übelster Sorte entdeckte. Ob in einem sehr schönen Pinienwald, am Meer oder gar auf einem Wanderweg, die Verursacher schienen und scheinen vor nichts zurückzuschrecken. Alte Kühlschränke und sonstige unbrauchbar gewordene Gegenstände stehen oder liegen wie Mahnmale in vormals herrlicher und unberührter Natur.

Jugendliche feiern abends und nachts ausschweifende Partys am Meer oder auf Rastplätzen für Wanderer. Wenn sie wieder abziehen, lassen sie ihren Müll einfach achtlos liegen! Leere Bierdosen oder Flaschen, Papier, Plastikmüll sowie Essensreste sind wahrhaftig keine Zierde für eine natürlich schöne Landschaft. Abgerundet wird dieses Bild des Grauens noch durch den Geruch stinkender Zigarettenkippen. Obendrein führt so mancher achtlos weggeworfene Glimmstängel bei heißen Temperaturen alle Jahre wieder zu den allseits gefürchteten Waldbränden. Empfinden diese Rüpel überhaupt keine Achtung vor dem Planeten, der ihnen Schönheit, Wohnraum und Nahrung beschert? Die Haltung solcher Individuen macht mich wütend und zugleich tieftraurig. Ich weiß, meine Emotionen sind keineswegs hilfreich, wenn es darum geht, etwas zu verändern. Leider waren auch meine Bemühungen und so mancher Aufruf zur Änderung in all den Jahren ziemlich ergebnislos. Diese Ignoranten scheint es nicht im Geringsten zu berühren, wie die Umwelt sowie auch andere Menschen durch dieses Fehlverhalten empfindlich gestört werden.

Besonders bei Sturmfluten, aber eigentlich tagtäglich, werden Müll und Plastik an die Küste, sprich den Strand, gespült. Die Umweltignoranten von Schiffen, Jachten und Booten werfen ihn ganz einfach über Bord, statt ihn bei ihrer Rückkehr in einen Hafen – wie behördlich vorgegeben – zu entsorgen. In der Bucht der Hauptstadt dieser herrlich gelegenen Insel müssen laut Presseberichten jedes Jahr, man lese und staune, 35 Tonnen Plastik und Müll von Spezialschiffen aus dem Meer gefischt werden. Jeder Einzelne dieser Umweltsünder könnte leicht dazu beitragen, diese Zahlen sinken und nicht weiter anwachsen zu lassen. Leider benehmen sich diese Schmutzfinken jedoch so, als sei ihr Verhalten keine große Unachtsamkeit gegenüber der Umwelt, sondern ein Kavaliersdelikt. Ich frage mich immer wieder: „Tun diese Menschen das eher gedankenlos oder gar in voller Absicht?" Mal wird Ersteres, mal Letzteres zutreffend sein! Vor einiger Zeit las ich einen Artikel in einem Magazin der Insel. Die Überschrift lautete: „Der alte Müll und das Meer." Wahrlich ein sehr aussagekräftiger Titel! Der Autor (G. Schwank) beschrieb äußerst plastisch, wie der von den an der Küste entlangfahrenden und -segelnden Jachten über Bord geworfene Müll im Uferbereich zunächst ungestört vor sich hin schaukelt und ein Bild des Grauens und schlechten Benehmens abgibt.

Auch Gifte scheinen für viele der Inselbewohner zu den Dingen zu gehören, die man, recht großzügig und ohne für die Folgen einstehen zu müssen, verbrauchen kann. Ob es sich um Düngemittel, um Pestizide oder um Insektizide handelt, die Verbraucher erkennen, wie es scheint, in nichts eine Gefahr für sich, ihre Umgebung und die Umwelt. Ich beobachtete zum Beispiel in einer Bäckerei, wie an einem Sommertag Fliegen auf Brot, Kuchen und anderem Gebäck saßen. Eine Verkäuferin griff ganz beherzt zu einer Riesenflasche Insektengift und sprühte wie wild über das ganze Speisenangebot. Ich stand plötzlich in einem Nebelfeld aus Insektenbekämpfungsmittel und verließ hustend und natürlich unverrichteter Dinge den Laden.

Mit dem Verbrauch von Chlor geschieht es ähnlich. Ob im Pool, Putzwasser oder als Zusatz für die Säuberung von Lebensmitteln: Der hohe Verbrauch dieses Giftes ist geradezu erschreckend. Bauschutt, Farbreste und Autoöle werden achtlos in der Natur entsorgt, alte Autoreifen und Plastik zusammen mit anderen Dingen, die angefallen sind, im eigenen Garten verbrannt. Aus Autofenstern achtlos entsorgt, fliegen einem während der Fahrt Müll und schlimmstenfalls Flaschen um die Ohren. An meiner Autoscheibe landete eines schönen Tages eine volle Babywindel. Sie war vielleicht nicht ganz so umweltbelastend, für mich aber dennoch ein treffendes Beispiel für die Rücksichtslosigkeit, die mich im Laufe der Jahre immer mehr anwiderte.

Das sind nur Beispiele, einige Dinge von vielen! An dieser Stelle möchte ich aus tiefstem Herzen heraus die Frage stellen:

„Wie sollen wir einmal unseren Kindern und Enkeln erklären, warum wir mit dem Lebensraum, der auch ihnen noch zum Leben und nicht zuletzt zu ihrer Freude gereichen sollte, aus purer Profitgier so achtlos umgegangen sind?"

Der britische Thronfolger Prinz Charles hat ein Buch geschrieben mit dem Titel „Harmonie". Er beschreibt darin eine Menschheit, die im Großen und Ganzen scheinbar nur noch nach industriellen Prinzipien handelt. Seiner Meinung nach schauen zu viele nicht mehr über den Tellerrand hinaus und vergessen dabei leider ein ganzheitliches, vorausschauendes Denken und Handeln.

Auch der sympathische Schauspieler Hannes Jaenicke spricht nicht nur über Umweltschutz und artengerechte Tierhaltung, sondern engagiert sich mit ganzer Kraft. Ich empfehle Ihnen sein Buch aus dem Gütersloher Verlagshaus mit dem Titel „Wut allein reicht nicht". Den Untertitel „Wie wir die Erde vor uns schützen können" finde ich genial.

Olaf Tschimpke, Präsident des *Naturschutzbundes Deutschland e.V. (NABU)*, gab darüber folgenden Kommentar ab: *„Das Buch rüttelt auf und motiviert zum Engagement, genau das, was wir für einen aktiven Natur- und Umweltschutz brauchen."*

Meine Ausführungen sind im Rahmen dieses Buches, denke ich, ausreichend, um zu verdeutlichen: Es wird allerhöchste Zeit, endlich komplett umzudenken.

Ein bedachtsames und rücksichtsvolles Benehmen, nicht nur der Umwelt gegenüber, bleibt nicht ohne gute Folgen! Stellen wir uns einfach einmal vor, wie heilsam es wäre, wenn wir ab sofort uns selbst, unsere Mitmenschen, den Lebensraum, in dem wir wohnen, kurz, schlussendlich *alles* auf diesem Planeten achten und liebevoll behandeln würden. Jeder von uns ist verantwortlich, wir dürfen uns nicht drücken und die Verantwortung anderen überlassen! Wir sind als Einzelner, als Familie, als Stadt und als Land mit dem gesamten kollektiven Geschehen verbunden und erfahren demzufolge viele durch unsere Aktionen verursachten Reaktionen gemeinsam. Sorgen wir mit dafür, dass sie nicht so schmerzhaft ausfallen! Selbst wenn wir in unserem Alltag auch nur gewisse Kleinigkeiten beachten, wird sehr viel geschehen zum Schutz unserer Erde und wir können miteinander dazu beitragen, die „Karre wieder aus dem Dreck zu ziehen".

Dr. Jane Goodall (schauen Sie sich den Namen einmal genau an!) ist eine überaus engagierte Umwelt- und Artenschützerin. Sie setzt sich am Tag bis zu 18 Stunden für die Rettung der Umwelt und von bedrohten Tierarten ein. Am 11. November 2010 wurde sie für ihr Tun geehrt und mit dem Medienpreis Bambi ausgezeichnet.

Sie sprach in ihrer Dankesrede die folgenden Sätze, die mich persönlich sehr bewegten: *„Jeden Tag treffen wir Entscheidungen, die unserer Erde nützen oder auch schaden können. Wir haben diesen Planeten nicht von unseren Eltern geerbt, sondern von unseren Kindern geliehen."*

Sind wir nicht im Hinblick auf diese Aussage ziemlich weit vom richtigen Weg abgekommen? Sie werden mir sicher zustimmen, wenn ich hier beklage, wie sehr wir durch unser Fehlverhalten alle gemeinsam unseren Planeten belasten.

Ein bekannter Eskimo mit dem etwas komplizierten Namen Angaangaq Angakkorsuaq, ein Schamane und spiritueller Lehrer, setzt sich äußerst vorbildlich und mit Nachdruck für die Rettung der Erde ein. Dieser Mann ist Repräsentant der arktischen Ureinwohner bei den Vereinten Nationen. Er mahnt äußerst ergreifend in seinem Buch und auch in seinen Vorträgen: „Die größte Entfernung im Dasein des Menschen ist die von seinem Verstand zu seinem Herzen. Das ist der Weg, den wir gehen müssen, um uns selbst und die Erde zu heilen."

Die Eskimos sagen: „Das schönste Lachen ist ein lachendes Herz." Dieses Volk leidet ungemein, weil die Eisschmelze seinen Lebensraum und ebenso den der Tiere bedroht. Angaangaq fragt unter anderem: „Wann werdet ihr euer Verhalten ändern? Wenn der Ozean den 1. oder 2. oder gar 5. Stock eurer Wolkenkratzer erreicht? Warum bleibt ihr bei eurem Verhalten?" Und er fordert zusätzlich auf: „Lasst das Eis *in euren Herzen* schmelzen."

Die Eskimos rufen die Verantwortlichen, aber auch jeden Einzelnen von uns zur Umkehr auf.

Quelle: Angaangaq, das Buch „Schmelzt das Eis in euren Herzen!" Aufruf zu eincm geistigen Klimawandel, Kösel-Verlag, mit freundlicher, schriftlicher Genehmigung der Verlagsgruppe Random House, München 2010.

Falls Sie nicht schon sowieso allerhand für die Rettung unseres Lebensraumes tun, dann verzichten Sie öfter mal auf eine Autofahrt, die nicht unbedingt nötig ist. Denken Sie nach, ob Sie nicht mehrere Erledigungen zusammenlegen können, und so nicht etwa dreimal am Tag in oder durch die Stadt fahren müssen.

Schalten Sie das Licht aus in den Zimmern, in denen Sie sich nicht befinden. Wenn wir alle unsere Stand-by-Geräte regelmäßig ausschalten würden, könnten weitere Atomkraftwerke stillgelegt werden! Ziehen Sie lieber einen Pullover an, als im T-Shirt bei einer bullernden Heizung zu sitzen. Nutzen Sie – wenn möglich – Strom aus Solarenergie. Verbrauchen Sie beispielsweise weniger Papier, um damit im Kleinen dazu beizutragen, die achtlose Abholzung des für unser Klima so wichtigen Regenwaldes nicht mehr weiter zu unterstützen. Reduzieren Sie Ihren Wasserverbrauch! All diese einfach zu bewerkstelligenden Maßnahmen schonen nicht nur die Umwelt und die Ressourcen der Erde, sondern erfreulicherweise ebenso unseren Geldbeutel. Werfen Sie alte Batterien nicht mehr gedankenlos einfach in den Hausmüll. Wenn Sie nicht unbedingt müssen, benutzen Sie den Wäschetrockner nicht und warten Sie wenn möglich, bis Sie eine komplette Füllung für Ihre Waschmaschine zusammenhaben. Entsorgen Sie den Abfall, den Sie produzieren, so wie vorgeschrieben, und werfen Sie während der Fahrt keinen Müll aus Ihrem Auto in die Natur. Gehen Sie, falls Sie das nicht sowieso schon tun, sparsamer mit Giften um, die die Umwelt stark belasten. Das könnte Haarspray genauso gut sein wie etwa scharfe Putz- oder Waschmittel, die letztendlich wieder im Grundwasser landen.

Denken Sie beim nächsten Autokauf vielleicht einmal darüber nach, ob Sie unbedingt ein Auto fahren müssen, was 10, 15 oder 20 Liter Benzin auf 100 km verbraucht. Quälen Sie beispielsweise hier und da das Gaspedal Ihres (Luxus-)Wagens nicht wie gewohnt, und fahren Sie somit gefahrloser und sicherer, auch für alle anderen Verkehrsteilnehmer. Als Zugabe kommen Sie stressfreier von A nach B, außerdem werden Ihre Nerven geschont. Konsumieren Sie insgesamt ab sofort bewusster, kaufen Sie nur die Lebensmittel ein, die Sie wirklich benötigen, und werfen Sie weniger davon in die Mülltonne. Zu viele auf dieser Erde denken: „Nach uns die Sintflut!" Die Erde fordert die Menschen jetzt dazu auf, entscheidend umzudenken. Brauchen wir alle noch mehr Beweise dafür, endlich was zu tun, um dem ausgebeuteten und ausgebrannten Planeten zu helfen? Nicht nur die Menschen, die auf ihm leben, haben zunehmend Burnout. „Wie im Kleinsten, so im Größten", lehrte Hermes Trismegistos. Die geistige Einstellung eines jeden Einzelnen von uns wird die Welt formen. Ich bin fest davon überzeugt, dass es Ihnen sogar Freude machen wird, wenn Sie auch in dieser Hinsicht nicht mehr gedankenlos, sondern überaus wach durch Ihr Leben gehen. Ich möchte Sie gewiss nicht mit erhobenem Zeigefinger belehren, sondern mit diesen Zeilen nur verdeutlichen, wie viele Möglichkeiten es für uns als Einzelpersonen gibt, über die wir bisher vielleicht gar nicht ernsthaft nachgedacht haben. Und zwar, weil wir immer auf die anderen warten. Fangen *wir* doch endlich damit an, uns und die Welt zu ändern.

Lasst eure Lebensmittel eure Heilmittel sein

– Hippokrates –

Immer mehr Menschen sind auf der Suche nach vollwertigen Nahrungsmitteln, die noch als gesund gelten und somit auch unseren Körper gesund erhalten können. Immer öfter hört man die Frage: „Was kann man heutzutage überhaupt noch mit Genuss und gutem Gewissen essen?"

Vor allem anderen ist zunächst ein grundsätzliches Umdenken erforderlich, denn Billigware kann den Qualitätsanspruch bewusster Verbraucher in der Regel nicht erfüllen. Durch ihre Minderwertigkeit schadet sie eher der Gesundheit. Wenn wir zum Beispiel erwarten, eine Tiefkühlpizza für nicht viel mehr als zwei Euro zu bekommen, müssen wir damit rechnen, Analogkäse zu verzehren.

Die drastisch zunehmende industrielle Fertigung von Nahrungsmitteln zieht unangenehme, schlimme Folgen für den Menschen und seine Gesundheit, für die Tiere und nicht zuletzt für die Umwelt nach sich. Chemische Rückstände haben in unserem Essen nun mal keine Berechtigung! Wie sagt man so treffend: „Gutes Essen hält Leib und Seele zusammen." Mit allen Speisen, die wir täglich verzehren, liefern wir unserem Körper hochwertigen Brennstoff, was eine der Voraussetzungen ist, um den Genuss zu krönen, den uns ein gutes Essen bereiten kann und sollte.

Falls Sie den Wunsch verspüren, Ihren Körper – den Tempel Ihrer Seele – gebührend zu achten, wenn Sie ihm helfen und ihn pflegen wollen, damit er gesund bleibt oder es wieder wird, dann seien Sie wachsam in Bezug auf die Dinge, mit denen Sie ihn „füttern"! Wählen Sie nicht einfach achtlos Ihre Nahrung aus, nur um möglichst einfach und vor allem schnell satt zu werden, sondern bevorzugen Sie ganz bewusst vitalstoffreiche Lebensmittel und meiden Sie alles, was Ihren Organismus mutwillig belastet oder gar zerstört.

Sich ausschließlich um den grobstofflichen Körper zu kümmern, wäre allerdings ähnlich falsch und einseitig, wie wenn wir im umgekehrten Fall *nur* der Seele unsere ganze Aufmerksamkeit schenken würden. Sie als Mensch sind Körper, Seele und Geist. Um ein harmonisches Gleichgewicht zu erzielen, sollte allen Bereichen Ihres Seins die notwendige Beachtung zuteilwerden.

Belasten wir unseren Körper ständig mit denaturierten Nahrungsmitteln, wird er darauf mit Unwohlsein, mit Übersäuerung und über kurz oder lang mit Störungen des Stoffwechsels und Krankheiten reagieren. Wird ein Organismus überwiegend mit lebendiger, vollwertiger und noch vitalstoffreicher Nahrung ernährt, honoriert er diese Maßnahme mit Wohlgefühl und einer guten Gesundheit. Da unser Körper ein Energiesystem ist, kann er letztendlich nur so vital und lebendig sein wie die Nahrung (Bausteine), die wir ihm zuführen. Sicher ist Ihnen bekannt: Jedes Organ ist eine Ansammlung von Zellen. Jeder einzelnen Zelle wohnt die gleiche Schwingung inne, alle weisen die gleiche energetische Frequenz auf. Wird diese Frequenz der Zelle dauerhaft gestört, verändert sie sich, und es entsteht Krankheit. Das Ergebnis andauernder Fehlernährung, besonders wenn auch noch ein weiterer Faktor wie emotionaler Stress hinzukommt, kann eine Entgleisung der Zellen sein, die wir dann Krebs nennen.

Alle auf Energie basierenden Systeme weisen optimale Funktionen auf, wenn sie den richtigen Brennstoff erhalten. Auch Ihr Dieselmotor im Auto streikt, falls Sie ihn mit normalem Benzin fahren wollen. Ich durfte auf einer Messe für alternative Medizin in Spanien persönlich einen Mann kennen lernen, der – besonders was die Ernährung betrifft – viele Jahre so ziemlich alles komplett falsch gemacht hatte. Wie er mir glaubhaft schilderte, erkrankte er dann, viele Jahre bevor ich ihn traf, an Darmkrebs. Nach der üblichen Behandlungsserie resignierte die Schulmedizin und sah für ihn keine Chance mehr. Daraufhin startete dieser Mann einen letzten, verzweifelten Versuch, sich und sein Leben zu retten. Von jener Stunde an ernährte er sich kompromisslos mit naturbelassener, *lebendiger* Nahrung, wurde schlagartig zum Vegetarier, aß nur noch (ungewürzte) Rohkost, also rohes Gemüse, heimisches Obst und Heilkräuter sowie viele Wildpflanzen von Wald und Wiese. Sein Körper erholte sich mehr und mehr, seine kranken Zellen regenerierten sich wieder, und er war zu dem Zeitpunkt, als ich ihn kennen lernte, scheinbar völlig gesund und wirkte kraftvoll.

Eine vollständige Heilung, bedingt durch den strengen Verzehr vitalstoffreicher Lebensmittel, liegt also auch bei schwersten Erkrankungen durchaus im Bereich des Möglichen. Von derartig wundersamen Heilungen hört man nicht alle Tage, und doch durfte ich schon einige Menschen kennen lernen, die auf diese oder ähnliche Weise vollständig geheilt wurden. Bei den Glücklichen beobachtete ich stets eine ausgeprägte Disziplin und einen großen Glauben an die Heilung durch alternative Methoden in Verbindung mit hochwertiger Nahrung. Unser Körper ist ungemein lange geduldig. Doch eines Tages, je nach Konstitution früher oder später, ist er nicht mehr länger bereit, uns die ständigen Attacken auf ihn, zum Beispiel durch falsche Ernährung oder zu viele Genussmittel (Alkohol, Kaffee, Süßigkeiten), zu verzeihen.

Unsere Nahrungsmittelindustrie hat einen ausgeprägt guten Riecher dafür, was stressgeplagte Verbraucher mit chronischem Zeitmangel sehr gerne kaufen. Alles muss heute schnell gehen, weil die meisten Menschen nicht mehr viel Zeit für die Zubereitung des täglichen Essens *verschwenden* möchten. Also nimmt uns die Nahrungsmittelindustrie das Kochen ab, indem sie immer mehr Fertigprodukte für uns produziert und uns durch verlockende Werbung zum Kauf von diesen Fastfood-Produkten anregt. Gentechnisch veränderte Lebensmittel bahnen sich – ungekennzeichnet – den Weg in unseren Kochtopf. Um uns über Risiken und Nebenwirkungen schlauzumachen, fehlt uns meist auch die liebe Zeit, und schon sitzen wir abermals in der Falle.

Vielleicht schenken Sie ab dem heutigen Zeitpunkt Ihren Ernährungsgewohnheiten und Nahrungsmitteln den Stellenwert, den sie verdienen? Belassen Sie Ihre Lebensmittel so natürlich wie eben möglich. Denken Sie einfach daran, wie sich unsere Vorfahren vor gar nicht allzu langer Zeit noch ernährten. Sie aßen ihre Kartoffeln nicht etwa als Püree aus der Tüte und Gemüse nicht aus Dosen. Ihre Getränke waren keine Chemiebomben und wurden nicht angereichert mit Geschmackskonzentraten, raffiniertem Industriezucker und zahlreichen anderen Zusatzstoffen. Sie steckten ihre Nahrungsmittel auch nicht in eine Mikrowelle, in der sie heutzutage der zusätzlichen Gefahr ausgesetzt sind, in ihrer energetischen Schwingung und auch Zellstruktur negativ verändert zu werden. Derartig unnatürliche Erhitzungsprozesse eliminieren noch den allerletzten Rest an Vitalstoffen, falls durch das Wachsen in ausgelaugten Böden und Überlagerung überhaupt noch welche übrig geblieben sind. Unsere Ahnen kannten noch keine Gesundheitsgefährdung durch komplett denaturierte, meist in Aluminium oder Plastik eingeschweißte und durch chemische Prozesse veränderte Nahrungsmittel, die zusätzlich noch mit Geschmacksverstärkern aufgebessert werden müssen, damit sie wie eine essbare Mahlzeit schmecken. Fast alle Fertiggerichte besitzen noch nicht einmal mehr annähernd den Ursprungsgeschmack der Lebensmittel, aus denen sie vor geraumer Zeit hergestellt wurden. Wären sie nicht mit dominierend schmeckender Würze und künstlichen Aromen aufgepeppt, könnten wir teilweise ebenso gut Pappdeckel verzehren.

Die Menschen vor etwa 50 Jahren durften sich noch über selbstgebackenes Sauerteigbrot aus vollem Korn freuen. Unser tägliches Brot heutzutage ist meist aus ausgesiebtem Mehl (Weißmehl) hergestellt. So fehlen uns bald lebenswichtige Mineralstoffe, die nur in den Randschichten des vollen Korns enthalten sind. Selbst wenn Brot und Gebäck mittlerweile wieder aus vollem Korn hergestellt werden, sind die Backwaren mit sehr vielen chemischen Zutaten versehen, die alles andere als gesund sind. Kaufen Sie also Ihr Brot dort, wo Sie dem Hersteller (Bäcker) noch vertrauen können, oder in einem Bioladen, in dem man Ihnen naturbelassene Waren mit guten Zutaten anbietet. Besser noch, Sie backen es selbst, dann wissen Sie, was es enthält, und können die besten Zutaten zum Einsatz bringen!

Unserem überlasteten Körperstoffwechsel fällt es heute immer schwerer, all diese veränderten Nahrungsmittel überhaupt noch aufzuschlüsseln und zu verwerten. Sie sind überladen mit chemischen Zusätzen, sie wachsen in überdüngten Böden heran und sind obendrein noch der stetig zunehmenden Umweltvergiftung ausgesetzt. Am Ende der Kette folgt dann als Krönung noch die total falsche Zubereitung. Stoffwechselerkrankungen in der Maske von Rheuma (Gicht, Arthritis, Arthrose), Schuppenflechte, Autoimmunerkrankungen, Diabetes II, schwerste Allergien sowie Gefäßerkrankungen wie Herzinfarkt und Schlaganfall und nicht zuletzt Krebs sind unter anderem die fatale „natürliche" Folge einer länger andauernden Fehlernährung mit denaturierten Lebensmitteln. Diese ganzen Leiden nennen wir auch „Zivilisationserkrankungen" oder „Volkskrankheiten"!

Hüten Sie sich auch vor allzu großem Fleischkonsum, besonders vor (Schweine-)Mastfleisch. Das Fleisch der Tiere, das wir heutzutage verspeisen, ist qualitativ nicht mehr mit dem Fleisch vergangener Tage zu vergleichen. Es ist mit Schadstoffen belastet sowie strukturell verändert. Tiere, die in Massentierhaltungen gemästet werden, bekommen Medikamente wie Betablocker, Östrogene, Antibiotika, Wachstumshormone und Tranquilizer.

Sie wachsen nicht mehr artgerecht auf, sind krank und verhaltensgestört. Bedingt durch Angst und schlechte Lebensbedingungen bauen sie Stresshormone auf. Die fatale Folge ist eine starke, für den Konsumenten nicht mehr akzeptable Minderung der Fleischqualität. Als Endverbraucher nehmen wir all die Schadstoffe und Medikamentenrückstände in uns auf und dürfen uns wahrlich nicht darüber wundern, wenn unser Körper zu streiken anfängt. Schließlich sollten unsere Lebensmittel uns am Leben erhalten und nicht umbringen! Ich gehe davon aus, dass Sie mit mir einer Meinung und davon überzeugt sind: Allen Tieren muss die Möglichkeit geboten werden, artgerecht aufzuwachsen. Im Sommer sollten sie auf der Weide sein, Auslauf haben und nicht in Mastbetrieben bei künstlichem Licht vor sich hin dämmern müssen. Sie haben ein Recht auf Freiheit und *ihr* Leben, auch wenn viele von uns das partout nicht so sehen wollen, weil sie ja sonst Skrupel und ein schlechtes Gewissen bekämen, wenn sie weiterhin das Fleisch dieser unwürdig behandelten und gequälten Tiere essen würden. Die Tiere, deren Fleisch wir oft unbedacht verzehren, sind fühlende Lebewesen. Sie werden durch unsere Gier, ihr Fleisch möglichst billig beziehen zu können, durch die moderne *Intensivhaltung* gewaltsam dazu gezwungen, immenses Leid zu erdulden. Damit das Geld in den Kassen der Züchter und Verkäufer klingelt und es zum optimalen Profit kommen kann, werden diese armen Lebewesen (Schweine, Rinder, Gänse, Hühner, Enten) wie gefühllose Gegenstände behandelt. Ihr relativ kurzes Dasein auf diesem Erdball bis zu ihrer Schlachtung wird den allseits herrschenden Produktionsprozessen gewissen- und rücksichtslos angepasst. In dem Naturkost-Magazin „Schrot&Korn" (Ausgabe Oktober 2011) war zu lesen: „Jeder Deutsche verschlingt im Durchschnitt in seinem Leben 945 Hühner, 46 Truthähne, 46 Schweine, 37 Enten, zwölf Gänse, vier Rinder und vier Schafe. Insgesamt sind das über 1000 Tiere. Ist das nicht ein bisschen viel?"

Das Argument „Fleisch ist ein Stück Lebenskraft" hat längst seine Gültigkeit verloren. Genau das Gegenteil ist der Fall: Mastfleisch schwächt und fördert die Entstehung von Krankheiten ganz gewaltig. Denken Sie an dieser Stelle auch an all die Horrorgeschichten, die in letzter Zeit durch die Presse gingen und uns den Appetit und die Freude am Essen gründlich verdarben. Von BSE-Affären über Gammelfleischskandale bis hin zu mit Dioxin verseuchtem Geflügel- und Schweinefleisch sowie Eiern blieb uns nicht sehr viel erspart.

Fühlen Sie sich machtlos? Sie sind es nicht! Ich weiß, die korrupten Menschen, denen wir bezüglich der Produktion unserer Lebensmittel und deren Reinheit immer vertrauten und die uns in dieser Hinsicht bitter enttäuschten, können weder Sie noch ich ändern, das müssen diese kranken Hirne schon selbst tun! Und die von den zuständigen Behörden stets versprochenen Kontrollen lassen ebenso zu wünschen übrig.

Mein Rat: Boykottieren Sie ab sofort verseuchte und derart fragwürdige Lebensmittel. Kaufen Sie wieder bei Bauern ein, die Sie kennen und denen Sie vertrauen können. Überall gibt es Bio- und Hofläden, und sie schießen nach all den Lebensmittelskandalen wie Pilze aus der Erde. Sehr viele Menschen haben die Nase inzwischen gestrichen voll und wollen nicht mehr belogen, betrogen und vergiftet werden. Doch nicht alles, was in Bio- und Naturkostläden dargeboten wird, ist *grundsätzlich* empfehlenswert und heilsam für den Organismus, denn auch dort findet man zunehmend ungesunde Nahrungsmittel, wie zum Beispiel in Plastik und Aluminium verpackte Fertiggerichte sowie mit raffiniertem Industriezucker, Zuckeraustauschstoffen und minderwertigem Salz zubereitete Nahrungsmittel. Deshalb: Lernen Sie zu selektieren, kaufen Sie vorzugsweise frische Sachen und bereiten Sie diese selbst zu.

Wenn Sie nicht generell auf Fleisch verzichten wollen, dann reduzieren Sie es auf ein bis zwei Gaben pro Woche und achten Sie auf eine einwandfreie Qualität. Weniger ist manchmal mehr!

Erhitztes tierisches Eiweiß, ganz besonders, wenn gleichzeitig tagtäglich auch noch Auszugsmehl und Industriezucker ihren festen Platz in der Nahrungskette haben, führt zu einer Übersäuerung des Organismus. Damit ist der Entstehung der meisten Krankheiten Tür und Tor geöffnet. Durch zu hohen Fleischkonsum erhöht sich die gefürchtete Harnsäure im Blut, was in Folge zu einer Überlastung des Gewebes mit Säure und einer eklatanten Zunahme der Erkrankungen aus dem rheumatischen Formenkreis führt. Harnsäure ist ein Endprodukt des Eiweißstoffwechsels, insbesondere des Abbaus von Purin. Eine Erhöhung im Blut ist also ein deutliches Zeichen für einen bereits überforderten und gestörten Eiweißstoffwechsel. Die permanente Übersäuerung kann außerdem zum Auslöser eines Herzinfarktes oder Schlaganfalles werden. Mittlerweile behaupten die meisten Ernährungswissenschaftler, dass die Kränksten in unserer Gesellschaft nachweislich diejenigen sind, die zu viel und regelmäßig Mastfleisch verzehren. Ich zweifle diese Aussage nicht an! Dazu eine gute Faustregel: Je kränker ein Mensch ist, umso weniger (Mast-)Fleisch sollte er verzehren! Besonders dann, wenn es sich um entzündliche oder rheumatische Erkrankungen sowie Krebs handelt. Jemand, der sich und seinen Körper liebt, wird großen Wert auf eine vitale und möglichst giftfreie Nahrung legen. Ein vollwertig und gesund ernährter Organismus wird dankbar sein und muss nicht aus den oben genannten Gründen seine Arbeit niederlegen.

Auch wenn ich der Meinung bin, jeder menschliche Körper kann ab und an eine sozusagen katastrophale Nahrungsaufnahme tolerieren, rate ich Ihnen dennoch, es diesbezüglich bei Ausnahmen zu belassen. Spüren Sie selbst in sich hinein, mit welchen Lebensmitteln Sie sich gut fühlen. Falls Sie nach einem sogenannten guten Essen einen Verdauungsschnaps benötigen, dann ist das sicher nicht der Fall. Eher ein sicheres Zeichen dafür, sich bei der Auswahl der Speisen vergriffen zu haben. Verbraucher sind, solange sie sich nicht um eine Quelle für gesunde Lebensmittel bemühen, leider die Gelackmeierten, weil ihnen klare und verständliche Informationen über das, was sie kaufen und verspeisen, meist vorenthalten werden.

Welche Lebensmittel werden Ihren Körper gesund und leistungsfähig erhalten?

Einige weitere Vorschläge dazu:
Wie schon betont, reduzieren Sie auf jeden Fall Ihren Fleischkonsum und essen Sie stattdessen lieber öfter ein Fischgericht. Zumindest, solange es die Qualität der Meere und Flüsse noch zulässt.

Im Fisch enthalten sind neben anderen Vitalstoffen und viel leichter verdaulichem Eiweiß sehr wertvolle und außerdem entzündungshemmende Omega-3-Fettsäuren. Sie dienen dem Organismus als Ausgangssubstanzen für die körpereigene Synthese unterschiedlicher Eicosanoide (= hormonähnliche Substanzen), die als Immunmodulatoren und Neurotransmitter wirken. Sie sind in ihrer Eigenschaft als Gewebshormone an zahlreichen und sehr entscheidenden Prozessen des Stoffwechsels beteiligt. Achten Sie auch beim Einkauf von Fischen auf eine gute Produktqualität! Falls Sie Angst haben, als Vegetarier oder bei häufigerem Fleischverzicht bald einen Eiweißmangel zu erleiden, so halte ich das für sehr unwahrscheinlich. Besonders dann, wenn Sie Käse, Quark und Joghurt (Bio!) zu sich nehmen! Noch besser: Sie ergänzen beispielsweise das tierische durch das hochwertigere pflanzliche Eiweiß. Hierzu eignen sich ganz besonders Kichererbsen, die Sie nach einem längeren Einweichprozess und einer halben Stunde Kochzeit zum Beispiel auf Salat oder Gemüse streuen können. Wenn Sie diese Hülsenfrucht nach der Garzeit pürieren und mit pflanzlicher Brühe verfeinern, lässt sich schnell ein wohlschmeckender, würziger Brotaufstrich aus dieser Masse herstellen. Eine Handvoll Kichererbsen enthält zum Beispiel genauso viel Eiweiß wie ein Rindersteak.

Ein äußerst versierter Ernährungswissenschaftler ließ mich wissen: Kichererbsen enthalten *alle* Aminosäuren, die unser Organismus für seine optimale Funktion benötigt. Vielleicht fällt es ja auch Ihnen eines Tages leicht, auf das gefolterte Fleisch der nicht artgerecht gehaltenen Tiere zu verzichten und sich diese schlechte Energie, die von den gequälten Tieren ausgeht, nicht weiter täglich einzuverleiben!

Essen Sie bevorzugt Lebensmittel, die Sie ohne die Notwendigkeit der Erhitzung verzehren können. Das sind die Geschenke der Natur an uns, wie Früchte, Beeren, Sprossen, Samen und Nüsse. Essen Sie viel Gemüserohkost. Aus fein gehobeltem rohem Wirsing, Rot-, Spitz- oder Weißkohl können Sie sehr schmackhafte Salate zubereiten. Verfeinern Sie diese mit einem kaltgeschlagenen Olivenöl und einer Zitrone.

Verwenden Sie zur Abrundung der geschmacklichen Note kein gewöhnliches (jodhaltiges) Kochsalz. Besser geeignet sind auf jeden Fall entweder Salz aus dem Himalaya oder ein mit feinen Kräutern angereichertes Stein- oder Meersalz. Wenn Sie jetzt kontern und mir sagen möchten, dass Sie alle diese Kohlsorten grundsätzlich nicht vertragen können, dann gebe ich Ihnen den guten Rat, auf Industriezucker zu verzichten. Denn genau der sorgt in Ihrem Körper für zu viel Gärung und führt zu dieser Lebensmittelunverträglichkeit. Streichen Sie ihn besser aus Ihrer Nahrungskette, denn er ist ein Gift, das kein Körper wirklich liebt und ständig tolerieren kann. Wenn Sie nur drei Tage lang *vollständig* auf Zucker sowie auch auf Säfte verzichten, dann verträgt Ihr Körper Rohkost ohne Probleme. Denken Sie daran: Zucker ist nicht nur in Ihrer Tasse Kaffee, in Schokolade, in Kuchen und Gebäck, sondern sogar in verschiedenen Wurstsorten versteckt. Unser Körper möchte Zucker, den er gut verwerten kann. Den erhält er vorzugsweise aus Obst. Außerdem enthalten die ganzen Früchte (Äpfel, Birnen oder Beeren), verglichen mit gepresstem Saft, im Fruchtfleisch alle sekundären Pflanzenstoffe. Letztere sind zur Aufschlüsselung der Vitalstoffe sowie für eine gute Verdauung und problemlose Stoffwechselabläufe notwendig. Wir sollten Früchte also in ihrer Ganzheit verzehren und nicht nur einen Teil von ihnen, den Saft. Neben der generellen, bei sehr vielen Konsumenten anzutreffenden Unverträglichkeit im Zusammenhang mit anderen Speisen erfolgt durch den Verzehr von Säften und konzentriertem Zucker eine zu hohe Insulinausschüttung. Unsere Bauchspeicheldrüse wird durch die ungewöhnlich hohen Zuckerkonzentrationen stark beansprucht und enorm belastet. Diese Tatsache erkennt man deutlich an der signifikant zunehmenden Stoffwechselentgleisung, die wir „Diabetes II" nennen. Diese früher eher seltene Erkrankung befällt mittlerweile fast jeden zweiten oder dritten von uns, und das nicht nur im Alter. Die Werbung beeinflusst uns natürlich auch hier wieder, indem sie uns klar zu machen versucht, wie gesund es ist, wenn wir durch die Konsumierung von Säften in Windeseile geballt alle möglichen Vitamine zu uns nehmen. Diese Aussage ist nicht komplett falsch. Doch, dass uns Obstsäfte (zu viel konzentrierter Zucker auf einmal!) generell mehr schaden als nützen, davon wird selbstverständlich wieder einmal nicht gesprochen, da es ja den Verkauf schmälern würde. Wir werden also auch hier bewusst dumm gehalten.

Verwenden Sie nur hochwertige kaltgepresste Öle. Ziehen Sie (Sauerrahm-) Butter auf jeden Fall der Margarine vor. Selbst dann, wenn sehr bekannte Stars mit Fleiß für gewisse Produkte die Werbetrommel rühren. Wenn prominente Persönlichkeiten sich dafür hergeben, bedeutet das noch lange nicht, dass sie die Sachen, für die sie in der Werbung plädieren, auch selbst verzehren oder für sich gebrauchen. Sie werden zu ausgetüftelten Aussagen – die natürlich den Verkauf ankurbeln sollen – durch die Werbemacher angeleitet und ahnen oft nicht, welch gravierende Fehlaussagen sie damit der Menschheit unterjubeln. Hier geht es um ein knallhartes Geschäft, und die Höhe der Summe, die den gefügigen Stars für ihre Präsentation gezahlt wird, ist ausschlaggebend für ihren Einsatz.

Die Verantwortlichen für derartige Werbekampagnen kalkulieren mit unserer Einfältigkeit und freuen sich, wenn unzählige von uns der Meinung sind: „Wenn DERJENIGE oder DIEJENIGE das auch isst und jetzt sogar mit seinem/ihrem Namen für dieses Produkt einsteht und beispielsweise behauptet, in drei Wochen schon weitaus bessere Cholesterinwerte zu haben, dann muss ich mir das Produkt auf jeden Fall kaufen." Das sind Werbetricks, auf die leider viele von uns anspringen.

Bevorzugen Sie Vollkornprodukte und meiden Sie das unter Umständen auch noch mit Chemie gebleichte Mehl. In verschiedenen Ländern ist das Bleichen noch erlaubt, in Deutschland ist es allerdings seit vielen Jahren verboten. Verzehren Sie ungeschälten Reis, denn auch da sitzen die ganzen Vitalstoffe in der Schale. Aus dem gleichen Grund sind Nudeln aus vollem Korn sehr hochwertig. Kaufen Sie Ihr Getreide und daraus hergestellte Produkte nur aus biologischem Anbau. Andernfalls konsumieren Sie zu viele ungesunde Stoffe, die sowohl durch unkorrekte Düngung als auch durch schädliche Spritzmittel (Insektizide) in den Nahrungsmitteln enthalten sind.

Süßen Sie Ihre Speisen, wenn *überhaupt* notwendig, sparsam mit Honig, Stevia, Ahornsirup oder Agaven-Dicksaft. Meiden Sie wie die Pest alle synthetisch hergestellten Süßstoffe. Zuckeraustauschstoffe wie etwa Aspartam, Saccharin, Cyclamat und Acesulfam sind laut neuesten Erkenntnissen eher schädlich als nützlich für den Organismus. Sie irritieren die Bauchspeicheldrüse und werden unter anderem verantwortlich gemacht für Kopfschmerzen, Stimmungsschwankungen, Hirnschäden und sogar für die Entstehung von Alzheimer. Wenn Sie partout nicht auf Zuckersüßes verzichten wollen, dann wählen Sie den etwas humaneren braunen Zucker aus der Gruppe der Disaccharide (= Zweifachzucker), wie beispielsweise Rohr- oder Rübenzucker. Viele Produkte, die Sie in Bioläden beziehen können, sind damit gesüßt, besonders Gebäck und Schokolade.

Verzehren Sie generell nicht zuviele Kohlenhydrate, trennen Sie bei der Nahrungsaufnahme Eiweiß und Kohlenhydrate. Verwenden Sie frische Kräuter zum Verfeinern der Speisen.

Bevorzugen Sie Milchprodukte aus Biobetrieben und genießen Sie den hochwertigen Käse aus Rohmilch. Ziegen- und Schafskäse sind sehr empfehlenswert, weil diese Tiere sich noch vorwiegend von gesunden Pflanzen ernähren. Schauen Sie wiederum darauf, wo Sie diese Produkte einkaufen, denn auch einige der bisher verschonten Schafe und Ziegen werden, wie mir vor Kurzem berichtet wurde, neuerdings mit dem Kraftfutter von einschlägigen Konzernen gemästet.

Belasten Sie Ihren Körper nicht länger *übermäßig* mit Alkohol, Kaffee und anderen Genussgiften. In kleinen Mengen genossen, hat der Körper eher die Chance, sie zu verkraften. Trinken Sie ausreichend frisches, noch lebendiges Quellwasser, denn genau das braucht Ihre Zelle, um zu funktionieren und Giftstoffe zum Abtransport aus Ihrem Körper an sich binden zu können. Meiden Sie kohlensäurehaltige Getränke, denn auch sie übersäuern den Körper.

Ein Wandel im Bewusstsein, auch der, der sich im Essverhalten auswirkt, ist nicht unbedingt bequem, und daher zögern viele Menschen, ihn überhaupt zu vollziehen. Da sie so verwurzelt sind mit ihren Gewohnheiten, fällt es ihnen schwer, neu gewonnene Erkenntnisse in die Tat umzusetzen. Die Zahl der Ignoranten diesbezüglich ist sehr groß, was der Nahrungsmittelindustrie sehr gelegen kommt. Immerhin können die Profithungrigen dann, wenn wir uns weiterhin überrumpeln lassen, ihre minderwertigen Lebensmittel ohne Proteste weiter an „den Mann" bringen.

Machen Sie einen großen Bogen um alle Diäten, ernähren Sie sich stattdessen vollwertig! Falls Sie Gewicht verlieren wollen, so gelingt Ihnen das auf diesem Wege am besten, weil Ihr Körper sich peu à peu wieder auf ein normales Funktionieren besinnt.

Lassen Sie sich nicht länger durch geschickte Werbung manipulieren, auch nicht, wenn man versucht, Ihnen denaturierte Nahrungsmittel als Highlight aufs Auge zu drücken. Ihr Körper dankt Ihnen *spürbar,* wenn Sie an Ihren Ernährungsgewohnheiten im konstruktiven Sinne arbeiten. Wie beliebte schon Pfarrer Sebastian Kneipp zu sagen:

Der Weg zur Gesundheit
führt durch die Küche,
nicht durch die Apotheke.

Partnerschaft aus einer ganzheitlichen Sichtweise

Erfahrungen vererben
sich nicht –
jeder muss sie
alleine machen.

– Kurt Tucholsky –

Wie allgemein nach Glück sehnen sich unzählige Menschen nach dem idealen Partner und merken dabei manchmal gar nicht, wie lange sie schon mit ihm zusammenleben. Oft warten sie ein ganzes Leben auf den Traumpartner, der endlich das langersehnte Glück ins Leben bringen soll. Viele Suchende schwelgen in der Illusion, der oder die Richtige wird doch ganz sicher irgendwann ins Leben schneien, und dann wird alles gut oder zumindest besser. Um aber letztendlich einem Partner zu begegnen, mit dem wir in Harmonie leben können, müssen wir wieder einmal gezielt an uns arbeiten und zunächst uns selbst ein idealer Partner sein oder werden. Dazu bedarf es, wie am Anfang des Buches beschrieben, einer gesunden Selbstliebe und zusätzlich auch einer guten Portion Selbsterkenntnis. Wir sind daran gewöhnt und akzeptieren, für fast alles im Leben eine Ausbildung machen zu müssen. Wir erhalten in den meisten Fällen nach Abschluss eines Lernprozesses ein Zertifikat, das uns berechtigt, bestimmte Dinge tun zu dürfen, wie zum Beispiel Autofahren. In eine Partnerschaft stolpern wir aber im Allgemeinen unvorbereitet hinein und wundern uns dann, wenn sie uns schon nach relativ kurzer Zeit nicht mehr lebenswert erscheint und wir eigentlich gar nicht wissen, wie wir uns in dieser Zweisamkeit korrekt und angemessen verhalten sollen, damit das Zusammenleben auch wirklich funktioniert.

Meistens beginnt eine Partnerschaft im Zustand des *Frischverliebtseins* recht berauschend. Der tiefere Sinn dieser wunderbaren und magischen Anziehungskraft zwischen zwei Personen besteht darin, sie gemeinsam für eine gewisse Zeit in einen Lernprozess hineinzuführen. In der Phase des Kennenlernens sind nicht zuletzt die allseits bekannten „Schmetterlinge im Bauch" dafür verantwortlich, uns auf Wolke sieben schweben und großes Glück empfinden zu lassen. Und es soll Menschen geben, die glauben, so geht es von ganz alleine und ohne jegliches Zutun den Rest des gemeinsamen

Lebens weiter. Hierbei handelt es sich wohl um eine recht merkwürdige Erwartungshaltung! Oft stellen Paare erst nach einer gewissen Zeit in aller Deutlichkeit fest, dass sich in der Beziehung ja zwei völlig unterschiedliche Charaktere zusammengetan haben, um im Alltag Tisch und Bett miteinander zu teilen.

Falls die anfängliche große Verliebtheit zu erkalten droht, und wir alles nicht mehr durch die so berühmte „rosarote Brille" betrachten, sollte bei uns eine tiefe Liebe für unseren Lebenspartner eingesetzt haben. In der Phase des Kennenlernens erschaffen wir uns allzu gerne – aus eigenem Interesse – ein träumerisches Bild, das den Menschen, der in unser Leben getreten ist, nahezu vollkommen darstellt.

Die Realität, das Zusammenleben im Alltag, kann diesen meist unrealistischen Zustand allerdings schnell entkräften. Wahre partnerschaftliche Liebe beinhaltet, seine Welt, seine Zeit, alles, was zur Gemeinsamkeit gehört, mit dem anderen zu teilen und die Zuneigung nicht ständig durch fordernde Erwartungshaltungen und Bedingungen zu gefährden. Bleiben jedoch die Liebe und die stetige Achtsamkeit als Schlüssel für ein von Erfolg gekröntes Zusammenleben auf der Strecke, wird die Partnerschaft leiden, und all das, was einen so vielversprechenden Auftakt erlebte, kann zerbrechen und im Chaos enden. Und das nicht selten, ehe der Ernst der partnerschaftlichen Lage überhaupt von den Betroffenen registriert wurde. Wir sollten wissen und auch akzeptieren, dass unsere Partner uns (wie wir ihnen selbstverständlich auch!) durch ihr Sosein als „Spiegel" dienen, und damit nehmen sie eine nicht zu unterschätzende (Heil-)Funktion in Bezug auf unsere Unzulänglichkeiten und Lernaufgaben ein. Sie sind Chance und Unterstützung auf dem Weg, uns selbst zu entdecken und die Einheit in uns selbst zu finden. Beziehungen, in denen man viele Möglichkeiten hat, aneinander zu wachsen und miteinander zu reifen, sind oft anstrengend und nicht immer einfach, aber dennoch etwas ganz Besonderes.

Nicht der Partner, sondern wir selbst sind für unser Glück verantwortlich. Entlasten Sie also Ihren Partner und verpflichten Sie ihn nicht, Sie in Ihrem Leben glücklich und zufrieden zu machen, denn diese leider allgemein üblichen Erwartungshaltungen sind abwegig und misstönend. Sie erzeugen permanenten Stress in der Partnerschaft und sind nicht selten der Grund für das allzu frühe Aus einer Beziehung.

Lernen Sie unbedingt, Ihren Partner so zu lieben, wie er „nun einmal" ist. Eliminieren Sie Gedanken wie: „Ich werde mir ihn (oder sie) im Laufe der Zeit schon zurechtbiegen oder erziehen." *ER* oder *SIE* wird aller Wahrscheinlichkeit nach *niemals* genau so sein, wie Sie das gerne hätten. Erkennen Sie: Wenn Sie einen Menschen verändern wollen, dann reiben *Sie* sich dabei auf und ärgern sich letztendlich darüber, weil es partout nicht gelingen will. Sie haben extrem schlechte Karten, denn der andere spürt in diesem Fall nur zu deutlich die Ablehnung seines Wesens und reagiert verletzt. Zu den Regeln der wahren Liebe gehört, sich gegenseitig allumfassend zu akzeptieren.

Auch wenn es hier und da (recht) schwierig in der Beziehung wird, wenden Sie sich nicht enttäuscht und verbittert ab, sondern erinnern Sie sich stets an Ihre Liebe. Begegnen Sie Ihrem Partner mit angemessenem Respekt statt mit Besserwisserei und Maßregelung. (Be-)Achten Sie ihn in seinem Sosein! Verurteilen Sie Ihren Partner niemals für sein Tun und Handeln, was jedoch in letzter Konsequenz nicht bedeutet, zu allem, was geschieht, JA und AMEN sagen zu müssen.

Schenken Sie Ihrem Partner nicht nur Liebe, sondern hören Sie ihm auch mit Aufmerksamkeit, Verständnis und ohne Vorurteile zu. Lassen Sie ihn seine Meinung äußern, ohne gleich Ratschläge zu erteilen. Sparen Sie nicht mit Zuneigung. Wenn er Ihre Hilfe benötigt, verweigern Sie diese nicht. Sollten Sie ihn und seine Handlungen einmal nicht verstehen, dann sprechen Sie mit ihm, lassen Sie sich erklären, warum Ihr Partner dies oder jenes so will oder so tut. Ganz sicher wächst dann Ihr Verständnis, und Sie müssen nicht mit Verurteilung und Ablehnung Ihre eigene Meinung verteidigen. Sie wissen doch: Die Dinge verändern sich immer dann, wenn Menschen dazu bereit sind, in konstruktiver Form miteinander zu sprechen. „Ein Herz, das nicht spricht, zerbricht", wusste schon William Shakespeare. Verbergen Sie wichtige Gefühle nicht, und teilen Sie Ihrem Lebenspartner auch Ihre Wünsche und Bedürfnisse mit. Erwarten Sie bitte nicht von ihm, sie ständig zu erraten. Bleiben Sie jederzeit aufrichtig und ehrlich, denn diese Haltung wird dazu beitragen, Vertrauen aufzubauen und – aus zunächst nur frisch Verliebten – Jahre später Vertraute werden zu lassen. In der Mathematik ist der kürzeste Weg zwischen zwei Punkten die Gerade. Wählen Sie im Vergleich mit dieser Gradlinigkeit im Leben immer den direkten Weg zu den Herzen der Menschen.

Kritik ist etwas, was durchaus sehr hilfreich sein kann. Bei den meisten noch nicht sehr gereiften Menschen stößt sie jedoch meist auf heftigen Widerstand, weil das Ego sofort rebelliert, wenn Verhaltensweisen oder Auffassungen kritisiert werden. Nicht alle Menschen signalisieren offen Verständnis und Bereitschaft, die in konstruktiver Kritik enthaltenen Informationen und Anregungen dankbar als hilfreiche, und obendrein noch kostenlose, Lernchance zu sehen.

Sicher können Sie mitfühlen, wenn ich Ihnen sage, dass Ihr Partner in sehr vielen Lebenssituationen und Momenten Ihre ganze Liebe und Unterstützung braucht, oft gerade dann, wenn Sie glauben, dass er sich absolut daneben benommen und aus diesem Grunde Ihr Verständnis ganz und gar nicht verdient hat. Finden Sie es, wenn Sie ernsthaft darüber nachdenken, nicht auch zu anmaßend, ein Urteil darüber zu fällen, ob jemand etwas „richtig" oder „falsch" gemacht hat? Oft fällt es uns Menschen allerdings verdammt schwer, uns derart großzügig und verständnisvoll zu verhalten! Doch *gerade* in schwierigen, von großer Desorientierung geprägten Situationen braucht ein Partner unsere *bedingungslose* Liebe am meisten. Halten Sie Ihren Partner, ohne ihn dabei festzuhalten und mit Gewalt an sich zu binden! Umarmen Sie ihn mit Ihrer Liebe, ohne ihn mit Fürsorge zu erdrücken. Jeder Mensch macht Fehler und tut Dinge, die wir oft nicht bejahen können. Trotzdem sollten wir mit dem Be- und Verurteilen recht vorsichtig sein.

> *Wer einen anderen verurteilt, kann irren, wer verzeiht, irrt nie!*
> *Verzeihen ist keine Narrheit, nur ein Narr kann nicht verzeihen!*
>
> – Fernöstliche Weisheiten –

Vertrauen Sie Ihrem Partner, zumindest so lange, bis er Ihr Vertrauen *ernsthaft* erschüttert. Machen Sie nie den Fehler, sich über Stunden oder gar Tage hinweg anzuschweigen. Dinge, die ungelöst im Raum stehen oder Ihnen am Herzen liegen, sollten nicht gewaltsam totgeschwiegen, sondern in aller Ruhe und liebevoll miteinander besprochen werden. Eine Beziehung hat nur dann eine wirkliche Chance! Missverständnisse werden durch Schweigen nicht behoben, sondern nur noch gewaltiger. Reagieren Sie nie mit Liebesentzug, etwa weil Sie Ihren Partner für gewisse Dinge, die in Ihren Augen nicht korrekt waren, bestrafen wollen. Setzen Sie sich stattdessen zusammen und hören Sie sich gegenseitig unvoreingenommen zu.

Schlafen Sie niemals ein, ohne Ihrem Partner liebevoll eine gute Nacht gewünscht zu haben. Eine echte und starke Liebe sollte von der Toleranz durchdrungen sein, Unzulänglichkeiten verstehen und verzeihen zu können. Jede länger andauernde Disharmonie schadet Ihnen selbst und vor allem der Partnerschaft. Sie ist zudem der Nährboden für weitere Komplikationen. Natürlich sind Auseinandersetzungen nicht immer zu vermeiden und oft sogar sehr klärend. Doch bedenken Sie dabei immer: Worte können sehr scharfe Waffen sein! Verletzen Sie Ihr Gegenüber nicht in Ihrer Wut und sagen Sie nie etwas, was Sie im umgekehrten Fall auch nicht hören wollen. Lassen Sie den oder die andere vor allem niemals einfach achtlos stehen, denn eine solche Respektlosigkeit hinterlässt tiefe Wunden und kann der Beginn des Sterbens einer Beziehung sein. Auch sollten Sie – falls Sie am Telefon streiten – nicht einfach und ohne Vorankündigung den Hörer auflegen, denn damit schneiden Sie Ihrem Gegenüber das Wort ab und demonstrieren in aller Deutlichkeit, wie sehr es Ihnen an Achtung und Respekt im Umgang mit Ihrem Partner oder einem anderen Menschen fehlt. Böse Vorwürfe und Worte sind für jeden schwer zu verkraften! Entziehen Sie Ihrem Partner auch im Streit niemals Ihre Liebe. Denn immerhin könnte es das letzte Ereignis gewesen sein, das Sie mit Ihrem Partner zusammen erlebt haben. Sollte das nicht besser ein schöner Moment sein, an den Sie notfalls liebevoll zurückdenken können?

Falls Sie sich durch gewisse Äußerungen tief verletzt fühlen und in diesem Moment einfach nicht mehr liebevoll weiterdiskutieren können, zeigen Sie Ihre Liebe und Größe, indem Sie den anderen einfach stillschweigend und ohne die üblichen Vorwürfe umarmen. Damit beenden Sie zunächst die negative Energie, die zwischen Ihnen steht. Bitten Sie dann um ein klärendes Gespräch zu einem späteren und damit eventuell günstigeren Zeitpunkt, bevor Sie wieder zur Tagesordnung übergehen. Sie werden staunen, welch ein „Dünger" es für Ihre Liebe und Partnerschaft ist, wenn Sie Ihr verletztes Ego mal außen vor lassen und den anderen nicht gleich mit Missachtung strafen. Machtspiele sind generell nichts Positives, total fehl am Platz sind sie jedoch in einer Beziehung, die gut funktionieren soll.

Blockieren Sie sich ebenso nicht mit einer allzu großen Erwartungshaltung. Lösen Sie sich weiterhin auch von Vorstellungen und Angewohnheiten, Ihren

Partner zu idealisieren. Er fühlt sich damit womöglich unter Druck gesetzt. Lieben Sie ihn einfach, auch wenn er nicht in allem perfekt ist, sein kann oder sein will. Machen Sie sich bewusst, dass menschliche Perfektion eine Idealvorstellung ist, die in einer Partnerschaft allzu gerne erwartet und dennoch meist unerreicht bleibt. Vermeiden Sie möglichst, in Ihrer Beziehung immer wieder Forderungen zu stellen, denn damit rauben Sie Ihren Liebsten den nötigen Freiraum, der Partnerschaft Lebendigkeit und Freiheit.

Versäumen Sie bitte nicht, Ihrem Gefährten/Ihrer Gefährtin von Zeit zu Zeit das Gefühl zu geben, außergewöhnlich und für Sie etwas ganz Besonderes zu sein. Vergessen Sie nicht, dass Beziehungen durch stetige Zuwendung am Leben erhalten werden! Wozu natürlich auch eine gute Portion an Zärtlichkeit (ich meine nicht nur Sex!) gehört.

Aus einem „stinknormalen Alltag" kann leicht ein ganz besonderer Tag gestaltet werden. Vielleicht, weil Sie ehrliche Bewunderung für Ihren Partner äußern oder eine – sicher willkommene – Überraschung geplant haben. Erinnern Sie sich wieder daran, was Ihnen am Anfang gemeinsam Freude gemacht hat, und denken Sie sich hilfreiche Strategien aus, mit denen Sie Ihre Beziehung neu beleben, eintönige Gewohnheiten eliminieren und damit die Qualität Ihrer Partnerschaft verbessern.

Was jeder Beziehung extrem schlecht bekommt, ist ein Mangel an Zeit füreinander! So mancher Karrieretyp und Workaholic fühlt sich schuldig, weil ihm die Zeit für das Zusammensein mit seinem Partner und der Familie fehlt. Gehen Sie beispielsweise wieder einmal zu einem Fest und tanzen Sie harmonisch miteinander in den neuen Morgen, denn gemeinsame Interessen und vor allem Unternehmungen fördern und nähren die Partnerschaft.

Bringen Sie öfter mal – auch ohne einen bestimmten Anlass wie Geburtstag oder Hochzeitstag – ein kleines Geschenk, Blumen, ein gutes Buch oder Ähnliches mit nach Hause. Das hebt die Stimmung und verdeutlicht dem anderen, dass man auch in seiner Abwesenheit an ihn gedacht hat.

Lassen Sie, ohne eifersüchtig oder gleich beleidigt zu reagieren, Ihrem Partner die Freiheit, Zeit für sich und seine Lebensvorstellungen zu haben. Manchmal will der andere Teil vielleicht ohne Sie sein, liebt Sie dafür jedoch nicht weniger, sondern letztendlich eher mehr, wenn Sie sich nicht dagegenstellen. Und zwar, weil er sich durch Ihr verständnisvolles Verhalten geliebt und geachtet fühlt und gleichzeitig das Vertrauen spürt, das ihm damit entgegengebracht wird.

Pflegen Sie stets einen gesunden Humor und lachen Sie ausgiebig miteinander, denn das lockert, entspannt und hält Sie beide gesund. Ein gemeinsames (Lebens-)Ziel fördert den Zusammenhalt einer Partnerschaft, lässt sie gedeihen. Eine gute Partnerschaft zählt zum Erfolg im Leben, und Erfolg ist genau das, was durch Ihr TUN, manchmal auch Loslassen *er-folgt*.

Lernen Sie auch, NEIN zu sagen, wenn Sie NEIN meinen. Nur so kann Ihr Partner Sie richtig einschätzen und Ihre Wünsche und Abneigungen kennen lernen. Außerdem vermittelt ihm Ihre Konsequenz, dass er gar keine andere Wahl hat, als Ihre Entscheidungen und Ihr Verhalten respektvoll zu akzeptieren. Im umgekehrten Fall sollten Sie das Verhalten Ihres Partners in gleicher Form tolerieren.

Jede Pflanze braucht Liebe und Zuwendung sowie Aufmerksamkeit, denn sonst wird sie bald verwelken. Übertragen Sie diese Tatsache in Ihrer Vorstellung auf Ihre Partnerschaft.

Vergessen Sie nie, in dem Moment, wo Sie mit sich selbst im Reinen sind, kann ein passender Partner in Ihr Leben treten. Glauben Sie daran, und versinken Sie nicht in Selbstmitleid, wenn Sie der Meinung sind, den idealen Partner immer noch nicht gefunden zu haben. Bedenken Sie ebenso: Es gibt noch zahlreiche andere Bereiche, aus denen Sie Lebenszufriedenheit ziehen können! Außerdem ist es eine sehr gute Lernaufgabe, auch alleine glücklich werden zu können.

Jede zweite Beziehung hält nicht, bis der Tod sie scheidet! Manchmal ist eine Partnerschaft einfach zu Ende, hat sich *erfüllt* und ist nur noch belastend. Nicht alle Partnerschaften sind für die Dauer eines ganzen Lebens geeignet und sollten aufgelöst werden, ehe die Partner vor Gram erkranken. Viele Trennungen wären jedoch zu vermeiden, wenn konstruktiv miteinander an der Beziehung gearbeitet würde.

Dummerweise flüchten unglückliche Menschen sehr oft aus einer alten Partnerschaft in eine neue, in der Hoffnung, alles wird für sie bestimmt besser, wenn sie sich nur wieder neu verlieben und von vorne beginnen können.

Viele Beziehungsgestresste sind leider nicht bereit, eine „müde" Beziehung durch ein liebevolles Aufeinanderzugehen und bestimmte Änderungen im Verhalten wieder zu heilen, und giften sich stattdessen Tag für Tag an. Eine Flucht ist aber *niemals* eine Lösung, sondern bedingt aller Wahrscheinlichkeit nach erschwerte Lernaufgaben. Partnerschaft bedeutet, mit- und aneinander zu wachsen und zu reifen. Suchen Sie, wenn große Schwierigkeiten auftreten, mit denen Sie sich alleine überfordert fühlen, oder bevor Sie Ihre Partnerschaft endgültig aufgeben, Hilfe bei einem (ganzheitlich ausgebildeten) Paartherapeuten oder bei einer Eheberatungsstelle.

Falls eine Trennung einmal unumgänglich und daher *notwendig wird, um die Not zu wenden,* so verlassen Sie das bisher gemeinsam geführte Leben, trotz allem oder besser wegen allem was passiert ist, in Würde. Lassen Sie Ihre(n) Partner(in) in Liebe und mit Respekt ihren/seinen Weg gehen und neue Wege finden. Selbst wenn Sie bitter enttäuscht wurden, bedanken Sie sich bei dem anderen dafür, dass dieser Mensch eine ganze Zeitlang sein Leben mit Ihnen teilte und den Tanz des Lebens mit Ihnen zusammen getanzt hat. Erkennen Sie: *„Alles, was wirklich zu uns gehört, werden wir niemals verlieren. Was jedoch nicht zu uns gehört, können wir nicht festhalten."* (Alte Weisheit) Lassen Sie sich niemals zu übler Nachrede, dem „Waschen schmutziger Wäsche" sowie der Würdelosigkeit eines Rosenkrieges hinreißen.

Seien Sie außerdem niemals eifersüchtig auf die *Lebens*intelligenz Ihres Partners, denn Sie können unter Umständen sehr viel lernen von dem, was er Ihnen vorlebt.

Und zu guter Letzt: Wenn Sie schon in einer Partnerschaft leben, dann entscheiden Sie sich ganz einfach FÜR Ihren Partner. Lassen Sie ihn spüren, wie sehr Sie ihn ohne ständiges „Wenn und Aber" lieben! Ihr Partner ist, genau wie Sie auch, einmalig und liebenswert und hat es verdient, geachtet und geehrt zu werden.

… es ist, was es ist, sagt die Liebe.

– Erich Fried –

Irdische Wesen in Topform

Erst wenn jeder
nicht nach irdischem Glück trachtet,
sondern geistiges Glück erstrebt,
das immer Opfer bedeutet und
durch Opfer geprüft wird,
erst dann ist das große Glück
aller gewährleistet.

– Leo Tolstoi –

Ein guter Wegweiser für die Reise durch diese irdische Existenz ist die Erkenntnis: Nichts von dem, was uns widerfährt, ereignet sich rein zufällig! Mit unserer ureigensten Einstellung zu uns, zum Leben und zu allen Dingen kreieren wir, ohne in der Regel weiter darüber nachzudenken, tagtäglich immer wieder neue Schwingungsfelder. Wenn wir uns in einer positiven emotionalen Haltung befinden, werden diese besser und anders sein, als wenn wir alles schwarzsehen. Die unser aller Wesen durchströmende Energie wirkt in uns mit ganz speziellen Vorstellungen und verfolgt bestimmte Ziele, und der beste Reiseführer durch das Erdenleben ist unser inneres Wissen. Auch wenn wir als Persönlichkeit öfter mal den Überblick verlieren, die göttliche Energie in uns wird kaum ins Wanken kommen! Auch ich gehöre zu denen, die glauben, dass wir alle uns beim Eintritt in dieses Leben genau aussuchten, in welcher Umgebung, in welchem Körper, in welcher Familie und auch unter welchen Bedingungen wir unsere Erfahrungen in dieser Existenz machen wollen. Aus diesem Grunde können wir das auch genau dort am besten, wo wir (hin-)inkarniert sind. Verdammen Sie also niemals zum Beispiel Ihre Eltern (Herkunft), weil diese nicht so sind, wie Sie es sich wünschen. Beschweren Sie sich ebenso nicht über den Kulturkreis, in dem Sie leben, über Lebensumstände oder über das Volk, mit dem Sie in Symbiose vereint sind. Sie können sich absolut darauf verlassen: Ihr weiseres Ich wird Sie nicht orientierungslos durch dieses irdische Dasein tappen lassen. Vielmehr hat es einen ganz speziellen Plan, an den es sich idealerweise auch halten möchte.

Das Unendliche in Ihnen besitzt die wundervolle Gabe der allumfassenden Wahrnehmung des ganzen Seins. Erlauben Sie dieser Kraft – vielleicht in Verbindung mit einer Meditation –, ganz gezielt auch in Ihre Organe einzutreten, beispielsweise in Ihrem Herz oder Magen seine Heilwirkung zu vollziehen. Fühlen Sie dabei, dass Sie ein Teil dieser Gotteskraft sind, die keineswegs nur außerhalb oder weit entfernt von Ihnen existiert. Der Glaube an diese im ganzen Universum und auch in jedem von uns existierende und allem übergeordnete Kraft kollidiert ganz sicher nicht mit einer religiösen Glaubensgemeinschaft, der Sie angehören und mit der Sie sich stark verbunden fühlen. Er ist vielmehr ein bedeutungsvoller Grundgedanke des Seins.

Viele Menschen befinden sich bedauerlicherweise in einer Art „Schlafzustand", wenn es darum geht, die Grenzen des irdischen Seins zu überschreiten, obwohl sie in ihrem Leben – rein äußerlich gesehen – einen ganz aufgeweckten Eindruck vermitteln.

Sie verlassen sich lieber auf ihre fünf Sinne und auf das schematische Grundbewusstsein, das auf ihrem Wissen, ihrer Vernunft und vor allem auf Logik aufgebaut ist. Erschwerend hinzu gesellen sich starre Verhaltensabläufe, die ausschließlich aufgrund der Beurteilungen von Ego und Verstand entstanden sind. Sehr viele Individuen wissen oder glauben nicht, dass neben diesen bekannten Aktionszyklen der Egopersönlichkeit eine weitaus intelligentere Energie ihr eigen ist. Diese ist mit der relativ begrenzten Kapazität der fünf Sinne nicht zu vergleichen! Sobald ein Mensch für sich erkannt hat, dass er selbst Teil dieser Energie ohne Grenzen ist, wird ihm die Verbindung mit allem, was existiert, bewusst. Dann beginnt er, die Aussage der Weisen aller Zeiten zu verstehen: *„Wir alle sind eins!"*

Das Zitat der Bibel *„Was ihr dem geringsten meiner Brüder tut, das habt ihr mir getan"* reiht sich ein in diese Erkenntnis. Vielleicht können Sie jetzt, während Sie die letzten Kapitel dieses Buches lesen, erspüren, wie wichtig für uns alle die Ausrichtung unserer Energie ist? Wie notwendig es ist, der Welt und all ihren Geschöpfen mit Liebe zu begegnen in dem Wissen, wir sind alle miteinander verbunden? Und deshalb möchte ich Sie in diesem Kapitel zum Abschluss noch einmal daran erinnern: Wenn wir auch nur einen unserer Brüder verletzen oder bekämpfen, verletzen wir gleichzeitig das höhere, systemische Gleichgewicht. Der Wunsch, jemand zu erniedrigen, ihm „etwas heimzuzahlen" und sich damit Genugtuung zu verschaffen, entstammt ganz alleine dem Ego. Mit unserer wahren Identität haben Gedanken der Rache nichts gemein.

Gemeint ist damit jetzt nicht, dass ein Mensch sich still alles gefallen lassen, alles Mögliche schweigend erdulden muss. Ganz im Gegenteil: Er sollte sich wehren und ganz klar seine Grenzen stecken. Und das ist möglich, wenn man aus seinem Herzen und höheren Wesen heraus handelt, sich klar und deutlich artikuliert, ohne dabei grob und verletzend zu sein. Allerdings ist es im Umgang mit anderen Menschen sehr hilfreich zu wissen, wann und warum ein anderer Mensch (nur) aus seinem Ego heraus handelt. Wer dieses Verhalten bei anderen durchschaut, fühlt sich nie mehr persönlich angegriffen und kann entsprechend gelassen agieren. Lassen Sie sich von Ihrer Seele führen, und achten Sie jeden Tag darauf, Ihr Herz weit *geöffnet* zu halten.

Im Hinblick auf Ihre Maßnahmen zu Veränderungen, wünsche ich Ihnen noch ein langes, lebenswertes Dasein auf diesem Globus, in dem Sie die vielen Weisheiten des Lebens anwenden können. Wechseln Sie – wie früher von der Grundschule zum Gymnasium – auch in der Schule des Lebens seelisch-geistig von der Grund- zur Oberstufe. Und gehen Sie als irdisches Wesen in Topform durch Ihr Leben.

Nach Ihrem letzten Atemzug, mit dem auch Ihr Herz aufhört zu schlagen, werden Sie merken, dass Sie nicht tot sind, sondern immer noch sehr lebendig, mal abgesehen von Ihrer körperlichen Hülle. Niemand von uns wird das sein, was wir im üblichen Sprachgebrauch „tot" nennen! Ganz egal ob er sich zu Tode gelitten hat, selbst umgebracht hat oder an Altersschwäche gestorben ist. Unser Wesen der Endlosigkeit wird weiterleben und *seinen Weg* weitergehen. Das ist gewiss nicht nur mein Glaube. Menschen, die eine Nahtoderfahrung gemacht haben, geben vor zu *wissen*: Wahrlich, so und nicht anders ist es! Und *mich persönlich* trösten diese Vorstellungen von einer Energie, die uns belebt und mehr ist als Fleisch und Blut, Haut und Knochen, ganz ungemein. Vielleicht geht es Ihnen ja ebenso?

Wenn Sie nun auch das Gefühl haben, Sie sind in Wirklichkeit die Gotteskraft in Ihrem Inneren, dann glauben Sie auch daran, diese mit Ihrem Geist lenken zu können. Ihr Denken und Ihre inneren Dialoge haben Konsequenzen. Sie können damit Energie anziehen und ebenso auch aussenden. Aus dieser Sicht heraus wäre es doch jammerschade, wenn Sie diese Kraft nicht nutzen würden!

Der königliche Weg des Herzens und der Seele

Um einen königlicheren Weg oder den des Herzens zu gehen, ist es von großer Wichtigkeit, die lauten, alles übertönenden Stimmen der Welt zum Schweigen zu bringen. Denn wie wollen wir uns und unser Leben wirklich in Ordnung bringen, wenn wir uns weiterhin durch Beeinflussungen von außen fehlleiten lassen? Menschen in unserem Umfeld möchten uns oft allzu gerne in die Richtung lenken, die SIE für gut befinden. Nicht selten geschieht das aus dem Grund, weil diese Menschen ihre Lebensträume über uns zur Erfüllung bringen wollen. So kann es sein, dass ein Vater seinen Sohn zu einem Studium drängt, was ihm selbst versagt wurde. Etwa nach dem Motto: „Du sollst es mal besser haben als ich und etwas Gescheites lernen!" Das muss nicht böse gemeint sein, nein, oft wird dieser Wunsch sogar mit Worten gerechtfertigt wie: „Ich wollte dir doch nur helfen, glaube mir, ich wollte und will immer nur dein Bestes!" Was für uns und unser Leben das (Aller-)Beste ist, können wir allerdings nur selbst herausfinden. Am sichersten gelingt das, wenn wir mit uns im Einklang sind.

Distanzieren Sie sich von ständigen Bewertungen und Beeinflussungen, egal ob Sie von außen bewertet und beeinflusst *werden* oder ob Sie sich selbst und andere be- und verurteilen oder versuchen, Ihre Mitmenschen zu dirigieren. Diese zweckmäßige Zurückhaltung hat rein gar nichts mit Interessenlosigkeit den Menschen oder dem Leben gegenüber zu tun. Diese Haltung geht eher konform mit der Erkenntnis: Alles im Leben hat seinen Sinn. Jeder muss seinen eigenen Weg gehen, seine speziellen Erfahrungen machen. Gewisse Situationen und Lebensstadien müssen erst einmal in ihrem ganzen Umfang durchlebt werden, um sich schlussendlich zu wandeln.

Wenn wir unseren Lebensaktionsplan nicht in stetiger Regelmäßigkeit abchecken, um sicherzugehen, dass unsere Ausrichtung noch stimmt, geraten wir in die Gefahr, das Leben eines anderen zu führen. Dieser Fehler wird uns spätestens am Ende unseres Lebens sehr schmerzen. Besonders, wenn wir dann in aller Deutlichkeit wahrnehmen müssen: Der Pfad, den wir in unserem Leben beschritten haben, war nicht unser eigener und wir haben an uns selbst vorbeigelebt! Lassen Sie sich ebenso nicht ständig von politischen oder sozialen Ereignissen dermaßen beeindrucken, dass Sie eine „Energielähmung" erleiden. Um spirituell zu wachsen, müssen wir nicht gefühlskalt werden, aber lernen, uns nicht fortwährend von unseren Emotionen beherrschen zu lassen. Natürlich ertappen wir uns immer wieder bei dem Gedanken zu glauben, die Welt wäre wesentlich schöner und perfekter, wenn es die ganzen schlimmen, negativen Ereignisse nicht gäbe. Dieser Gedanke ist in der Tat verlockend. Dennoch ist es viel sinnvoller, wenn diese Wunschvorstellung sich letzten Endes nicht komplett realisieren kann, denn wenn alles nur noch „gut und schön" im Leben wäre, würden sowohl der gesamte Entwicklungsprozess des Planeten sowie der unsrige erheblich gestört. Ich denke einmal, Sie können sich inzwischen damit anfreunden, dass Sie selbst derjenige sind, der den größten Teil von dem, was Sie im Leben als Realität empfinden, durch seine Gedanken und Vorstellungen sowie durch seine Handlungen kreiert. Die Ereignisse in unserem Dasein werden konstruiert durch unser Verhalten uns selbst und dem Leben gegenüber. Unsere Seele möchte um jeden Preis ganz bestimmte Begebenheiten durchleben. Sie begrüßt freudig alle Veränderungen, weil nur durch Aktionen Fortschritt und Höherentwicklung stattfinden können.

Noch einmal: Sehen wir es also nicht als Zufall, wenn wir bestimmte Menschen, Ereignisse und Bedingungen in unserem Leben anziehen. All das ist geradezu perfekt, um unser Fortschreiten im Evolutionsprozess zu sichern und dem höheren Wesen in uns die Erfahrungen zu bescheren, die es unbedingt braucht. Meiner Meinung nach arbeiten Geist und Seele in einem synergetischen Prozess zusammen. Wir sind als Wesen in diese Welt gekommen, um unser irdisches Leben im Einklang mit unserer Bestimmung zu führen. Fragen Sie sich deshalb immer wieder neu: „Lebe ich mein Leben, die Fülle (erfülle ich meinen Platz), oder funktioniere ich nach Plan?"

Sie sind alles andere als machtlos und können ganz Entscheidendes bewirken, wenn es darum geht, in welcher Form bestimmte Ereignisse durchlebt werden sollen. Ihr Bewusstsein kann und wird sich erweitern und positiv verändern. Demzufolge werden etliche negative Erfahrungen aller Wahrscheinlichkeit nach überhaupt nicht mehr *not*wendig sein. Sie entscheiden sich stattdessen freudig, nicht mehr (nur) durch Leid Ihre Lebenslektionen zu lernen, sondern entwickeln sich auf dem sogenannten königlichen Weg, indem Sie die Wahrheiten und Weisheiten des Seins erkennen und dankbar beachten.

Auch auf die Gestaltung Ihres Schicksals haben Sie im Leben einen entscheidenden Einfluss. Sicherlich, einen Teil Ihres Schicksals brachten Sie schon mit, als Sie in eine bestimmte Familie und einen für Sie passenden Kulturkreis hineingeboren wurden (Karma). Weiterhin wurde es später durch die Dinge mitgestaltet, die Ihnen in Ihrer Kindheit beigebracht wurden. Erlerntes – was man eines Tages als nicht mehr stimmig erkennt – kann jedoch umgewandelt beziehungsweise durch wertvollere und neue Programme ersetzt werden. Alte, ausgediente und für Sie mittlerweile doch hoffentlich überholte Glaubenssätze wie zum Beispiel „Das schaffst du nie." oder „Dich nimmt niemand ernst." können (siehe auch Kapitel „Ein neues – anderes Selbstbild) mit dem unerschütterlichen Glauben an die eigene Kraft und die eigenen Fähigkeiten ersetzt werden. Achten Sie zukünftig gut auf das, was Sie denken! Denken ist bewegte Energie. Ich möchte nicht aufhören, Sie daran zu erinnern: Ihre Gedanken formen ganz entscheidend die Qualität Ihres Lebens und ziehen entsprechende Geschehnisse an. Sie sollten stets und immer in Übereinstimmung (kongruent) sein mit dem, was Sie auch wirklich erleben möchten. Legen Sie öfter am Tag eine Pause ein und überprüfen Sie, was Sie allgemein so vor sich hin denken. Falls es dem entspricht, was Sie momentan und auch in Zukunft erleben wollen, dann gehen Sie wieder zur Tagesordnung über, falls nicht, ändern Sie Ihre negativen Gedanken um in eine erfreulichere Form und begleiten Sie die konstruktiven neuen Formulierungen mit entsprechend positiven Gefühlen. Achten Sie weiterhin stets darauf, welche subtilen Schwingungen Sie aussenden. Das Leben und auch Ihr Gegenüber reagieren auf Ihre Ausstrahlung. Wenn Sie mit einer miesen Laune und einem langen Gesicht den Tag oder Ihre Arbeit beginnen, können Sie als Resonanz nicht unbedingt Freundlichkeit erwarten. Selbst wenn Sie destruktive Gefühle zu verbergen versuchen, Ihre Mitmenschen werden diese innere Disharmonie – mehr oder weniger unbewusst – ganz genau so wahrnehmen, wie sie ist. Aufgesetzte Freundlichkeit ist keineswegs eine positive Schwingung! Wie wäre es, wenn Sie Wärme, Sicherheit und Zufriedenheit ausstrahlen?

Das meiste, was jetzt in Ihrem Leben ist und Ihnen nicht mehr gefällt, lässt sich ändern, anpassen und zum Besseren wenden. Alles, was jedoch in Ihrem Leben schon stimmig ist, sollten Sie mit weiteren kraftvollen Gedanken (Suggestionen) sowie Handlungen fördern. Der sicherste Weg zu Fülle und Wohlstand (wohl stehen) im Leben ist das Gefühl der Dankbarkeit.

Vergessen Sie niemals, dankbar zu sein für die vielen Dinge, die erfreulich sind in Ihrem Leben, und für alles, was vielleicht schon immer gut war. Denn die Energie der Dankbarkeit ist, genauso wie die der Liebe, eine ungeheuer große Kraft, die Ihr Leben stets bereichert.

Wege entstehen dadurch,
dass man sie geht.

– Franz Kafka –

Glück, Erfüllung und Zufriedenheit

Glück ist Talent für das Schicksal.

– Alte Weisheit –

Nun sind wir fast am Ende der gemeinsamen Zeit angelangt, die wir durch die Existenz dieses Buches miteinander verbrachten. Ein paar Informationen habe ich allerdings noch, die ich Ihnen zum Schluss noch gerne übermitteln möchte.

Viele von uns „stolpern" bedauerlicherweise mit einer gewissen Blindheit durch ihr Leben. Mit viel Glück lernen sie jedoch im Laufe ihres Daseins, worauf es ankommt.

Dazu ein sehr weiser Spruch von Konfuzius:

Es gibt drei Möglichkeiten,
Weisheit zu erlangen!
Erstens durch Nachdenken;
das ist die edelste.
Zweitens durch Erfahrung;
dies ist die bitterste.
Drittens durch Nachahmung;
dies ist die einfachste.

Wäre es nicht viel sinnvoller, schon in der Jugend und nicht erst in späteren Jahren oder im hohen Alter nach den vielen Lebensweisheiten Ausschau zu halten, nach ihnen zu leben und davon zu profitieren? Ohne Zweifel könnte das eine beachtliche Chance sein, nicht nur ein erfülltes Leben zu führen, sondern am Ende des irdischen Daseins auch ein begnadetes Sterben zu erleben. Alte Menschen sind sehr oft, aber nicht zwangsläufig weise.

Lebensweisheiten zu kennen, sie zu zitieren, reicht keineswegs aus! Wir alle sind uns wohl oftmals dessen bewusst: Wir setzen Dinge, die wir für uns als gut und richtig erkannt haben, zu selten in die Tat um. Trotz *besseren Wissens* praktizieren wir oft das genaue Gegenteil. Nehmen wir nur wieder einmal das Beispiel Rauchen. Nicht einer von uns allen glaubt: Rauchen ist unschädlich und erhält uns gesund. Warum rauchen dann trotzdem so viele einfach weiter? Wir wissen, dass gesunde Ernährung (über-)lebenswichtig ist, warum essen wir weiterhin Fastfood, schlechte Fette, viel zu viele Kohlenhydrate und minderwertiges Eiweiß? Ich kenne so viele Menschen, die täglich darüber klagen, dass nichts klappt in ihrem Leben; sie sind krank und unglücklich. Wenn man sie beobachtet, dann lassen sie definitiv nichts von dem aus, was Probleme anzieht und zuverlässig Elend kreiert und obwohl sie Schöpfer sind, benehmen sie sich wie Opfer.

Wenn wir als Menschen herausfinden wollen, wie wir unser zeitlich begrenztes Leben auf dieser Welt so gut wie möglich auskosten können, ist meines Erachtens Weisheit eher gefragt als Wissen. In der Zeit, in der wir momentan leben, vergrößert sich das Wissen in einem Wahnsinnstempo. Wir sind kaum noch in der Lage, den Entwicklungen mit unserem menschlichen Verstand zu folgen und ihnen gerecht zu werden. Wenn wir Weisheit mit Wissen vergleichen, so ist die Weisheit allerdings erheblich bedeutungsvoller als ein Kopf, der vollgestopft ist mit Wissen aller Art. Vor allem, wenn es darum geht, zwischen wichtigen und unwichtigen Dingen des Lebens zu unterscheiden. Wenn ich als Mensch genau *weiß,* welche chemischen Prozesse getätigt werden müssen, um Waschpulver herzustellen, oder im anderen Fall sogar alles über die Funktionen des menschlichen Gehirns kenne, bin ich dadurch in meinem normalen Alltag nicht unbedingt lebensfähiger.

Mit einem guten Fach- und Allgemeinwissen kann ich natürlich durchaus Anerkennung, Bewunderung und Ruhm in mein Leben bringen. Vielleicht hilft mir das Wissen sogar dabei, sehr viel Geld zu verdienen. Doch was nützt das dem Menschen, wenn ihm die entsprechende Lebensweisheit fehlt, sich und sein Leben optimal und im Einklang mit seiner Seele zu führen? Geradezu ideal für eine optimale menschliche Entwicklung scheint zu sein, wenn ein gut sortiertes Allgemeinwissen mit einer humorvollen Portion Lebensweisheit eine Einheit bildet.

Falls wir im Laufe unseres Lebens gänzlich versäumen herauszufinden, worum es in unserem Dasein wirklich geht, leben wir in einer Dämmerung, die uns leider vom wahren Sinn des Lebens trennt.

Auch Glück wird von jedem von uns anders definiert. Für den einen bedeutet es vielleicht, ausreichend Geld zu besitzen, um beispielsweise schöne Reisen durch die ganze Welt unternehmen zu können, für den anderen sind es Gefühle, die vielleicht mit Verliebtheit verbunden sind. Ein Zustand, der von vielen als eine Erfahrung des Sich-lebendig-Fühlens erlebt wird! Für wieder andere ist Glück eine tiefe innere Zufriedenheit, die bei einem Spaziergang in der Natur empfunden wird. Für uns alle scheint allerdings etwas gleich zu sein: Die Gefühle von Glück und Zufriedenheit erfahren für uns Menschen dann ihren Höhepunkt, wenn unsere Lebenserfahrungen auf der physischen Ebene mit unserem innersten Wesenskern, unserer ureigensten Realität in Resonanz treten. In solchen Momenten der Übereinstimmung fühlen wir uns wunderbar, befreit und lebendig, empfinden das Leben als schön und genussvoll.

Eine unserer größten Bestrebungen im Leben ist das Erreichen eines Dauerglückszustandes. So mühevoll diese Gefühle von uns auch immer angestrebt werden, so wenig wird es uns trotzdem gelingen, das „ach so vergängliche Glück" für uns als permanenten Begleiter zu verpflichten. Was für uns im Leben tatsächlich erreichbar ist, sind die alltäglichen kleinen, oft wunderschönen und aufbauenden Glücksgefühle im Zusammenhang mit Freude, Zufriedenheit und tiefer Dankbarkeit. Sie erwärmen unser Herz, vermitteln uns Wohlgefühl und sichern unseren Seelenfrieden. Diesen Zustand wünsche ich Ihnen, liebe Leser, von ganzem Herzen.
Bleiben Sie zufrieden und gesund! Oder werden Sie es!

Wer darauf vorbereitet ist,
sieht das Glück eher.

– Louis Pasteur –

Ein paar Worte zum Schluss

In den Kapiteln dieses Buches habe ich viele Alltagsthemen aufgegriffen und behandelt. Manche Bereiche des Lebens wurden von mir nur kurz angerissen, andere dafür ausführlicher beleuchtet. Fühlt sich eine übertriebene Anpassung nach diesen Ausführungen auch für Sie mittlerweile eher schlecht an? Wenn Sie sich eine positive Lebensänderung ernsthaft wünschen, dann entziehen Sie sich dem einengenden Einfluss einer Scheinwelt, die Sie nur zu manipulieren und zu beherrschen sucht. Sprengen Sie die Fesseln und befreien Sie sich von allem – innen wie außen –, was Sie bisher unter Druck gesetzt hat und gefangen hielt. Ich weiß, Sie haben die Fähigkeiten, sich von einengenden Emotionsmustern zu lösen und als Ersatz dafür Ihre innere Freiheit zu entwickeln. Streifen Sie überholte Glaubensmuster und Gewohnheiten entschlossen ab wie einen nassen Regenmantel.

Machtpositionen, die im Leben ausgebaut werden können, nur um gut dazustehen, politischer Einfluss und Ihr sozialer Status gehören zu den vergänglichen Dingen. Nur Ihre wahre, alles überdauernde Energie ist unzerstörbar.

Wenn Ihnen Ihr Leben einmal nicht gefällt, so wie es ist, erinnern Sie sich daran: Das, was Sie im Außen erleben, ist der Spiegel Ihres Bewusstseins, die in Erscheinung getretene Resonanz, die aus Ihren Gedanken, Vorstellungen und Gefühlen erwachsen ist. Zumindest schienen und scheinen sich die Weisen der Welt zu allen Zeiten in Bezug auf die Richtigkeit dieser Aussage einig zu sein. Ihr ganzes Leben schon und darüber hinaus sind Sie schöpferisch tätig, besonders durch die Qualität Ihrer Gedanken. Wenn Ihnen das bisher nicht bekannt war und Sie in der Vergangenheit unbewusst „vor sich hin schöpften", dann können Sie das nun sofort ändern. Geben Sie Ihren schöpferischen Gedanken ab heute die hohe Qualität, die – nach dem Gesetz der Resonanz – gute Erfahrungen anzieht. Wenn unsere Gedanken unsere Einstellungen dem Leben sowie Menschen und Dingen gegenüber prägen, entsteht aus dem Gedankengut und auch aus unseren Einstellungen die Struktur unserer Lebenserfahrungen. Daraus wiederum ergibt sich die gute oder schlechte Qualität, die wir in diesem Leben wie auch in unserem gesamten Sein (Jenseits) erfahren werden.

Vielleicht haben Sie meine Ausführungen interessant gefunden? Möglicherweise waren Sie nur amüsiert und sehen die Dinge ganz anders als ich? Im schlimmsten Falle könnte einiges in meinen Ausführungen Sie ärgerlich gemacht haben und mein Buch nicht der Stoff gewesen sein, der Ihren Leseträumen entspricht. Wie auch immer, ich bin davon überzeugt: Es ist ganz und gar kein Zufall, dass wir über das Medium Buch „Machtlos … oder doch nicht?" miteinander verbunden wurden, um letztendlich gemeinsam eine Kraft zu entwickeln, die Gutes herbeiführt und Änderungen in Gang setzt.

Wenn Ihnen auch nur ein Denkanstoß aus dem Inhalt meiner Ausführungen auf irgendeine Art und Weise weitergeholfen hat, dann war es eine erfolgreiche und lohnende Investition, das Buch zu kaufen und zu lesen. Senden wir gemeinsam, uns unserer Verantwortung bewusst, heilsame Energien in Form von Liebe und Frieden in die kränkelnde Welt, und entdecken wir in allen Facetten unseres Lebens das grundlegend Gute. Wir können zusammen mit all denen, die ähnlich denken, eine Signalwirkung entfachen und nicht unerheblich mithelfen, eine bessere Gesellschaft und Welt für uns zu gestalten. Es gilt, den Teufelskreis zu unterbrechen, und zwar *jetzt* und nicht erst in 10 oder 20 Jahren.

Sie und ich und alle, die das erkannt haben, können ganz bewusst unsere Liebe zur Schöpfung und allem, was lebt, in unserem Leben gezielt einsetzen und damit eine unaufhaltsame energetische Änderung bewirken. Wenn all das, was nach unserem Vorstellungen in unserem Leben nicht mehr tragbar und lebenswert ist, sich wandeln soll, ist es ratsam darauf zu achten, dass fortan unser Denken und Handeln der Kraft, Fülle und Liebe unseres Herzens und unseres wahren Wesens entspringen. Ein entscheidender und verlässlicher Schritt in die richtige Richtung ist getan, wenn Sie beginnen und/oder kontinuierlich damit fortfahren, Ihrem wahren Sein und Wesen in Ihrem Leben mehr Aufmerksamkeit und Gehör zu schenken und auch Dingen, die den Verstand überschreiten, einen größeren Freiraum einzuräumen. Glauben Sie mir, wenn Sie *ES* „rufen", wird *ES* sich zeigen und nicht zögern, Sie bereitwillig zu führen und zu leiten. Ab dem Moment, von dem an Sie ernsthaft dazu bereit sind, Überholtes und Begrenzungen hinter sich zu lassen, werden Sie mit Hilfe Ihrer spirituellen Kraft (fast) alles erreichen. Öffnen Sie Ihr Herz, und lassen Sie zu, dass es *berührt* wird. Folgen Sie dem Rat des weisen Eskimos Angaangaq, und lassen Sie das Eis in Ihrem Herzen schmelzen. Wenn Sie sich vorrangig von Ihrer Herzenergie durch Ihr Leben führen lassen, wird es sicher froh und gesund bleiben. Wenden Sie sich dem Licht und der Liebe zu! Werfen Sie durch gute Taten „Edelsteine" in den See des Lebens. Bewundern Sie die schönen Kreise, die sie ziehen werden.

Blicken wir gemeinsam und voller Vertrauen im Für- und Miteinander in eine Richtung und verbinden uns im Tun: nicht „gegen den Rest der Welt", sondern *für* den Rest der Welt! – Was gibt es Wichtigeres und Dringlicheres, als sich für den Frieden und die Heilung der Welt und Menschen einzusetzen? Ich wünsche Ihnen von ganzem Herzen Erfolg, Kraft, Mut und Zuversicht.

Wir alle sind Engel
mit einem Flügel.
Wir müssen
einander umarmen,
wenn wir fliegen wollen.

– Luciano de Crescenzo –

Dankbarkeit

Ganz zum Schluss dieser Ausführungen ist es mir ein starkes Bedürfnis, all den Menschen, die den Tanz des Lebens auf dieser Welt bisher mit mir tanzten, sowie all jenen, die es auch weiterhin tun werden, von ganzem Herzen für ihre Präsenz und Liebe zu danken. Einige von ihnen waren und sind für mich außergewöhnlich hilfreiche Lehrmeister. Wenn auch die gemeinsamen Schritte und Interaktionen nicht immer bequem waren und sind, dien(t)en sie doch meiner Weiterentwicklung enorm.

Ebenso danken möchte ich von ganzem Herzen meinen großartigen Lehrern und Meistern, die ich auf meinem Weg und im Rahmen meiner Aus- und Weiterbildung persönlich kennen lernen durfte. Mit sehr vielen lebenden und auch schon verstorbenen Größen trat ich allerdings nur geistig über ihre lehrreichen Bücher und Schriften in Verbindung. Alle gemeinsam bereicherten und prägten mit ihrem Wissen, ihrem Können, ihrer großen Weisheit und ihrem aus dem Herzen kommenden Verständnis entscheidend mein Leben. Meine Hochachtung gilt ihnen allen.

Ich danke meinem Lebenspartner und den Menschen in meinem Leben, die mir während der Fertigstellung dieses Buches Mut zusprachen, die an mich glaubten und mir liebevolle Unterstützung zukommen ließen. Meinen Patienten danke ich für ihr Vertrauen. Nicht zuletzt möchte ich Ihnen, liebe Leserinnen und Leser, dafür danken, dass ich ein wenig Lebenszeit mit Ihnen teilen durfte. Danke für Ihre Bereitschaft, sie mir zu widmen.

Über die Autorin

Die Autorin Sigrid P. Körbes ist heilpraktische Psychotherapeutin in eigener Praxis. Angeregt durch die Wirren einer außergewöhnlichen Lebensgeschichte suchte sie – zunächst eher aus Verzweiflung – nach einem anderen Weg und Lösungen.

Nachdem ihr grundsätzliches Interesse geweckt war, erkannte sie rasch, dass Körper und Seele untrennbar miteinander verbunden sind. Sie begann intensive Studien bei renommierten Lebenslehrern und Philosophen, ohne jedoch dabei die Ausbildung der traditionellen Psychologie und Psychotherapie zu vernachlässigen. So wurde im Laufe vieler Ausbildungsjahre aus der Schülerin eine psychologische und spirituelle Therapeutin. In der langjährigen praktischen Arbeit, in ständiger Weiterbildung und in der intensiven Pflege auch spartenübergreifender Kontakte gründen die fundierten Kenntnisse, deren systematische Weiterentwicklung für die Heilpraktikerin auf dem Gebiet der holistischen Therapie einem inneren Bedürfnis entspricht. So finden bei ihr Beruf und Berufung zu einer erfreulichen Übereinstimmung.

In ihrem neuen Werk „Machtlos … oder doch nicht?" mit dem Untertitel „Anders, als bisher (über-)leben", vermittelt die Autorin eine andere Sicht menschlichen Denkens und Verhaltens. Äußerst kritisch beleuchtet sie die Machtstrukturen in der heutigen Gesellschaft und weist auf die Bedrohung und Gefahr der fast unüberschaubaren Manipulationsversuche hin. Sie regt den Leser an, die symptomatischen Behandlungen im Bereich der Medizin sowie das gut florierende Geschäft mit der Angst zu hinterfragen. Mit dem Leser zusammen sucht sie nach seinen Fähigkeiten und Talenten. Sie schreibt über Natur und Umwelt, die wichtige Liebe zu sich selbst, Burnout und Stressabbau, über falsche Propheten und Seelenfänger. Weiterhin gibt sie leicht umzusetzende Verhaltensanleitungen für eine gut funktionierende Partnerschaft und sieht falsche Ernährungsweisen als Ursache für viele Zivilisationserkrankungen. Sigrid P. Körbes beschreibt in leicht verständlicher Form wie ihre Leser es schaffen können, durch den Einsatz einer höheren Kraft und mit konstruktiven Gedanken und Handlungen Stärkendes anzuziehen und heilsame Kräfte zu entwickeln. Mit zahlreichen Beispielen und Geschichten aus verschiedenen Lebensbereichen regt sie den Suchenden dazu an, sich auf eine weitaus größere Energie und Macht zu besinnen, als die, welche allgemein die Persönlichkeit und das Ego eines Menschen ausmachen und formen.

Sigrid P. Körbes ermuntert in ihrem Buch Interessierte, die Kraftfelder höherer Ebenen zum Einsatz zu bringen, und die innere Macht einer aus Profilierungssucht und Profitgier erwachsenen zerstörerischen Machtstruktur entgegenzusetzen. Letztendlich erinnert sie ihre Leser daran, dass jede erfolgreiche Veränderung im eigenen Inneren und bei sich selbst beginnt.

www.sigrid-koerbes.de